Kay Redfield Jamison · Meine ruhelose Seele

Kay Redfield Jamison

Meine ruhelose Seele
Die Geschichte einer Depression

*Aus dem Amerikanischen übertragen
von Kirsten Sonntag*

C. Bertelsmann

Die Originalausgabe ist 1995 unter dem Titel »An Unquiet Mind«
bei Alfred A. Knopf, New York, erschienen.

Umwelthinweis:
Dieses Buch und der Schutzumschlag wurden
auf chlorfrei gebleichtem Papier gedruckt.
Die Einschrumpffolie (zum Schutz vor Verschmutzung)
ist aus umweltschonender und recyclingfähiger
PE-Folie.

1. Auflage
© 1995 by Kay Redfield Jamison
© der deutschsprachigen Ausgabe 1997
by C. Bertelsmann Verlag GmbH, München
Umschlaggestaltung: Design Team München
Satz: Uhl+Massopust, Aalen
Druck: Presse-Druck, Augsburg
Bindung: Großbuchbinderei Monheim
Printed in Germany
ISBN 3-570-12307-3

*Für meine Mutter, Dell Temple Jamison,
die mir nicht einmal,
sondern unzählige Male
das Leben geschenkt hat*

Manchmal bezweifle ich,
daß mir ein stilles, ruhiges Leben
gefallen hätte – und dennoch
sehne ich mich zuweilen danach.

Byron

INHALT

Prolog 9

Teil I: Die wilde blaue Ferne

Der Sonne entgegen. 18
Lernen fürs Leben. 50

Teil II: Kein schöner Wahn

Fluchten der Seele. 76
Saturn, du fehlst mir. 101
Die Leichenhalle. 123
Die Professur 138

Teil III: Die Liebe – eine Medizin

Ein Offizier und ein Gentleman 152
Es soll geregnet haben. 167
Die Liebe über Wahnsinn wacht 178

Teil IV: Eine ruhelose Seele

Die Sprache des Wahnsinns 194

Gestörte Helix 200
Die klinische Zulassung 215
Ein Leben mit wechselnden Stimmungen 227

Epilog. 234

Danksagung 237

PROLOG

Wenn es zwei Uhr morgens ist und du manisch bist, hat sogar das UCLA Medical Center einen gewissen Reiz. Das Krankenhaus – eigentlich eine kalte Ansammlung langweiliger Gebäude – wurde für mich an jenem frühen Herbstmorgen vor beinahe zwanzig Jahren zum Brennpunkt meines bis in die feinsten Fasern empfänglichen Nervensystems. Die Sinne schmerzhaft gereizt, alle Antennen voll ausgefahren, mit hastendem Blick, die Augen facettiert wie die einer Fliege, nahm ich alles um mich herum auf. Ich war auf der Flucht. Nicht einfach nur auf der Flucht, sondern auf einer gehetzten, wilden Flucht. Ich schoß vorwärts und wieder zurück, kreuz und quer über den Parkplatz des Krankenhauses, und versuchte, eine unendliche, rastlose manische Energie aufzubrauchen. Ich rannte schnell, aber ich wurde langsam wahnsinnig.

Mein Begleiter, ein Kollege von der medizinischen Fakultät, hatte eine Stunde zuvor mit dem Rennen aufgehört und war, wie er ungeduldig bemerkte, nun erschöpft. Einen Menschen mit gesünderem Geist hätte das nicht weiter überrascht, aber für uns beide existierte die gewöhnliche Unterscheidung zwischen Tag und Nacht damals schon längst nicht mehr, und die endlosen, mit Scotch, Streitereien und anschließenden Lachanfällen angefüllten Stunden hatten ihren sichtlichen, wenn nicht endgültigen Tribut gefordert. Wir hätten schlafen oder arbeiten, etwas publi-

zieren sollen, anstatt zugrunde zu gehen, hätten Fachzeitschriften lesen, Tabellen schreiben oder wissenschaftliche Diagramme zeichnen sollen, die nun niemand mehr zu Gesicht bekommen würde.

Plötzlich bog ein Streifenwagen um die Ecke. Selbst in meinem alles andere als klaren Geisteszustand bemerkte ich, daß der Polizist beim Aussteigen die Hand an seiner Waffe hatte. »Warum, zum Teufel, rennen Sie in aller Herrgottsfrühe hier auf dem Parkplatz herum?« wollte er wissen. Eine nicht ganz unberechtigte Frage. Die wenigen mir verbliebenen Inseln gesunden Urteilsvermögens näherten sich einander und formierten sich auf eine Weise, die es mir zumindest ermöglichte zu begreifen, daß diese Situation schwer zu erklären sei. Mein Kollege war glücklicherweise weitaus geistesgegenwärtiger als ich; ihm gelang es, in einen intuitiven Bereich hinabzusteigen, der seinem individuellen und dem kollektiven Unbewußten gemein war, und sagte: »Wir gehören zur Abteilung für Psychiatrie.« Der Polizist sah uns an, lächelte, ging zu seinem Streifenwagen zurück und fuhr davon.

Zwei Psychiater – das erklärte alles.

Einen Monat nachdem ich meinen Anstellungsvertrag als Lehrbeauftragte der University of California in Los Angeles unterschrieben hatte, war ich schon auf dem besten Weg, wahnsinnig zu werden; das war 1974, und ich war achtundzwanzig. Drei Monate später hatte mich die Manie bereits bis zur Unkenntlichkeit verändert, und ich nahm einen langen, kostspieligen persönlichen Kampf gegen eine Behandlung auf, die ich einige Jahre später anderen Menschen dringend empfehlen sollte. Meine Krankheit und die Widerstände gegen das Medikament, das mir letztlich das Leben gerettet und mich wieder gesund gemacht hat, hatten sich über viele Jahre hinweg entwickelt.

Solange ich denken kann, war ich auf erschreckende, wenngleich oft auch auf wunderbare Weise Stimmungen unterworfen. Nachdem ich als Kind äußerst emotional und als junges Mädchen quirlig und lebhaft gewesen war, wurde ich in der späteren Adoleszenz zunächst schwer depressiv und verfing mich dann, mit meinem Eintritt ins Berufsleben, heillos in den Zyklen der manisch-depressiven Krankheit. So begann ich aus Not, aber auch aus intellektueller Neigung, Stimmungsschwankungen zu erforschen. Das war für mich die einzige Möglichkeit, meine Krankheit zu verstehen oder vielmehr zu akzeptieren; es war auch der einzige mir bekannte Weg, anderen zu helfen, die ebenfalls an dieser Art von Stimmungsschwankungen litten. Die Krankheit, die mich selbst mehr als einmal beinahe umgebracht hätte, kostet jährlich Zehntausende das Leben: Die meisten von ihnen sind jung, die meisten von ihnen sterben einen unnötigen Tod, und viele von ihnen gehören zu den Phantasievollsten und Begabtesten unserer Gesellschaft.

Nach dem chinesischen Volksglauben kann man ein wildes Tier erst dann besiegen, wenn man es zuvor schön gemacht hat. In gewisser Weise habe ich versucht, genau dies mit der manisch-depressiven Krankheit zu tun. Sie war eine faszinierende, obwohl lebensbedrohliche Feindin und Gefährtin für mich. Ich fand sie verführerisch vielschichtig, sah in ihr eine Quintessenz des Reinsten und Schönsten, aber zugleich auch des Gefährlichsten unserer menschlichen Natur. Um den Kampf mit diesem wilden Tier aufzunehmen, mußte ich es zuerst in all seinen Stimmungen, in all seinen zahllosen Masken kennenlernen, seine wahren und eingebildeten Kräfte begreifen. Da mir meine Krankheit anfangs als bloße Erweiterung meiner selbst – das heißt meiner üblicherweise wechselhaften Stimmungen, Energien und Euphorien – erschien, habe ich ihr vielleicht manchmal zu sehr nachgegeben. Und weil ich glaubte, ich müßte mit meinen immer heftigeren Stimmungsumschwüngen selbst zurechtkommen, habe ich mich während der ersten zehn Jahre um keinerlei Behandlung bemüht. Selbst nachdem mein Zustand schon als medizinischer Notfall einzustufen war, wehrte ich mich zeitweilig immer noch gegen eine Medikation, die, wie mir meine Ausbildung und meine klinische Sachkenntnis sagten, die einzig vernünftige Methode darstellte, meine Krankheit zu bekämpfen.

Meine Manien waren, zumindest in ihren frühen und milden Formen, Rauschzustände, die ein enormes persönliches Wohlbefinden, einen unvergleichlichen Gedankenreichtum und unerschöpfliche Energien zur Folge hatten, die mir die Entwicklung neuer Ideen und deren Umsetzung in Projekte ermöglichten. Die Medikamentenbehandlung beendete diese schnellebigen, umtriebigen Phasen nicht nur, sie brachte auch scheinbar unerträgliche Nebenwirkungen mit sich. Ich habe viel zu lange gebraucht, um zu erkennen, daß verlorene Jahre nicht mehr einzuholen sind und zerbrochene Beziehungen nicht mehr gekittet werden können, daß sich Schaden, den man sich selbst und anderen zugefügt hat, nicht immer wiedergutmachen läßt und daß die Befreiung aus einer von Medikamenten aufgezwungenen Kontrolle ihre Bedeutung verliert, wenn die einzigen Alternativen Tod und Krankheit heißen.

Der Kampf, den ich gegen mich selbst geführt habe, ist nicht ungewöhnlich. Das größte klinische Problem bei der Behandlung der manisch-depressiven Krankheit ist nicht etwa das Fehlen wirksamer Medikamente – denn die gibt es –, sondern die Tatsache, daß die Patienten sich sehr oft weigern, sie einzunehmen. Aber was noch schlimmer ist: Aufgrund mangelnder Information, unzureichender ärztlicher Beratung, des Krankheitsstigmas oder auch aus Angst vor Nachteilen im Privat- oder Berufsleben unterziehen sich viele erst gar nicht einer Behandlung. Die manisch-depressive Krankheit verzerrt Gemütszustände und Gedanken, löst schreckliche Verhaltensweisen aus, zerstört die Grundlagen rationalen Denkens und unterhöhlt nur allzuoft Lebensfreude und Lebenswillen. Manisch-depressive Störungen sind eine Krankheit, deren Ursprünge biologischer Natur sind, auch wenn sie als psychische Krankheit erlebt wird; es handelt sich um eine Krankheit, die wie keine andere ein Gefühl der Überlegenheit und des Wohlbefindens suggeriert, auch wenn sie in der Folge zu fast unerträglichem Leid und nicht selten sogar zum Selbstmord führt.

Ich kann von Glück sagen, daß ich meine Krankheit überlebt und die bestmögliche Behandlung erfahren habe und daß ich solche Freunde und Kollegen und eine solche Familie habe, wie ich sie besitze. Deshalb habe ich auch, so gut ich konnte, versucht, meine eigenen Erfahrungen mit dieser Krankheit zu nutzen und in meine Forschung und Lehrtätigkeit, meine klinische Arbeit und meine Beratungen und Empfehlungen einzubringen. Durch mein Schreiben und meine Lehrtätigkeit wollte ich meine Kollegen von dem paradoxen Wesenskern dieser »Quecksilberkrankheit« überzeugen, die sowohl töten als auch kreativ wirken kann; und gemeinsam mit vielen anderen versuchte ich, die öffentliche Einstellung zu psychischen Erkrankungen im allgemeinen und zur manisch-depressiven im besonderen zu verändern. Es war manchmal sehr schwer, die wissenschaftliche Disziplin meines Fachgebietes und die unabweisbare Realität meiner eigenen emotionalen Erfahrungen miteinander in Einklang zu bringen. Und doch war es eben diese Verbindung von ungefilterten Emotionen und dem distanzierteren Blick der analysierenden Wissenschaft, die mir das Gefühl gab, nun endlich die Freiheit gewonnen zu haben, das Leben zu führen, das ich führen möchte, sowie die menschlichen Erfahrungen, die notwendig sind, um Veränderungen sowohl im öffentlichen Bewußtsein als auch in der klinischen Praxis zu bewirken.

Ich hatte große Bedenken, ein Buch zu schreiben, das sowohl meine eigenen manischen Attacken, meine Depressionen und Psychosen als auch meine Schwierigkeit, die notwendige ständige Medikamentenbehandlung zu akzeptieren, so unverhüllt darstellt. Klinikangestellte sind bisher – wegen ihrer Approbation oder ihrer privilegierten Stellung im Krankenhaus – davor zurückgeschreckt, anderen von ihren eigenen psychischen Problemen zu berichten. Diese Bedenken sind oft genug gerechtfertigt. Ich weiß nicht, welche Auswirkungen die offene Diskussion über solche Fragen langfristig auf mein Privat- und mein Berufsleben haben wird. Aber wie auch immer die Konsequenzen aussehen mögen – sie sind sicher leichter zu ertragen, als weiter zu schweigen. Ich habe genug von dem Versteckspiel, von der Vergeudung und Einschränkung meiner Energie, ich habe die Heuchelei satt und bin es leid, mich so zu verhalten, als hätte ich etwas zu verbergen. Man ist, was man ist, und das unehrliche Sichverschanzen hinter einem Diplom, einem Titel oder einer bestimmten Haltung und Wortwahl bleibt eben immer unehrlich. Notwendig vielleicht, aber unehrlich. Meine Entscheidung, öffentlich über meine Krankheit zu sprechen, bereitet mir immer noch Sorgen, aber einer der Vorteile, die man hat, wenn man wie ich seit über dreißig Jahren an der manisch-depressiven Krankheit leidet, besteht darin, daß einem nur noch sehr weniges unüberwindlich schwer erscheint. Es ist so, als würde man die Bay Bridge überqueren, während sich über der Bucht von Chesapeake gerade ein Sturm zusammenbraut: Man hat Angst weiterzufahren, aber es führt auch kein Weg zurück. Ich merke, daß ich fast nicht anders kann, als mich mit Robert Lowells lebenswichtiger Frage zu trösten: *Warum denn nicht aussprechen, was geschehen ist?*

TEIL I

Die wilde blaue Ferne

DER SONNE ENTGEGEN

Mit weit zurückgelegtem Kopf, einen meiner Zöpfe zwischen den Zähnen, lauschte ich dem Düsenflugzeug. Es machte ungewöhnlich viel Lärm, war also ganz nah. Meine Grundschule lag in der Nähe der Andrews Air Force Base, etwas außerhalb von Washington. Viele von uns waren Kinder von Piloten, und der Lärm war für uns nichts Ungewohntes. Aber auch wenn er nichts Ungewohntes war, behielt er doch seine magische Anziehungskraft, und ich schaute vom Pausenhof instinktiv nach oben und winkte. Natürlich war mir bewußt, daß der Pilot mich nicht sehen konnte, ebenso wie ich wußte, daß er, selbst, wenn er mich hätte sehen können, höchstwahrscheinlich nicht mein Vater war. Aber das Winken gehörte zu den Dingen, die man einfach tat, und auf jeden Fall begrüßte ich jeden Vorwand, um in den Himmel blicken zu können. Mein Vater, Berufsoffizier bei der Air Force, war an allererster Stelle Wissenschaftler und erst an zweiter Pilot. Aber er liebte das Fliegen, und weil er Meteorologe war, lebte er mit Kopf und Herz in den Gefilden des Himmels. Wie mein Vater steckte auch ich meine Nase lieber in die Luft als woanders hin.

Immer wenn ich sagte, daß Marine und Armee soviel *älter* seien als die Luftwaffe, traditionsreicher und legendärer, antwortete er: Ja, das stimmt, aber die Luftwaffe ist die *Zukunft*. Dann fügte er stets hinzu: Und – wir können fliegen. Manchmal folgte diesem Glaubensbekenntnis das begeistert geschmetterte Lied der Air Force, und Teile davon höre ich noch heute, in einem irrealen Zusammenklang mit einzelnen Sätzen aus Weihnachtsliedern, Kindergedichten und Bruchstücken aus dem Gebetbuch der anglikanischen Kirche: All das vergegenwärtigt Stimmung und Bedeutung der Kindheit und hat immer noch die Macht, mein Herz schneller schlagen zu lassen. So aufnahmebereit und vertrauensvoll war ich damals, und immer wenn die Zeile »Laß uns ziehen in die wilde blaue Ferne« kam, fand ich, daß »wild« und »Ferne« zu den wunderbarsten Worten zählten, die ich je gehört hatte; und genauso spürte ich die Heiterkeit des Satzes »Hoch, hoch hinaus, der Sonne entgegen« und wußte instinktiv, daß ich zu den Menschen gehörte, die die Weite des Himmels liebten.

Das Donnern des Düsenfliegers war lauter geworden, und ich sah, wie sich die Köpfe meiner Mitschüler aus der zweiten Klasse plötzlich ebenfalls nach oben wandten. Das Flugzeug kam ganz niedrig angeflogen; dann schoß es an uns vorbei und hätte um ein Haar den Pausenhof gestreift. Während wir uns dort, vor Entsetzen gelähmt, zusammendrängten, krachte es in die Bäume und explodierte direkt vor unseren Augen. Man konnte die Wucht des Aufpralls spüren und hören und in den angsterregenden und doch schrecklich schönen Flammen erkennen, die unmittelbar darauf hochschlugen. Innerhalb weniger Minuten strömten Mütter auf den Pausenhof, um ihren Kindern zu versichern, es handele sich nicht um ihren Vater; mein Bruder, meine Schwester und ich hatten ebenfalls das Glück, daß es nicht unser Vater war. Im Lauf der folgenden Tage offenbarte der Funkspruch, den der junge Pilot kurz vor seinem Tod an den Tower abgegeben hatte, daß ihm klar gewesen war, er hätte sich mit dem Schleudersitz retten können. Aber er erkannte auch das Risiko, daß das führerlose Flugzeug dann möglicherweise auf dem Pausenhof eingeschlagen wäre und uns alle getötet hätte.

Der tote Pilot wurde zum Helden, zu einem vollkommen unerreichbaren Ideal der Pflichterfüllung. Es war ein unmögliches Ideal, aber wegen seiner absoluten Unerreichbarkeit nur um so unwiderstehlicher und unvergeßlicher. Die Erinnerung an den Aufprall holte mich im Lauf der Jahre viele Male ein, als Mahnung an das Streben und Bedürfnis nach solchen Idealen, aber auch an die unüberwindliche Schwierigkeit, sie zu erreichen. Nie wieder sah ich, wenn ich zum Himmel hinaufblickte, nur Weite und Schönheit. Von diesem Nachmittag an wußte ich, daß auch der Tod immer anwesend war.

Wie alle Familien von Angehörigen der Armee zogen wir häufig um. Als ich in der fünften Klasse war, hatten mein Bruder, meine Schwester und ich schon vier verschiedene Grundschulen besucht und in Florida, Puerto Rico, Kalifornien, in Tokio und zwischendurch zweimal in Washington gelebt. Dabei sorgten unsere Eltern, insbesondere meine Mutter, immer dafür, daß unser Leben so sicher, behütet und geregelt wie möglich verlief. Mein Bruder war der Älteste und Verläßlichste von uns dreien und trotz der drei Jahre Altersunterschied mein treuer Verbündeter. Als Heranwachsende vergötterte ich ihn und schlich ihm oft nach, wobei ich mir alle Mühe gab, unentdeckt zu bleiben, wenn er mit seinen Freunden zum Baseballspielen ging oder durch die Nachbarschaft zog. Er sah gut aus, war klug und selbstbewußt, und ich fühlte mich in seiner Gegenwart immer ganz besonders beschützt. Meine Beziehung zu meiner nur dreizehn Monate älteren Schwester war komplizierter. Mit ihrem dunklen Haar und den wunderbaren Augen war sie die Schönheit unserer Familie, und schon sehr früh war sie sich auf beinahe schmerzhafte Weise ihrer Umgebung bewußt. Sie besaß Charisma, ein ungezügeltes Temperament, litt an düsteren und wechselhaften Stimmungen und lehnte den konservativen Lebensstil der Offiziersfamilien ab, der uns nach ihrer Meinung alle einschränkte. Sie führte trotzig ihr eigenes Leben und brach mit Begeisterung aus, wann immer und wo immer sie konnte. Sie verabscheute die High School, und als wir in Washington wohnten, schwänzte sie oft, um ins Smithsonian oder ins Army Medical Museum zu gehen oder einfach um mit ihren Freunden zu rauchen und Bier zu trinken.

Sie ärgerte sich oft über mich. In ihren Augen war ich »der Liebling«, wie sie selbst oft spöttisch bemerkte – eine Schwester, so glaubte sie, der Freunde und gute Noten nur so zuflogen, die viel zu unbeschwert durchs Leben ging und deren lächerlich optimistische Meinung über die Menschen und das Leben sie vor der Realität schützte. Sie selbst stand eingekeilt zwischen meinem Bruder, der von Natur aus sehr sportlich und bei sämtlichen Prüfungen immer unter den Besten war, und mir, die ich die Schule im Grunde gern mochte, viel Sport trieb und ständig mit Freunden und Schulaktivitäten befaßt war; sie fügte sich nicht in den Familienrahmen und kämpfte und rebellierte gegen eine in ihren Augen harte und beschwerliche Welt. Sie haßte das vom Militär beeinflußte Leben, den permanenten Wechsel und die Notwendigkeit, sich ständig neue Freunde suchen zu müssen; und sie hielt die Höflichkeit innerhalb unserer Familie für Heuchelei.

Meine eigenen Probleme mit heftigen Stimmungsschwankungen kamen erst, als ich älter war, und vielleicht hatte ich deshalb mehr Gelegenheit, in einer freundlicheren, weniger bedrohlichen und für mich wunderbaren Welt voller Abenteuer zu leben. Diese Welt hatte meine Schwester, so glaube ich, nie kennengelernt. Die langen und wichtigen Jahre der Kindheit und des Erwachsenwerdens verliefen für mich zum größten Teil sehr glücklich, und sie gaben mir eine solide Basis aus Wärme, Freundschaft und Vertrauen. Sie sollten zu einem starken Talisman werden, einem wirksamen und positiven Gegengewicht zu dem späteren Unglücklichsein. Meine Schwester hatte solche Jahre nicht erlebt; sie besaß keinen solchen Talisman. Und so überrascht es vielleicht nicht, daß meine Schwester in der Zeit, als wir beide mit unseren jeweiligen Dämonen kämpften, das Dunkel als etwas empfand, das in ihrem Inneren und als Teil ihrer selbst, der Familie und der Welt existierte. Ich dagegen betrachtete es als einen Fremdkörper; auch wenn es sich in meinem Geist und in meiner Seele einnistete, so erschien es mir doch fast immer als eine Kraft von außen, die mit meinem eigentlichen Selbst kämpfte.

Meine Schwester konnte ebenso wie mein Vater ungeheuer charmant sein: keck, originell und umwerfend witzig. Außerdem hatte sie einen außergewöhnlichen Sinn für künstlerische Gestaltung. Sie war kein einfacher oder unbeschwerter Mensch, und als sie älter wurde, wuchsen ihre Probleme mit, aber sie besaß große Phantasie und eine Künstlerseele. Sie konnte einen zu Tränen rühren und dann wieder derart provozieren, daß man außer sich geriet. Bis heute habe ich mich im Vergleich zu dem Feuer meiner Schwester immer wie etwas Erdhaftes empfunden.

Wenn sich mein Vater für etwas begeisterte, dann war er meistens ganz hingerissen, überschäumend, witzig, neugierig auf fast alles. Dann beschrieb er mit Entzücken und voller Phantasie die Schönheiten und Phänomene der Natur. Eine Schneeflocke war nicht mehr nur eine Schneeflocke und eine Wolke nicht einfach eine Wolke. Sie wurden zu Ereignissen, zu Charakteren und zu Elementen eines lebendigen und wundersam geordneten

Universums. Wenn es ihm gutging und sein Stimmungsbarometer auf »Hoch« stand, war nichts und niemand vor seiner ansteckenden Begeisterung sicher. Musik klang durchs Haus, und wunderschöne neue Schmuckstücke tauchten plötzlich auf – ein Ring mit einem Mondstein, ein zartes Armbändchen aus Rubinen, ein Anhänger aus einem meergrünen Stein in einer Goldspirale –, und wir nahmen alle unsere Zuhörerhaltung an, denn wir wußten, daß wir bald eine tolle Geschichte über das hören würden, was ihn so begeisterte. Mal war es ein Vortrag, der auf der felsenfesten Überzeugung beruhte, daß die Zukunft und Rettung der Welt bei Windmühlen läge; ein anderes Mal plädierte er dafür, daß wir Kinder Russisch lernten, weil die russischen Gedichte im Original so unbeschreiblich schön seien.

Einmal hatte mein Vater gelesen, daß George Bernard Shaw in seinem Testament eine gewisse Summe Geld zur Entwicklung eines phonetischen Alphabets bestimmt und außerdem verfügt habe, daß *Androklus und der Löwe* als erstes seiner Stücke übersetzt werden sollte; daraufhin bekamen wir alle mehrere Exemplare von *Androklus*, und außer uns jeder, der die Flugbahn meines Vaters kreuzte. In der Familie wurde gemunkelt, daß er an die hundert Bücher bestellt und verteilt habe. Seine Überschwenglichkeit, die ich so sehr liebte, hatte etwas Zauberhaftes, dem man sich nicht entziehen konnte, und ich muß noch immer schmunzeln, wenn ich daran zurückdenke, wie mein Vater uns laut von der verwundeten Löwentatze vorlas, wie die Soldaten zur Melodie von »Onward, Christian Soldiers« »Throw them to the lions« sangen und wie mein Vater immer wieder auf die lebenswichtige Bedeutung – »lebenswichtig« könne man gar nicht genug betonen – der phonetischen und internationalen Sprachen hinwies. Bis heute steht in meinem Büro eine große Keramikbiene, und bei ihrem Anblick muß ich auch immer wieder lachen. Sie erinnert mich daran, wie mein Vater die bis zum Rand mit Honig gefüllte Biene durch die Luft manövrierte wie ein Flugzeug und verschiedene Flugfiguren vollführte, darunter das sogenannte Kleeblatt, das zu seinen Lieblingsfiguren gehörte. Wenn die Biene auf ihrem Flug eine Hundertachtzig-Grad-Drehung machte, tropfte natürlich Honig auf den Küchentisch, und meine Mutter sagte: »*Muß* das denn sein, Marshall? Du setzt den Kindern doch nur Flausen in den Kopf.« Wir Kinder kicherten vor Vergnügen und verschafften uns so ein paar weitere Minuten des Bienenflugs.

Es war herrlich und fast so, als hätten wir Mary Poppins zum Vater gehabt. Jahre später schenkte er mir ein Armband, in das die Worte Michael Faradays eingraviert waren, die auch am Institut für Physik der UCLA standen: »Nichts ist zu schön, um wahr zu sein.« Überflüssig zu erwähnen, daß Faraday zahlreiche Zusammenbrüche hatte und der Satz ganz offensichtlich nicht stimmt, aber der Gedanke und die Tonart sind großartig, ganz wie mein Vater in seinen wunderbaren Augenblicken sein konnte. Meine Mutter hat oft gesagt, daß sie sich von dem Witz meines Vaters, von seinem Charme, seiner Lebensfreude und seiner Phantasie immer in den Schatten gestellt fühle. Ihr Eindruck, daß er für Kinder wie ein Rattenfänger sei, hing sicher mit seiner charismatischen Wirkung zusammen, die er auf meine Freunde und sämtliche Kinder aus der Nachbarschaft ausübte – ganz egal, wo wir gerade wohnten. Meine Mutter war dagegen immer diejenige, mit der sich meine Freunde gern zu einem Gespräch zusammensetzten. Wir spielten mit meinem Vater und redeten mit meiner Mutter.

Meine Mutter, die zutiefst davon überzeugt ist, daß nicht irgendein Schicksal das Leben des Menschen bestimmt, sondern das, was der Mensch selbst daraus macht, ist mit Abstand das

Beste, was das Schicksal mir mit auf den Weg gegeben hat. Gütig, gerecht und großzügig wie sie ist, besitzt sie die Art von Selbstvertrauen, die darauf beruht, daß man von Eltern großgezogen wurde, die einen nicht nur bedingungslos liebten, sondern ebenfalls gütige, gerechte und großzügige Menschen waren. Mein Großvater, der noch vor meiner Geburt starb, unterrichtete als Physiker an einem College. Den Erzählungen nach war er ein humorvoller Mensch, der sowohl seine Schüler als auch seine Kollegen immer ausgesprochen freundlich behandelte. Meine Großmutter, die ich gut kannte, war eine warmherzige, fürsorgliche Frau, die wie meine Mutter ein starkes, aufrichtiges Interesse an anderen Menschen hatte; das wiederum zeigte sich in einer außerordentlichen Fähigkeit zur Freundschaft und in dem bemerkenswerten Talent, anderen die Befangenheit zu nehmen. Alle kamen immer zuerst zu ihr, wie es auch bei meiner Mutter der Fall war, und Zeitmangel oder ein voller Terminkalender wären für sie nie eine Entschuldigung für Unaufmerksamkeit oder Desinteresse gewesen.

Sie war alles andere als eine Intellektuelle. Im Gegensatz zu meinem Großvater, der den größten Teil seiner Freizeit mit Büchern verbrachte, engagierte sie sich in Clubs. Da sie sowohl allseits beliebt als auch ein Organisationstalent war, wurde sie zwangsläufig in jedem Verein, dem sie beitrat, zur Präsidentin gewählt. Als Republikanerin und Tochter der Amerikanischen Revolution, die Teegesellschaften besonders liebte – alles Eigenschaften, die meinen Vater zur Weißglut brachten –, dachte sie in vielen Punkten beunruhigend konservativ, doch sie war eine sanfte, wenngleich resolute Frau, die geblümte Kleider trug, ihre Nägel polierte, den Tisch perfekt deckte und immer nach Blumenseife roch. Sie konnte gar nicht unfreundlich sein, und sie war eine wundervolle Großmutter.

Meine Mutter – schlank, groß und hübsch – erfreute sich sowohl in der High School als auch im College allgemeiner Beliebtheit. Die Aufnahmen in ihren Fotoalben zeigen eine offensichtlich glückliche junge Frau beim Tennisspielen, Schwimmen, Fechten, Reiten, bei studentischen Unternehmungen – meist inmitten vieler Freunde; auf manchen Bildern erscheint sie mädchenhaft ausgelassen mit einer Reihe gutaussehender junger Männer. Die Fotos strahlen die außergewöhnliche Naivität einer anderen Zeit und einer anderen Welt aus, aber es war eine Zeit und eine Welt, in der meine Mutter sich sehr wohl zu fühlen schien. Dort gab es keine unheilverkündenden Schatten, keine nachdenklichen oder melancholischen Gesichter, keine innere Dunkelheit oder Instabilität. Ihre Meinung, man müsse auf eine gewisse Vorhersehbarkeit zählen können, hatte sicher ihren Grund in der vollkommenen Normalität der auf diesen Bildern festgehaltenen Menschen und Ereignisse sowie in den Generationen ihrer allesamt verläßlichen, soliden, ehrbaren Vorfahren, die alles zu einem guten Ende brachten.

Diese Jahrhunderte währende, tief in ihr verwurzelte scheinbare Beständigkeit konnte meine Mutter jedoch nur teilweise auf die Wirren und Schwierigkeiten vorbereiten, die sie erwarteten, nachdem sie ihr Elternhaus verlassen und eine eigene Familie gegründet hatte. Aber genau diese anhaltende Beständigkeit meiner Mutter, ihr Glaube, daß man etwas durchfechten kann, und ihre große Fähigkeit, zu lieben und dazuzulernen, zuzuhören und zu verändern, haben mir geholfen, in all den qualvollen, alptraumartigen Jahren am Leben zu bleiben. Sie hatte keine Ahnung, wie schwierig es werden würde, mit dem Wahnsinn umzugehen; weder sie noch wir anderen waren darauf vorbereitet, aber ganz im Einklang mit ihrer Liebesfähigkeit und ihrer angeborenen Willenskraft meisterte sie die Aufgabe mit Klugheit und großem Einfühlungsvermögen. Niemals dachte sie daran aufzugeben.

Sowohl meine Mutter als auch mein Vater bestärkten mich in meiner Neigung, Gedichte und Stücke fürs Schultheater zu schreiben, sowie in meinem Interesse für Naturwissenschaften und Medizin. Keiner von beiden versuchte je, meine Träume einzudämmen, und sie besaßen genügend Klugheit und Sensibilität, um den Unterschied zwischen einer vorübergehenden Vorliebe und einem ernsteren Engagement zu erkennen. Doch auch phasenweises Interesse wurde meist wohlwollend und großzügig toleriert. Da ich mich leidenschaftlich und total für etwas begeistern konnte, war ich irgendwann felsenfest davon überzeugt, daß wir unbedingt ein Faultier im Haus haben müßten. Meine Mutter, deren äußerste Toleranzgrenze bereits erreicht war, indem sie mir Hunde, Katzen, Vögel, Fische, Schildkröten, Eidechsen, Frösche und Mäuse erlaubte, war nicht gerade entzückt. Mein Vater überredete mich, zuerst ein wissenschaftliches und literarisches Dossier über Faultiere anzulegen. Er schlug mir vor, beispielsweise über ihre Nahrungsbedürfnisse, ihren Lebensraum und die veterinären Erfordernisse zu schreiben, aber auch einige Gedichte über Faultiere und Aufsätze über ihre Bedeutung für mich zu verfassen; außerdem sollte ich eine Behausung entwerfen, die in unser damaliges Haus paßte, und ihr Verhalten im Zoo beobachten. Wenn ich all das getan hätte, sagte er, würden er und meine Mutter es in Betracht ziehen, mir ein Faultier zu erlauben.

Ich bin mir sicher, die beiden wußten damals ganz genau, daß ich ganz einfach nur in eine außergewöhnliche Idee verliebt war und daß ich schon zufrieden sein würde, wenn ich meiner Begeisterung dafür auf andere Weise Ausdruck verleihen konnte. Sie hatten natürlich recht, und das wurde mir vollends klar, als ich im Zoo vor dem Faultiergehege stand. Wenn es etwas Langweiligeres gibt, als ein Faultier in seinem Käfig zu beobachten, dann ist es mir bis heute noch nicht begegnet. Ich war niemals glücklicher, in die ach so prosaische Welt meines Hundes zurückzukehren, der mir nun – im Vergleich zu den Faultieren – in seiner Komplexität geradezu wie ein Anhänger Newtons erschien.

Mein Interesse an der Medizin blieb indes bestehen, und meine Eltern unterstützten es voll und ganz. Als ich ungefähr zwölf war, schenkten sie mir ein Sezierbesteck, ein Mikroskop und eine Ausgabe von *Gray's Anatomy*. Letztere entpuppte sich als ziemlich kompliziert, aber ihr Vorhandensein gab mir einen Eindruck von dem, was ich mir unter der richtigen Medizin vorstellte. Die Tischtennisplatte in unserem Keller war mein Labor, und ich verbrachte endlose Nachmittage damit, Frösche, Fische, Würmer und Schildkröten zu sezieren. Erst als ich mich in meiner Wahl der Versuchsobjekte auf der Leiter der Evolution so weit emporgearbeitet hatte, daß ich einen Schweinefötus bekam, dessen winzige Schnauze und perfekter kleiner Schnurrhaare mich völlig aus der Fassung brachten, fühlte ich mich von der Seziererei abgestoßen. Die Ärzte am Krankenhaus der Andrews Air Force Base, wo ich an Wochenden als Hilfskraft volontierte, überließen mir für meine häuslichen Experimente Skalpelle, Blutdruckmesser und unter anderem auch Blutkonserven. Aber was noch viel wichtiger war: Sie nahmen mich und mein Interesse sehr ernst. Sie versuchten nie, mich davon abzubringen, Ärztin zu werden, obwohl es als Frau in diesem Bereich üblicher war, als Krankenschwester zu arbeiten. Sie nahmen mich auf ihre Visiten mit und ließen mich bei kleineren chirurgischen Eingriffen zuschauen und manchmal sogar assistieren. Ich beobachtete aufmerksam, wie sie Fäden zogen, Verbände wechselten und Lumbalpunktionen durchführten. Ich reichte ihnen die Instrumente, riskierte einen Blick in die offenen Wunden und durfte einmal sogar bei einem Patienten die Fäden einer Bauchnaht entfernen.

Ich war von frühmorgens bis spätabends im Krankenhaus und hatte immer jede Menge Bücher und Fragen im Gepäck: Wie ist es, wenn man Medizin studiert, Babys auf die Welt holt, mit dem Tod in Berührung kommt? Mein Interesse für das letztere schien besonders überzeugend zu sein, denn einer der Ärzte ließ mich einmal bei einer Autopsie zusehen – eine außergewöhnliche und schreckliche Erfahrung. Ich stand neben dem metallenen Autopsietisch, gab mir alle Mühe, nicht auf den kleinen nackten Körper des toten Kindes zu schauen, konnte aber nicht anders. In dem Raum hing ein durchdringender, ekelhafter Geruch, und eine ganze Weile lenkten mich nur das Wassergeplätscher und die schnellen Handgriffe des Pathologen ab. Da ich nicht sehen mochte, was ich sah, kehrte ich schließlich zu meinem üblichen Verhalten zurück und stellte eine Frage nach der anderen, und kaum hatte ich eine Antwort bekommen, stellte ich schon die nächste Frage. Warum machte der Pathologe so viele Schnitte? Warum trug er Handschuhe? Wo landeten all die Körperteile? Warum wurden manche Teile gewogen und andere nicht?

Anfangs diente die Fragerei dazu, dem Entsetzlichen, das sich da vor meinen Augen abspielte, zu entfliehen, aber irgendwann gewann meine Neugier die Oberhand und wurde zur treibenden Kraft. Ich konzentrierte mich auf die Fragen und sah den toten Körper nicht mehr. So ist es mir seitdem unzählige Male ergangen: Meine Neugier und mein Temperament haben mich in Situationen gebracht, mit denen ich emotional eigentlich nicht umgehen konnte; aber die gleiche Neugier und die wissenschaftliche Seite meines Geistes haben Distanz und Struktur geschaffen, die es mir erlaubten, damit fertig zu werden, mich davon abzulenken, darüber zu reflektieren und weiterzumachen.

Mit fünfzehn nahm ich mit anderen Hilfspflegekräften an einem Besuch von St. Elizabeth, der staatlichen psychiatrischen Klinik des District of Columbia teil. Dieser Besuch war in gewisser Hinsicht eine weitaus schrecklichere Erfahrung als die Autopsie. Während der Busfahrt waren wir alle ziemlich nervös, alberten herum und machten entsetzlich gefühllose, schulmädchenhafte Bemerkungen – alles in dem vergeblichen Bemühen, unsere Ängste vor dem Unbekannten und der Welt der Verrückten, wie wir sie uns vorstellten, zu übertönen. Ich glaube, wir hatten Angst vor dem Fremden, vor der möglichen Gewalt und vor der Begegnung mit Menschen, die sich nicht unter Kontrolle hatten. »Du kommst nach St. Elizabeth« war einer der Schmährufe meiner Kindheit, und trotz der Tatsache, daß nichts darauf hindeutete, daß ich mich nicht im Vollbesitz meiner geistigen Kräfte befunden hätte, schlichen sich plötzlich irrationale Ängste bei mir ein. Schließlich war ich sehr temperamentvoll, und auch wenn ich nur selten explodierte, so erschreckte der Ausbruch nicht nur mich, sondern jeden, der sich in unmittelbarer Nähe des Epizentrums aufhielt. Das war der einzige – wenngleich äußerst störende – Riß in meinem ansonsten vakuumverpackten Verhalten. Nur Gott allein wußte, was sich schon damals hinter der Fassade der erbitterten Selbstdisziplin und emotionalen Kontrolle zusammenbraute. Aber es gab schon Risse, das wußte ich, und das machte mir Angst.

Das Krankenhaus war keineswegs der grausige Ort, den ich mir vorgestellt hatte: Vor uns breitete sich ein weitläufiges schönes Gelände aus, auf dem herrliche alte Bäume standen; an mehreren Stellen hatte man eine wunderbare Aussicht auf die

Stadt und ihre Flüsse, und die hübschen Gebäude aus der Zeit vor dem Bürgerkrieg strahlten den Charme des Südens aus, der früher einmal ein typisches Element von Washington gewesen war. Aber mit dem Betreten des Krankentrakts wurden alle Illusionen, die die gefällige Architektur und die gepflegten Anlagen erweckt hatten, zerstört. Mit einem Schlag befanden wir uns in der furchtbaren Realität der Erscheinungen, der Geräusche und Gerüche des Wahnsinns. Von dem Krankenhaus des Luftwaffenstützpunktes war ich an den Anblick vieler Krankenschwestern gewöhnt, sowohl auf den Pflegestationen als auch im Operationstrakt, aber die Oberschwester, die uns hier herumführte, erklärte uns, daß in St. Elizabeth auf neunzig Patienten nur ein Pfleger komme. Gebannt von der Vorstellung, daß eine Person so viele potentiell gewalttätige Patienten in Schach halten sollte, fragte ich, wie sich das Pflegepersonal denn schützte. Die Schwester antwortete mir, daß die meisten Patienten zwar unter Medikamenteneinfluß stünden, aber daß es ab und an notwendig sei, »sie abzuduschen«. Konnte ein Mensch so die Kontrolle über sich verlieren, daß man zu derart drastischen Maßnahmen greifen mußte? Das wollte mir einfach nicht aus dem Kopf gehen.

Noch schlimmer kam es im Aufenthaltsraum des Frauentrakts, wo ich abrupt stehen blieb und meine Umgebung aufnahm: die bizarren Kleider, die wunderlichen Verhaltensweisen, die gehetzten Schritte, das seltsame Gelächter und ab und zu herzzerreißende Schreie. Eine Frau stand wie ein Storch auf einem Bein, das andere Bein hochgezogen; die ganze Zeit kicherte sie albern vor sich hin. Eine andere Patientin, der man noch ansehen konnte, daß sie früher einmal sehr schön gewesen war, stand in der Mitte des Aufenthaltsraums, führte Selbstgespräche und flocht und entwirrte dabei unentwegt ihr langes rötliches Haar. Und die ganze Zeit über verfolgte sie mit blitzschnellen Augenbewegungen jeden, der den Versuch unternahm, sich ihr zu nähern. Zuerst machte sie mir Angst, aber irgendwie zog sie mich auch in ihren Bann. Langsam ging ich auf sie zu. Nachdem ich einige Minuten lang nur wenige Meter von ihr entfernt verharrt hatte, nahm ich schließlich meinen ganzen Mut zusammen und fragte sie, weshalb sie in dem Krankenhaus sei. In diesem Augenblick sah ich aus dem Augenwinkel, daß die anderen Hilfskräfte, mit denen ich gekommen war, eng zusammengedrängt in der entferntesten Ecke des Raumes standen und miteinander tuschelten. Ich entschied mich dafür, meinen Posten nicht zu verlassen. Meine Neugier war stärker als meine Angst.

Die Patientin durchbohrte mich währenddessen mit ihren Blicken. Dann drehte sie sich zur Seite, so daß sie mich nicht direkt ansehen mußte, und erklärte mir, weshalb sie in St. Elizabeth war. Ihre Eltern, so erzählte sie mir, hätten ihr im Alter von fünf Jahren einen Flipperautomaten in den Kopf gepflanzt. Die roten Kugeln gaben ihr das Kommando zum Lachen, die blauen Kugeln sagten ihr, wann sie still zu sein und sich von anderen Menschen fernzuhalten habe, und die grünen Kugeln befahlen ihr, mit drei zu multiplizieren. Alle paar Tage durchlaufe eine silberne Kugel das Labyrinth des Flipperautomaten. An dieser Stelle wandte sie den Kopf und schaute mich an; ich nahm an, um zu sehen, ob ich ihr noch zuhörte. Natürlich hörte ich ihr noch zu. Wie hätte man es nicht tun können? Das Ganze war bizarr, aber gleichzeitig faszinierend. Ich fragte sie, was denn die silberne Kugel bedeute. Sie sah mich aufmerksam an, und dann erstarb ihr Blick plötzlich. Sie starrte ins Leere, gefangen in irgendeiner anderen Welt. Ich habe nie erfahren, was die silberne Kugel bedeutete.

Bei aller Faszination, die die Patientinnen auf mich ausübten, erschreckte mich ihr seltsames Verhalten, ebenso die panische Angst, die in dem Raum spürbar war. Aber noch stärker als die Angst war der Ausdruck von seelischem Schmerz in den Augen der Frauen. Ein Teil von mir wandte sich ihnen instinktiv zu und verstand diesen Schmerz sonderbarerweise, obwohl ich mir damals noch nicht vorstellen konnte, daß ich eines Tages selbst in den Spiegel blicken und ihre Traurigkeit und ihren Wahnsinn in meinen eigenen Augen erkennen würde.

Während meiner gesamten Jugend hatte ich das Glück, in meinen wissenschaftlichen und medizinischen Interessen immer aktive Unterstützung zu finden, und zwar nicht nur von meinen Eltern und den Ärzten der Andrews Air Force Base, sondern auch von vielen Freunden meiner Eltern. Die Familien des Air Weather Service waren normalerweise auf denselben Stützpunkten wie wir stationiert, und die Versetzungen besonders einer Familie fielen mit unseren zusammen, und so kamen wir uns näher. Wir veranstalteten gemeinsame Picknicks, fuhren zusammen in Urlaub, teilten den Babysitter und gingen in einer Zehnergruppe zu Filmvorführungen, Dinnerveranstaltungen und Parties im Offiziersklub. Als wir noch klein waren, spielten mein Bruder, meine Schwester und ich mit den drei Söhnen dieser Familie Verstecken; als wir älter wurden, wechselten wir zum Softball über, gingen gemeinsam in die Tanzstunde, besuchten zuerst seriöse, dann etwas wildere Parties, und schließlich waren wir alle erwachsen und gingen unsere eigenen Wege. Aber in Washington und Tokio und dann wieder in Washington waren wir als Kinder fast unzertrennlich. Ihre Mutter, eine rothaarige irische Katholikin – warmherzig, lustig, temperamentvoll, unabhängig, praktisch –, schuf für mich so etwas wie ein zweites Zuhause, ich ging bei ihnen ein und aus wie bei uns und blieb immer lange genug, um mir Pie und Plätzchen, Wärme, Lachen und Gespräche zu Gemüte zu führen. Sie und meine Mutter waren eng befreundet – und sind es immer noch –, und sie hat mir immer das Gefühl gegeben, als wäre ich eines ihrer Kinder. Sie war Krankenschwester und hörte mir aufmerksam zu, wenn ich ihr in aller Ausführlichkeit von meinen Plänen, Ärztin zu werden, zu schreiben und zu forschen, berichtete. Ab und zu unterbrach sie mich mit Bemerkungen wie »Ja, ja, das ist wirklich interessant«, »Natürlich kannst du das« oder »Hast du daran gedacht...?« Niemals hörte ich von ihr Sätze wie »Das halte ich aber für keine gute Idee« oder »Warte doch einfach ab, bis es soweit ist«.

Ihr Mann, Mathematiker und Meteorologe, war ihr ganz ähnlich. Er erkundigte sich immer nach meinem neuesten Plan, was ich gerade läse oder welches Tier ich gerade seziert hätte und warum. Er unterhielt sich mit mir sehr ernsthaft über Wissenschaft und Medizin und ermutigte mich, meine Pläne und Träume soweit wie möglich zu verfolgen. Ebenso wie mein Vater liebte auch er die Naturwissenschaften, und er pflegte in aller Ausführlichkeit zu erklären, warum Physik, Philosophie und Mathematik – jede auf ihre Art – wie eifersüchtige Geliebte seien, die allesamt unbedingte Leidenschaft und ungeteilte Aufmerksamkeit forderten. Erst jetzt, im Rückblick – nach den ernüchternden Erfahrungen meines späteren Lebens, als man mich aufforderte, entweder Abstriche zu machen oder meine Begeisterung zu zügeln –, weiß ich den Ernst richtig zu schätzen, mit dem meine Eltern und ihre Freunde meine Ideen aufgenommen haben; und erst jetzt beginne ich wirklich zu verstehen, wie unendlich wichtig es für meine intellektuelle wie für meine emotionale Entwicklung war, daß meine Gedanken und Neigungen nicht nur respektiert, sondern auch aktiv unterstützt wurden.

Leidenschaftliche Naturen werden leicht zur Zielscheibe für solche, die mit Vorliebe die Träume anderer zerstören, und ich hatte mehr Glück, als mir selbst bewußt war, daß ich zwischen Enthusiasten und Menschen, die Enthusiasten liebten, aufgewachsen bin.

So war ich also beinahe wunschlos glücklich: Ich hatte großartige Freunde, ein pralles, aktives Leben, das mit Schwimmen, Reiten, Softball, Parties, Jungen, Sommerferien in der Bucht von Chesapeake und allem, was die Jugendzeit sonst zu bieten hatte, ausgefüllt war. Aber inmitten von alledem erkannte ich allmählich die Realität, was es bedeutete, als ein intensiv empfindendes, ziemlich lebhaftes junges Mädchen innerhalb einer extrem traditionellen und militärisch geprägten Welt zu leben. Unabhängigkeit, Temperament und Jugendlichkeit paßten nur sehr schlecht in die eigentümliche Sphäre des Kotillons. In der Tanzstunde der Navy sollten Offizierskinder die Regeln des feinen Benehmens, des Tanzes, der weißen Handschuhe und anderer Absurditäten des Lebens lernen. Dort brachte man den Kindern auch bei – so als hätten sie es in den vierzehn, fünfzehn vorangegangenen Lebensjahren nicht ohnehin schon schmerzlich erfahren –, daß ein General über einem Colonel steht, der wiederum mehr gilt als ein Major und ein Captain und ein Lieutenant, und daß jeder einzelne von ihnen mehr wert sei als ein Kind. Und was die Rangfolge unter den Kindern betraf, so standen die Jungen über den Mädchen.

Eine Methode, den Mädchen diese besonders irritierende Hackordnung einzubleuen, bestand darin, daß man sie in der alten und lächerlichen Kunst des Knicksens unterrichtete. Schwer vorzustellen, daß jemand, der im Vollbesitz seiner geistigen Kräfte ist, den Knicks als eine auch nur halbwegs akzeptable Verhaltensform ansieht. Und aufgrund der liberalen Erziehung meines Vaters mit seinen äußerst nonkonformen Ansichten und Verhaltensweisen wäre ich auch niemals auf die Idee gekommen, daß man allen Ernstes so etwas von mir erwarten würde. Die Mädchen standen stocksteif in Reih und Glied, und ich beobachtete, wie eine nach der anderen einen ordentlichen Knicks machte. Schafe, dachte ich, dumme Schafe. Dann war ich an der Reihe. In mir kochte es. Wie man hier von den Mädchen erwartete, sich zu fügen, das war einfach zuviel – und noch wütender machte mich die Beobachtung, daß die Mädchen diese Unterwerfungsriten bereitwillig vollzogen. Ich weigerte mich. Woanders wäre das vielleicht keine große Affäre gewesen, aber in der Welt des militärischen Protokolls – in der Symbole und Gehorsam alles waren und in der die Unart eines Kindes die Aussicht des Vaters auf Beförderung verringern konnte – war das eine Kriegserklärung. Einem Erwachsenen den Gehorsam verweigern, ganz gleichgültig, wie unsinnig seine Anweisungen auch sein mochten, das gab es einfach nicht. Miss Courtnay, unsere Tanzlehrerin, starrte mich auffordernd an. Ich weigerte mich abermals. Sie sei sicher, sagte sie, daß Colonel Jamison schrecklich wütend sein würde, wenn er davon hörte. Und ich sei sicher, erwiderte ich, daß ihm das ziemlich egal wäre. Ich täuschte mich. Colonel Jamison war das gar nicht egal. Auch wenn er es für lächerlich hielt, jungen Mädchen beizubringen, vor Offizieren und ihren Gattinnen zu knicksen, war es ihm ganz und gar nicht gleichgültig, daß ich mich jemanden gegenüber ruppig benommen hatte. Ich entschuldigte mich, und dann einigten er und ich uns auf einen Kompromiß, einen angedeuteten Knicks, bei dem die Knie nur soviel wie unbedingt notwendig gebeugt und der Körper nur soviel wie unbedingt notwendig geneigt werden mußten: Das war fein ausgeklügelt und eine der typischen genialen Lösungen, die mein Vater für unangenehme Situationen fand.

Ich haßte die Knickse und Verbeugungen, aber ich liebte die Eleganz der Uniformen, die Musik und den Tanz und die Pracht der Ballabende. So sehr ich meine Unabhängigkeit auch brauchte, so fühlte ich mich doch gleichzeitig von dem traditionellen Ambiente angezogen. Das Leben innerhalb dieser abgeschirmten Welt der Offiziersfamilien gab einem ein wunderbares Gefühl der Geborgenheit. Die Erwartungen waren klar, ihnen konnte man sich kaum entziehen. Diese Gesellschaft setzte auf Fairneß, Ehre, Tapferkeit und die Bereitschaft, für das Vaterland zu sterben. Sie forderte von dem, der ihr angehören wollte, zwar eine gewisse blinde Loyalität, aber sie tolerierte auch – weil ihr nichts anderes übrigblieb – leidenschaftliche und weltfremd-idealistische junge Männer, die bereit waren, in ihrem Leben atemberaubende Risiken einzugehen. Und sie tolerierte, weil sie mußte, die in gesellschaftlicher Hinsicht noch weniger disziplinierte Gruppe der Wissenschaftler, von denen viele Meteorologen waren und von denen die meisten den Luftraum ebenso liebten wie die Piloten. In dieser Gesellschaft bestand eine gewisse Spannung zwischen Abenteuerlust und Disziplin; sie war ein Konglomerat aus Erregung, Starrheit, flottem Leben und plötzlichem Tod, und sie ließ Rückschlüsse darauf zu, wie das Leben im neunzehnten Jahrhundert im besten wie im schlechtesten Sinn gewesen sein mußte: zivilisiert, kultiviert, elitär und außerordentlich intolerant gegenüber persönlichen Schwächen. Die Bereitschaft, seine ureigenen Wünsche zu opfern, war unabdingbar; Selbstdisziplin und Beherrschung wurden als selbstverständlich vorausgesetzt.

Meine Mutter erzählte mir einmal von einer Teegesellschaft im Hause des befehlshabenden Officers meines Vaters. Seine Frau war, wie alle anderen anwesenden Damen, die Frau eines Piloten. Ein Teil ihrer Rolle bestand darin, die jungen Frauen über alles mögliche zu beraten – angefangen bei Fragen der Etikette, wie beispielsweise die korrekte Durchführung einer Dinnerparty, bis hin zur Teilnahme an gesellschaftlichen Veranstaltungen auf dem Luftwaffenstützpunkt. Nachdem eine Zeitlang über diese Dinge gesprochen worden war, kam sie zu dem eigentlichen Thema. Piloten, so sagte sie, sollten sich niemals wütend oder aufgeregt ins Flugzeug setzen. Wut könne zu mangelndem Urteilsvermögen und Konzentrationsstörungen führen; mögliche Folge seien Unfälle; die Piloten könnten ums Leben kommen. Die Ehefrauen der Piloten sollten daher niemals mit ihren Männern streiten, wenn diese sich zum Flug rüsteten. Selbstbeherrschung sei für eine Frau also nicht nur ein wünschenswerter Charakterzug, sondern unerläßlich.

Meine Mutter, so erzählte sie später, fand es schon schlimm genug, sich jedesmal, wenn ihr Mann in ein Flugzeug stieg, beinahe zu Tode zu ängstigen; und nun sollte sie sich auch noch verantwortlich fühlen, falls das Flugzeug abstürzte. Ärger und Unzufriedenheit sollten nicht ausgesprochen werden, damit sie nicht zur tödlichen Gefahr wurden. Die Gesellschaft der hohen Militärs schätzte Frauen, die sich durch Wohlverhalten, Sanftmut und Besonnenheit auszeichneten, noch höher als die restliche Gesellschaft.

Hätte mir jemand in jenen scheinbar so unkomplizierten Tagen der weißen Handschuhe und breitrandigen Hüte erzählt, daß ich nur zwei Jahre später unter Psychosen leiden würde und nichts weiter als sterben wollte, hätte ich gelacht, mich gewundert und wäre zur Tagesordnung übergegangen. Aber dann, als ich mich gerade an diese Wechselfälle und Widersprüche gewöhnte und mich in Washington zum ersten Mal fest verwurzelt fühlte, verließ mein Vater die Air Force und nahm eine Stelle als Naturwissenschaftler bei der Rand Corporation in Kalifornien an. Das war im Jahr 1961, ich war fünfzehn, und meine Welt begann auseinanderzubrechen.

Schon an meinem ersten Tag in der High School von Pacific Palisades wurde mir klar, daß das Leben von jetzt an völlig anders sein würde. Der erste Schultag begann mit dem üblichen Ritual für Neulinge, das darin bestand, vor einer Klasse mit völlig fremden Gesichtern in entsetzlichen drei Minuten sein bisheriges Leben herunterzubeten. Das war schon schwer genug in einer Militärschule, aber vor einem Haufen reicher, eingebildeter Südkalifornier war es absolut lächerlich. In dem Augenblick, in dem ich sagte, daß mein Vater Officer bei der Air Force gewesen sei, wurde mir klar, daß ich ebensogut hätte erzählen können, er sei ein schwarzfüßiges Frettchen oder ein zweihöckeriges Kamel. Es herrschte Totenstille. Die einzige Spezies von Eltern, die in Pacific Palisades anerkannt wurde, bildeten jene, die in der Filmindustrie tätig, reich waren oder als Anwälte, Geschäftsleute oder erfolgreiche Ärzte arbeiteten. Was der Begriff »zivile Schule« bedeutet, wurde mir nachdrücklich zu Bewußtsein gebracht durch das schallende Gelächter, das automatisch folgte, wenn ich den Lehrern mit »Ja, Ma'am« oder »Nein, Sir« antwortete.

Lange Zeit fühlte ich mich völlig hilflos. Washington fehlte mir entsetzlich. Ich hatte einen Freund zurückgelassen, ohne den ich unglücklich war. Er war blond, blauäugig und lustig, tanzte gern, und in den Monaten vor unserem Umzug nach Kalifornien waren wir beide unzertrennlich gewesen. Mit ihm begann der Prozeß der Abnabelung von meiner Familie, und wie die meisten Fünfzehnjährigen glaubte ich, unsere Liebe würde ewig halten. Ich hatte außerdem ein Leben hinter mir gelassen, das von guten Freunden, familiärer Nähe, viel Wärme und Lachen, vertrauten und geliebten Traditionen bestimmt war, sowie eine Stadt, in der ich mich zu

Hause fühlte. Aber was noch mehr ins Gewicht fiel: Der konservative Lebensstil des Militärs, den ich kannte, solange ich denken konnte, gehörte der Vergangenheit an. Ich war in Luftwaffen- oder Armeestützpunkten in den Kindergarten, in die Vorschule und in die Grundschule gegangen. Als ich in Maryland die Junior und die Senior High School besuchte, lebten wir zwar nicht auf einem Militärstützpunkt, aber meine Mitschüler waren überwiegend Kinder von Armeeangehörigen, Regierungsbeamten und Diplomaten. Es war eine kleine, heimelige, friedliche und abgeschottete Welt. Kalifornien, zumindest Pacific Palisades, erschien mir dagegen kalt und protzig. Der frühere Halt ging mir fast ganz verloren, und obwohl ich mich scheinbar schnell an die neue Schule gewöhnte und neue Freunde gewann – was mir beides nach dem häufigen Schulwechsel nicht besonders schwerfiel –, war ich todunglücklich. Ich war oft in Tränen aufgelöst und verbrachte viel Zeit damit, meinem Freund in Washington Briefe zu schreiben. Ich war wütend auf meinen Vater, daß er die Stelle in Kalifornien angenommen hatte, anstatt in Washington zu bleiben, und wartete täglich ungeduldig auf Briefe und Anrufe von meinen Freunden. In Washington war ich Schulsprecherin gewesen und Anführerin aller Sportmannschaften, denen ich angehörte; in der Schule gab es keine ernsthaften Rivalitäten, und die langweiligen Klassenarbeiten hatte ich routinemäßig und ohne große Anstrengung bewältigt. In der High School von Pacific Palisades war nun alles ganz anders: Man trieb andere Sportarten, von denen ich keine beherrschte, und es dauerte sehr lange, bis ich im Sport wieder Fuß faßte. Aber noch mehr verstörten mich der Leistungsdruck und der harte Konkurrenzkampf. Ich war in sämtlichen Fächern im Rückstand, und es dauerte ewig, bis ich ihn aufholte – wenn es mir überhaupt jemals gelang. Auf der einen Seite war es ganz spannend, mit so vielen intelligenten und ehrgeizigen Mitschülern zu wetteifern, aber auf der anderen Seite war es für mich eine ganz neue, oft demütigende und entmutigende Erfahrung. Es fiel mir nicht leicht, die tatsächlichen Grenzen meiner Vorbildung und meiner Fähigkeiten zu akzeptieren. Trotzdem begann ich mich, wenn auch langsam, an meine neue Schule zu gewöhnen, füllte meine Wissenslücken etwas auf und fand neue Freunde.

Obgleich mir diese neue Welt ziemlich fremd und seltsam vorkam – und umgekehrt ich ihr –, freundete ich mich doch mit ihr an. Als ich den anfänglichen Schock erst einmal überwunden hatte, betrachtete ich die meisten anderen Erfahrungen an der High School als Bildung besonderer Art. Und die fand teilweise sogar im Klassenzimmer statt. Die sehr offenen Gespräche mit meinen Mitschülern faszinierten mich. Jeder schien mindestens einen, oft sogar zwei oder drei Stiefelternteile zu haben, je nachdem, wie viele Scheidungen die Familie schon hinter sich hatte. Die finanziellen Mittel meiner Freunde überstiegen das gewohnte Maß, und viele von ihnen verfügten schon über genügend sexuelle Erfahrungen, um mich mit hochinteressanten Grundkenntnissen auszustatten. Für das übrige sorgte mein neuer Freund. Er studierte an der UCLA, wo ich an den Wochenenden als Praktikantin am Institut für Pharmakologie arbeitete. Er verkörperte alles, was ich damals nach meiner Vorstellung brauchte: Er war älter als ich, sah gut aus, stand kurz vor dem Examen, war verrückt nach mir, hatte ein eigenes Auto und tanzte gern – wie mein erster Freund. Unsere Beziehung hielt meine ganze High-School-Zeit hindurch, und im Rückblick glaube ich, daß sie mir einerseits die Gelegenheit gab, von zu Hause loszukommen und den familiären Turbulenzen zu entfliehen, und andererseits eine richtige romantische Liebesgeschichte war.

Ich erfuhr zum ersten Mal, was ein WASP [White Anglo-Saxon Protestant] ist, daß ich ein solcher war und daß diese Eigenschaft bestenfalls ein zweischneidiges Schwert darstellte. Ich hatte diesen Ausdruck vor unserem Umzug nach Kalifornien noch nie gehört, und das Positivste, was ich darüber herausfand, war, daß ein WASP als ultrakonservativ, verkrampft, steif, humorlos, kalt, uncharmant, geistlos, langweilig, aber ansonsten – und unerklärlicherweise – als beneidenswert galt. Der Begriff ist mir nach wie vor vollkommen fremd. Aber in der Schule trug dies alles ganz konkret zu einer gewissen sozialen Spaltung bei. Die einen Schüler – die, die jeden Tag an den Strand gingen und abends Parties feierten – gehörten zu den WASPs. Die anderen – die etwas lässigen, gelangweilten – tendierten eher zu intellektuellen Beschäftigungen. Ich pendelte schließlich zwischen diesen beiden Sphären hin und her und fühlte mich meistens in jeder wohl, wenn auch aus ganz unterschiedlichen Gründen. Die Welt der WASPs stellte eine vage, aber dennoch nicht unwichtige Verbindung zu meiner Vergangenheit her; die intellektuelle Welt wurde dagegen zu einem Stützpfeiler meiner Existenz und zum Fundament meiner wissenschaftlichen Laufbahn.

Die Vergangenheit war endgültig vergangen. Die komfortable Welt des Militärs und Washingtons existierte nicht mehr: Alles hatte sich geändert. Mein Bruder war noch vor unserem Umzug nach Kalifornien ans College gegangen; das hatte ein großes Loch in mein Sicherheitsnetz gerissen. Das schon immer schwierige Verhältnis zu meiner Schwester gestaltete sich nun bestenfalls zu einem mürrischen Umgang; oft standen wir uns feindselig, meistens aber einfach distanziert gegenüber. Ihr fiel es wesentlich schwerer als mir, sich in Kalifornien einzuleben, aber wir haben eigentlich nie viel darüber gesprochen. Wir gingen fast völlig getrennte Wege, so daß es nicht weiter aufgefallen wäre, wenn wir auch in verschiedenen Häusern gelebt hätten. Meine Eltern hatten sich einander entfremdet, obwohl sie noch zusammen wohnten. Meine Mutter unterrichtete, kümmerte sich um uns Kinder und besuchte Fortbildungskurse, während mein Vater ganz in seiner wissenschaftlichen Arbeit aufging. Gelegentlich geriet er noch in Hochstimmung, und dann sprang der Funke über, und im ganzen Haus breitete sich eine warme, fröhliche Atmosphäre aus. Bisweilen schwang er sich jedoch zu Höhenflügen auf, die jede Vernunft vermissen ließen, und seine grandiosen Ideen begannen die Toleranz der Rand Corporation zu strapazieren. Einmal entwickelte er beispielsweise ein System zur Bestimmung des IQ von Hunderten von Personen, von denen die meisten bereits tot waren. Die Konzeption war genial, aber sie zeugte von beunruhigender Eigenbrötelei, stand sie doch in keinerlei Zusammenhang mit der Leitung der meteorologischen Forschungen, für die er bezahlt wurde.

Je mehr er der Realität entfloh, desto trostloser wurde seine Stimmung, und die dunkle Aura seiner Depressionen durchdrang seine Umgebung wie zu früheren besseren Zeiten die Musik. Etwa ein Jahr nach unserem Umzug nach Kalifornien verdüsterte sich die Stimmung meines Vaters immer mehr, und ich merkte, daß ich nichts dagegen tun konnte. Ich wartete ständig auf die Wiederkehr seines Lachens, seiner Hochstimmungen, seiner beeindruckenden Begeisterungsstürme, aber abgesehen von einigen seltenen Ausnahmen, waren an ihre Stelle Wut, Verzweiflung und ein resignierter emotionaler Rückzug getreten. Nach einiger Zeit erkannte ich ihn kaum noch wieder. Manchmal war er von seiner Depression geradezu gelähmt, unfähig, sich aus dem Bett zu erheben; sein tiefer Pessimismus nahm ihm jede Lebenshoffnung und Zukunftsperspektive. Dann wieder entsetzten mich seine Wutanfälle und sein Gebrüll. Ich hatte meinen Vater – einen sanften Mann, der normalerweise leise sprach – niemals seine Stimme erheben hören. Nun getraute ich mich manchmal tage- oder sogar wochenlang nicht an den Frühstückstisch oder wagte nach der Schule nicht, nach Hause zu gehen. Er fing auch an zu trinken, was die Situation noch verschlimmerte. Meine Mutter war ebenso verstört und erschreckt wie ich, und wir suchten beide verstärkt bei unserer Arbeit oder bei Freunden Zuflucht. Ich verbrachte noch mehr Zeit als sonst mit meinem Hund. Unsere Familie hatte ihn als Welpen in Washington, wo er ausgesetzt worden war, zu sich genommen, und er und ich waren seither unzertrennlich. Nachts schlief er in meinem Bett und hörte mir stundenlang zu, wenn ich von meinem Kummer erzählte. Er war wie die meisten Hunde ein guter Zuhörer, und in vielen Nächten weinte ich mich in den Schlaf, meine Arme um seinen Nacken geschlungen. Der Hund, mein Partner und meine neuen Freunde gaben mir die Möglichkeit, das häusliche Chaos zu überstehen.

Ich spürte jedoch bald, daß nicht nur mein Vater und meine Schwester von düsteren, verworrenen Stimmungen heimgesucht wurden. Mit sechzehn oder siebzehn wurde mir bewußt, daß meine Energiegeladenheit und meine Begeisterungsausbrüche durchaus dazu angetan waren, die Menschen in meiner Umgebung zu nerven, und nach Wochen voller Höhenflüge, in denen ich nur wenig geschlafen hatte, stürzten meine Gedanken in die Tiefe, in die dunklen Abgründe des Lebens. Meine zwei besten Freunde, beide attraktiv, sardonisch und leidenschaftlich, fühlten sich ebenfalls eher zu der schwermütigen Seite des Daseins hingezogen, und so fanden wir uns zu einem Trio zusammen, das mit gelegentlichen Anflügen von Niedergeschlagenheit zu kämpfen hatte, aber auch mit dem Schulalltag zurechtkam, wo der Hang zu Spaß und Vergnügen eher zur Normalität gehörte. Jeder von uns dreien hatte in dem einen oder anderen Schulbereich eine leitende Funktion, wir waren im Sport sehr aktiv und nahmen neben dem Unterricht noch an vielen anderen Veranstaltungen teil. Während wir innerhalb der Schule in diesen helleren Gefilden weilten, lebten wir außerhalb in einer Freundschaft zusammen, verbunden durch gemeinsames Lachen und tödlichen Ernst; wir tranken und rauchten miteinander, ergötzten uns nächtelang an Wahrheitsspielen und führten leidenschaftliche Diskussionen über das Wohin unseres Lebens, das Wie und Warum des Todes, hörten Beethoven, Mozart und Schumann und sprachen engagiert über melancholische und existentielle Literatur – Hesse, Byron, Melville und Hardy –, die wir uns selbst als Pflichtlektüre aufgegeben hatten. Wir waren alle drei auf redliche Weise zu unserem schwarzen Chaos gekommen: Bei zweien von uns waren bereits, wie wir später feststellen sollten, nahe Angehörige manisch-depressiv, und die Mutter des dritten hatte sich mit einem Schuß ins Herz das Leben genommen. Wir erlebten gemeinsam die Anfänge der Qual, die wir später, jeder für sich allein, richtig kennenlernen sollten.

Als ich in der Abschlußklasse der High School war, erlitt ich meine erste manisch-depressive Attacke. Nachdem der Prozeß erst einmal ins Rollen gekommen war, verlor ich ziemlich schnell den Verstand. Zuerst schien alles so leicht. Ich flitzte durch die Gegend wie ein verrückt gewordenes Wiesel, sprudelte über vor Einfällen und Begeisterung, trieb jede Menge Sport, blieb Nacht für Nacht auf und ging mit Freunden aus, las alles, was mir in die Finger kam, füllte ein Heft nach dem anderen mit Gedichten und Dramenfragmenten und schmiedete weitgespannte, völlig unrealistische Zukunftspläne. Die ganze Welt war voller Freude und Verheißung; mir ging es hervorragend, nicht nur einfach so, sondern wirklich und wahrhaftig hervorragend. Ich hatte das Gefühl, alles machen zu können; keine Aufgabe war mir zu groß. Mein Verstand erschien mir klar und außerordentlich konzentriert, fähig, sich intuitiv zu mathematischen Hochleistungen aufzuschwingen, was ihm bis dahin – und übrigens bis heute – verwehrt geblieben war. Damals erschienen die Dinge nicht nur an sich sinnvoll, sie fügten sich auch in einen wunderbaren kosmischen Zusammenhang ein. Ich konnte mich vor Entzükken über die Naturgesetze kaum halten und erzählte jedem, der mir über den Weg lief, wie schön doch alles sei. Meine Freunde waren allerdings nicht so fasziniert von meinen Einblicken in die Zusammenhänge und Schönheiten des Universums wie ich selbst, sondern fanden den Umgang mit mir anstrengend: Du überschlägst dich ja förmlich, Kay. Langsamer, Kay. Du überforderst mich, Kay. Und auch wenn sie es mir einmal nicht offen sagten, konnte ich es in ihren Augen lesen: Um Gottes willen, Kay, mach langsamer.

Und schließlich machte ich langsamer. Um genau zu sein, ich vollführte eine Vollbremsung. Im Vergleich zu den Phasen schwerer Manie, die einige Jahre später folgten und sich so stark psychotisch gestalteten, daß sie völlig außer Kontrolle gerieten, war dieser erste manische Schub ein lichter, freundlicher Schatten der echten Manie. Wie zahllose spätere Phasen der Hochstimmung war auch diese erste sehr kurzlebig und zehrte sich selbst schnell auf. Sie war für meine Freunde vielleicht lästig und für mich mit Sicherheit erschöpfend und aufregend – aber doch nicht unerträglich. Dann sank mein Leben, mein Geist langsam in eine bodenlose Tiefe. Das Denken – alles andere als glasklar – wurde mir zur Qual. Ich las einen Abschnitt wieder und wieder, nur um schließlich festzustellen, daß mir alles, was ich gerade gelesen hatte, entfallen war. Und mit jedem Buch, mit jedem Gedicht war es dasselbe. Vollkommen unverständlich. Nichts ergab einen Sinn. Ich war nicht mehr in der Lage, dem Lehrstoff zu folgen. Ich ertappte mich dabei, wie ich aus dem Fenster starrte und dabei keine Ahnung hatte, was um mich herum vor sich ging. Es war beängstigend.

Ich war daran gewöhnt, daß mein Verstand mein bester Freund war. So hatte ich früher im Geiste endlose Unterhaltungen geführt, und wenn ich mich aus einer langweiligen oder unangenehmen Situation befreien wollte, konnte ich per innerem Knopfdruck auf Lachen oder analytisches Denken umschalten. Ich verließ mich wie selbstverständlich auf die Schärfe, das Interesse und die Loyalität meines Verstandes. Und nun hatte dieser sich plötzlich gegen mich gerichtet: Er verhöhnte mich wegen meiner leeren Begeisterung, er lachte über alle meine albernen Pläne, er konnte nichts Interssantes oder Erfreuliches oder Lohnendes mehr entdecken. Er war nicht mehr konzentrationsfähig und wandte sich immer wieder dem Thema Tod zu: Ich würde sterben – wozu also das Ganze? Das Leben war kurz und sinnlos – warum also leben? Ich fühlte mich total erschöpft und konnte morgens kaum aus dem Bett kommen. Jeder Weg kostete mich doppelt so viel Zeit wie gewöhnlich, ich trug immer wieder dieselben Kleider, denn die Entscheidung für etwas anderes hätte mich zu sehr angestrengt. Ich fürchtete mich davor, mit jemandem sprechen zu müssen, ich ging meinen Freunden, wenn möglich, aus dem Weg, frühmorgens und spätnachmittags saß ich fast reglos in der Schulbibliothek, mit totem Herzen und einem Gehirn so kalt wie ein Lehmklumpen.

Jeden Morgen wachte ich todmüde auf, eine Erfahrung, die meinem eigentlichen Ich ebenso fremd war wie der Lebensüberdruß oder die Gleichgültigkeit, die als nächstes kamen. Dann die triste Beschäftigung mit Tod, Sterben und Verfall: Alle werden nur geboren, um zu sterben; das Beste, man stirbt sofort, um sich die Qual des Wartens zu ersparen. Körperlich und geistig erschöpft, schleppte ich mich über einen Friedhof und grübelte darüber nach, wie lange jeder seiner Bewohner vor dem letzten Atemzug gelebt haben mochte. Ich setzte mich auf die Grabeinfassungen und schrieb lange, schauerliche Gedichte, überzeugt davon, daß mein Gehirn und mein Körper langsam verrotteten, daß jeder es wußte, aber keiner etwas sagte. Diese Erschöpfungszustände wurden von Phasen wilder und schrecklicher Ruhelosigkeit unterbrochen; ich konnte noch soviel rennen, es brachte mir keine Erleichterung. Wochenlang kippte ich morgens vor der Schule Wodka in meinen Orangensaft, und der Gedanke mich umzubringen, ließ mich nicht mehr los. Da ich mich gut verstellen und meiner Umgebung ein ganz anderes Bild von mir vorgaukeln konnte, bemerkten nur wenige, daß ich mich irgendwie verändert hatte. Zu Hause fiel sicher niemandem etwas auf. Zwei Freunde wußten, was mit mir los war, aber als sie mit meinen Eltern darüber reden wollten, mußten sie mir schwören, nichts zu sagen. Ein Lehrer merkte etwas, und die Mutter eines Freundes nahm mich beiseite und erkundigte sich, ob mit mir etwas nicht stimmte. Ich log, ohne mit der Wimper zu zucken: Mir geht's gut, aber vielen Dank für die Nachfrage.

Es ist mir ein Rätsel, wie ich es fertigbrachte, in der Schule nicht weiter aufzufallen; es kann eigentlich nur daran gelegen haben, daß die Menschen allgemein so sehr mit sich selbst beschäftigt sind, daß sie selten die Verzweiflung eines anderen bemerken, sobald der andere sich nur bemüht, seine Gefühle zu verbergen. Und ich habe mich nicht nur bemüht, nicht aufzufallen, ich unternahm auch enorme Anstrengungen. Ich wußte, da lief etwas total verkehrt, hatte aber keine Ahnung was; und ich war durch meine Erziehung zu der Überzeugung gelangt, daß man seine Probleme für sich behält. Vor diesem Hintergrund war es mir natürlich ein leichtes, meine Familie und meine Freunde psychologisch in Schach zu halten. Hugo Wolf schrieb einmal: »Um ganz sicherzugehen, stelle ich mich manchmal glücklich und zufrieden, gebe in Gegenwart anderer vernünftige Dinge von mir, und schon sieht es so aus, als würde ich mich Gott weiß wie wohl in meiner Haut fühlen. Aber die Seele verharrt unterdessen in ihrem tödlichen Schlaf, und das Herz blutet aus tausend Wunden.«

Schreckliche Wunden konnten meinem Geist und meinem Herzen nicht erspart bleiben – der Schock über meine Unfähigkeit zu begreifen, was um mich herum vorging, die Erkenntnis, daß ich die Kontrolle über meine Gedanken völlig verloren hatte, und die Feststellung, daß ich so niedergeschlagen war, daß ich nur noch den Wunsch hatte zu sterben –, und erst nach Monaten zeichnete sich der Beginn einer Heilung ab. Wenn ich zurückblicke, wundere ich mich, daß ich das alles überlebt habe, aus eigener Kraft, und daß meine Schulzeit mit einem so komplizierten Leben und dem spürbaren Tod einherging. In diesen Monaten bin ich sehr schnell älter geworden –, wie es unvermeidlich ist, wenn man sein Selbst verliert, wenn der Tod so nah ist und die Rettung so fern.

LERNEN FÜRS LEBEN

*M*it achtzehn begann ich, wenn auch widerwillig, mein Studium an der University of California in Los Angeles. Diese Universität entsprach nicht meinem Wunsch. Jahrelang hatte ich ganz hinten in meinem Schmuckkasten eine rotgoldene Nadel der University of Chicago aufbewahrt, ein Geschenk meines Vaters. Die beiden Teile der Nadel waren durch ein dünnes Goldkettchen verbunden, und ich fand sie wunderschön. Ich wollte mir das Recht verdienen, sie tragen zu dürfen. Außerdem reizte mich ein Studium an der University of Chicago, weil sie in dem Ruf stand, Nonkonformität zu tolerieren, um nicht zu sagen: zu fördern, und weil sowohl mein Vater als auch mein Großvater mütterlicherseits, ein Physiker, dort studiert hatten. Aber es war aus finanziellen Gründen unmöglich. Das unberechenbare Verhalten meines Vaters hatte ihn seine Stelle bei der Rand Corporation gekostet, und so bewarb ich mich – im Gegensatz zu den meisten meiner Freunde, die nach Harvard, Stanford oder Yale gingen – nur bei der University of California. Das war ein harter Schlag für mich, denn ich wünschte mir nichts sehnlicher, als Kalifornien zu verlassen, allein zu leben und an einer kleinen, überschaubaren Universität zu studieren. Auf die Dauer erwies sich die UCLA jedoch für mich als die beste Möglichkeit. Sie bot mir eine erstklassige, meinen persönlichen Interessen entsprechende Ausbildung, die Chance, eigenständig zu forschen, und den Freiraum, den zu gewähren sich vielleicht nur eine große Universität leisten kann. Sie konnte mir jedoch keinen wirksamen Schutz gegen die schreckliche innere Unruhe und die seelische Qual bieten.

Die Studienzeit war für viele, die ich kenne, die schönste Zeit des Lebens. Das ist mir unbegreiflich. Für mich war sie größtenteils ein entsetzlicher Kampf, ein immer wiederkehrender Alptraum mit heftigen, furchtbaren Stimmungsschwankungen, nur hin und wieder unterbrochen von einigen Wochen oder manchmal auch Monaten, in denen Vergnügungen, Leidenschaft und Begeisterung eine Rolle spielten, sowie von langen Phasen sehr harter, aber erfreulicher Arbeit. Aber der Rhythmus der schwankenden Gefühle und wechselnden Energien hatte auch etwas Verführerisches, zum großen Teil wohl wegen der plötzlichen rauschhaften Stimmungen, die ich in der High-School-Zeit so genossen hatte. Diese Hochgefühle waren ganz außergewöhnlich, sie überfluteten mein Gehirn mit Ideen und so viel Energie, daß ich die Illusion hatte, ich könnte sie auch alle verwirklichen. Meine übliche konservative Haltung ging dabei über Bord, meine Hemmschwelle sank, und ich genoß die Sinnlichkeit meiner Jugend in vollen Zügen. Alles, was ich tat, tat ich exzessiv: Ich kaufte mir nicht eine Beethoven-Symphonie – ich kaufte alle neun; anstatt mich für fünf Kurse einzuschreiben, meldete ich mich für sieben an; anstatt zwei Karten für ein Konzert zu kaufen, kaufte ich acht oder zehn.

Eines Tages – ich war gerade im ersten Semester, schlenderte durch den Botanischen Garten und blickte in den kleinen Bach, der durch die Anlagen floß – wurde ich plötzlich intensiv an eine Szene aus Tennysons *Königsidyllen* erinnert. Ich glaube, es ging um die Dame im See. Wie hypnotisiert rannte ich zum nächsten Buchladen und kaufte das Werk. Als ich das Geschäft verließ, hatte ich mindestens zwanzig Bücher gekauft, von denen manche in einem Zusammenhang mit Tennysons Gedicht standen, andere jedoch nur ansatzweise, wenn überhaupt, mit der Artussage in Verbindung gebracht werden konnten: Malorys *Der Tod Arthurs* und T. H. Whites *The Once and Future King* fanden sich ebenso darunter wie *The Golden Bough, The Celtic Realm, Die Briefe von Héloise und Abélard*, Bücher von Jung, von Robert Graves, Bücher über Tristan und Isolde, Anthologien der Schöpfungsmythen und Sammlungen schottischer Sagen und Märchen. Damals schienen alle miteinander in Beziehung zu stehen. Mehr noch, sie alle zusammen schienen einen wichtigen Schlüssel zu dem grandiosen, verstiegenen Bild des Universums zu enthalten, das mein Geist damals zu entwerfen begann. Die Tragödie des Artus erklärte alles, was man über die menschliche Natur wissen mußte: Leidenschaften, Verrat, Gewalt, Anmut und Sehnsüchte. Und mein Geist verwob alles miteinander, angetrieben von der Gewißheit absoluter Wahrheit. In Anbetracht der Universalität meiner Einsichten erschienen mir diese Buchkäufe damals lebenswichtig. Und sie besaßen tatsächlich eine gewisse Logik. Aber in der Welt der vorwiegend prosaischen Realitäten konnte ich mir einen derartigen Kaufrausch kaum leisten. Ich arbeitete wöchentlich zwanzig bis dreißig Stunden, um mir mein Studium zu finanzieren, und für die Ausgaben in den Zeiten meiner Höhenflüge hatte ich keinerlei Rücklagen. Unglücklicherweise schienen die rosa Kontoauszüge meiner Bank, die mir das Minus deutlich vor Augen führten, immer dann ins Haus zu flattern, wenn ich mich mitten in einer Depression befand, die dem wochenlangen Hochgefühl unausweichlich folgte.

Wie schon im Abschlußjahr der High School fiel mir das Lernen in den energiegeladenen Phasen sehr leicht; die Prüfungen und Laborpraktika erschienen mir lächerlich einfach, solange die Hochstimmung anhielt. Ich engagierte mich außerdem für verschiedene politische und soziale Ziele, die von Antikriegsdemonstrationen auf dem Campus bis zu persönlichen Anliegen reichten, wie etwa der Protest gegen Kosmetikfirmen, die zur Herstellung ihrer Produkte Schildkröten töteten. Einmal lief ich vor einem Kaufhaus mit einem selbstgemalten Plakat auf und ab: Es zeigte zwei ziemlich dilettantisch gezeichnete Schildkröten, die sich im fahlen Mondschein ihren Weg aus dem Meer durch den Sand bahnten, was ich für eine eindringliche Erinnerung an ihre bemerkenswerten navigatorischen Fähigkeiten hielt. Unter dem Bild stand in klotzigen roten Buchstaben: FÜR DEINE HAUT MUSSTEN SIE DIE IHRE LASSEN.

Aber so wie auf den Tag unweigerlich die Nacht folgt, schlug meine Stimmung irgendwann wieder jäh in das Gegenteil um, mein Geist vollzog einmal mehr eine Vollbremsung. Ich verlor das Interesse am Unterricht, an meinen Freunden, am Lesen und an der Tagträumerei. Ich hatte keine Ahnung, was mit mir los war. Wenn ich morgens aufwachte, graute mir davor, daß ich mich wieder durch den ganzen langen Tag quälen mußte. Stundenlang saß ich in der Bibliothek, unfähig, mich zum Besuch einer Vorlesung aufzuraffen. Ich starrte aus dem Fenster, auf die Bücher vor mir, ordnete sie um, schichtete sie ungeöffnet von einem Stapel auf den anderen und dachte daran, mein Studium abzubrechen. Und wenn ich die Vorlesungen und Seminare besuchte, war es sinnlos. Sinnlos und quälend. Ich begriff nur sehr wenig von dem, was da ablief, und ich glaubte, daß nur der Tod mich von dem überwältigenden Gefühl der Unzulänglichkeit und Hoffnungslosigkeit erlösen könnte. Ich fühlte mich unendlich allein. Und wenn ich die angeregten Gespräche meiner Kommilitonen beobachtete, verstärkte sich meine Einsamkeit noch. Ich ging nicht mehr ans Telefon und nahm stundenlang heiße Vollbäder, in der vergeblichen Hoffnung, dem Gefühl der Abgestorbenheit und Trostlosigkeit irgendwie entkommen zu können.

Manchmal wurden diese Phasen der völligen Hoffnungslosigkeit durch eine entsetzliche Unrast noch verschlimmert. In meinem Kopf jagte ein Gedanke den anderen, aber statt der Fülle übersprudelnder kosmischer Ideen früherer aktiver Perioden suchten mich nun scheußliche Geräusche und Bilder von Untergang und Tod heim: Kadaver an einem Strand, verkohlte Überreste von Tieren, Leichen im Leichenschauhaus, an deren Zehen Schilder baumelten. Während dieser Erregungsphasen war ich furchtbar unruhig, wütend und reizbar; die einzige Methode, diese Rastlosigkeit abzubauen, bestand darin, den Strand entlangzulaufen oder in meinem Zimmer hin- und herzugehen wie ein Tiger im Käfig. Ich hatte keine Ahnung, was mit mir geschehen war, und ich fühlte mich außerstande, irgend jemanden um Hilfe zu bitten. Es kam mir nie in den Sinn, daß ich krank sein könnte; diesen Gedanken ließ mein Gehirn gar nicht zu. Aber nachdem ich in Klinischer Psychologie eine Vorlesung über Depressionen gehört hatte, wandte ich mich schließlich an den studentischen Gesundheitsdienst; ich wollte mit einem Psychiater reden. Ich kam aber nur bis zur äußeren Treppe der Klinik; ich war nicht in der Lage, das Gebäude zu betreten, sondern ließ mich davor nieder, gelähmt vor Angst und Scham, unfähig hineinzugehen und unfähig kehrtzumachen. Länger als eine Stunde mußte ich dort gesessen haben, weinend, den Kopf in die Hände gestützt. Dann ging ich und kam nie wieder. Irgendwann verschwand die Depression von selbst, jedoch nur für die Zeit, die sie brauchte, um sich auf die nächste Attacke vorzubereiten.

Aber als Ausgleich für jede böse Überraschung schien das

Leben mich mit einer guten zu beschenken. Eine erlebte ich in meinem ersten Semester. Ich nahm an einem Psychologieseminar für Fortgeschrittene teil: Persönlichkeitstheorien. Der Professor stellte verschiedene Methoden vor, mit denen Persönlichkeit und kognitive Strukturen getestet wurden. Er hielt einige Rorschach-Klecksbilder in die Höhe und forderte uns auf, unsere Assoziationen niederzuschreiben. Jetzt zahlte es sich aus, daß ich jahrelang Himmel und Wolken beobachtet und versucht hatte, ihre Muster nachzuzeichnen. An jenem Tag war mein Geist ganz bei der Sache – dank irgendeines Hexengebräus aus Neurotransmittern, das Gott in meine Gene einprogrammiert hatte –, und ich füllte Seite um Seite mit – aus heutiger Sicht betrachtet – wohl äußerst seltsamen Gedanken. Es war ein gutbesuchtes Seminar. Die Blätter wurden eingesammelt und nach vorn zu dem Professor weitergereicht, der nach dem Zufallsprinzip einige Kommentare aus dem Stapel zog und vorlas. Plötzlich hörte ich ein paar höchst kuriose Assoziationen, und zu meinem großen Entsetzen mußte ich feststellen, daß es sich um meine eigenen handelte. Einige waren witzig, andere aber einfach bizarr. Zumindest kam es mir so vor. Die meisten der Seminarteilnehmer lachten, während ich peinlichst berührt zu Boden starrte.

Nachdem der Professor meine eng beschriebenen Seiten vorgelesen hatte, bat er den Verfasser, nach der Stunde noch für ein kurzes Gespräch dazubleiben. Ich war davon überzeugt, daß er als Psychologe sofort die unterschwelligen psychotischen Züge erkannt hatte. Ich bekam Angst. Rückblickend nehme ich an, daß er einen gefühlsstarken, recht entschlossenen, ernsten und wahrscheinlich ziemlich beunruhigten Menschen sah. Aber damals, als ich mir meiner Störung selbst schmerzlich bewußt war, befürchtete ich, daß ihm das Ausmaß meiner Probleme ebenso deutlich war. Ich glaube nicht, daß das zutraf, aber ich weiß es nicht. Er bat mich, ihn in sein Büro zu begleiten, und während in mir Bilder von meiner Einweisung in eine psychiatrische Klinik auftauchten, erzählte er mir, daß er in all den Jahren seiner Lehrtätigkeit noch nie derart »phantasievollen« Assoziationen zu den Rorschach-Bildern begegnet sei. Er war höflich genug, das, was andere als psychotisch bezeichnet hätten, kreativ zu nennen. Hier bekam ich erstmals ein Gespür für die komplizierten, fließenden Grenzen zwischen absonderlichem und originellem Denken, und ich bin ihm noch heute für die intellektuelle Toleranz dankbar, die das, was ich geschrieben hatte, eher als positiv denn als pathologisch interpretierte.

Der Professor fragte mich nach meinem Hintergrund, und ich erzählte ihm, daß ich im ersten Semester sei und Ärztin werden wolle. Er wies darauf hin, daß ich für dieses Seminar noch gar nicht zugelassen sei, und ich erklärte ihm, ich wüßte das sehr wohl, das Seminar sei mir so interessant erschienen, und ich hielte die Regelung für vollkommen willkürlich. Er lachte laut auf, und plötzlich wurde mir klar, daß ich endlich einmal erlebte, daß mich jemand als eigenständigen Menschen respektierte. Da stand keine Miss Courtnay und erwartete Höflichkeit von mir. Er sagte, er habe gerade eine Assistentenstelle für das Labor zu vergeben, ob ich daran interessiert sei. Und wie ich daran interessiert war! Das bedeutete, daß ich meinen todlangweiligen Job an der Kasse einer Damenboutique aufgeben und erste Lernschritte in der Forschung machen konnte.

Es war eine wundervolle Erfahrung: Ich lernte Daten kodieren und analysieren, Computer programmieren, wie man Forschungsliteratur durchsieht, Untersuchungen plant und wissenschaftliche Aufzeichnungen für die Veröffentlichung aufbereitet. Der Professor, für den ich arbeitete, beschäftigte sich mit der

Struktur der menschlichen Persönlichkeit, und die Vorstellung, daß die individuellen Unterschiede zwischen Menschen erforscht wurden, faszinierte mich. Ich stürzte mich in die Arbeit, die ich nicht nur als Bildungs- und Einkommensquelle sah, sondern auch als Fluchtmöglichkeit empfand. Im Gegensatz zum Unterricht – dessen Regelung einengend auf mich wirkte und wie alle Stundenpläne der Welt auf der Annahme von Stetigkeit und Konsistenz hinsichtlich Stimmung und Leistungsfähigkeit beruhte – erlaubte mir die Arbeit in der Forschung zeitliche Unabhängigkeit und Flexibilität, die ich herrlich fand. Die Universitätsbehörden nehmen natürlich keine Rücksicht auf die ausgeprägten jahreszeitlichen Stimmungs- und Leistungsschwankungen, die zum Leben der meisten Manisch-Depressiven gehören und es belasten. Entsprechend sahen auch die Eintragungen in meinen Skripten aus: viele Fehlstunden, manche Kurse und Seminare mittendrin abgebrochen. Aber die Beurteilungen für meine Arbeit in der Forschung glichen meine oft nur sehr mäßigen Noten glücklicherweise wieder aus. Die hektischen Phasen und die immer wiederkehrenden tiefschwarzen Depressionen forderten während der College-Zeit nicht nur einen hohen persönlichen Preis, sondern zogen auch mein Studium stark in Mitleidenschaft.

Nach zwei Studienjahren entzog ich mich dem Durcheinander, das mein Leben geworden war, und ging für ein Jahr nach Schottland, an die University of St. Andrews. Ich war damals zwanzig Jahre alt. Mein Bruder und mein Cousin hielten sich damals gerade an englischen Universitäten auf, und sie hatten mir vorgeschlagen, mich ihnen anzuschließen. Aber ich war fasziniert von der schottischen Musik und der schottischen Poesie, die mein Vater so liebte, und der Gedanke an die keltische Melancholie und das keltische Feuer übte einen ganz besonderen

Reiz auf mich aus, was ich meinen schottischen Vorfahren zuschrieb, obwohl ich gleichzeitig vor den düsteren und unberechenbaren Stimmungen meines Vaters möglichst weit weglaufen wollte. Aber doch nicht ganz weg... ich glaube, ich ahnte damals, daß ich meine eigenen chaotischen Gefühle und Gedanken besser verstehen würde, wenn ich gewissermaßen zu der Quelle zurückkehrte. Ich bewarb mich um ein staatliches Stipendium und mußte zum ersten Mal in meinem Studium nicht nebenbei arbeiten. Dann kehrte ich Los Angeles den Rücken, um mich ein Jahr lang tagsüber dem Studium und nachts der Musik und der Poesie zu widmen.

St. Andrews ist, wie mein Tutor immer sagte, der einzige ihm bekannte Ort, wo es horizontal schneit. Er war ein bekannter Neurophysiologe, groß, schlaksig und witzig, und stammte aus Yorkshire; er glaubte – wie viele seiner englischen Landsleute –, daß halbwegs akzeptables Wetter, von der Zivilisation ganz zu schweigen, dort endet, wo Schottland beginnt. Er hatte einen regelrechten Wettertick. Das alte, aus grauem Stein erbaute Städtchen St. Andrews liegt direkt an der Nordsee, und die Windstöße im Spätherbst und Winter muß man selbst erlebt haben, um sie für möglich zu halten. Ich hatte zu dieser Zeit schon ein paar Monate in Schottland verbracht und mich von ihnen überzeugen lassen. Besonders scharf blies der Wind im Stadtteil East Sands, wo sich das meeresbiologische Labor der Universität befand.

Wir waren in unserem Semester etwa zehn Studenten, die Zoologie belegt hatten, und wir saßen, in Wolle gepackt, mit dicken Handschuhen, zitternd, zähneklappernd zwischen zahlreichen Aquarien in dem feuchtkalten Labor. Mein Tutor schien über meine Anwesenheit in diesen Zoologie-Seminaren für Fortgeschrittene noch erstaunter zu sein als ich selbst. Er war eine Kapazität auf einem Gebiet, das man für einen etwas sehr speziellen Ausschnitt des Tierreiches hätte halten können; es handelte sich nämlich um den Gehörnerv der Heuschrecke. Kurz vor seiner Bemerkung über den horizontalen Schneefall in Schottland hatte er meine bemerkenswerte Unkenntnis in Zoologie ans Licht der Öffentlichkeit gebracht.

Die Aufgabe war, elektrophysiologische Messungen am Gehörnerv der Heuschrecke durchzuführen; die anderen Studenten – alle schon jahrelang naturwissenschaftlich spezialisiert – hatten bereits fein säuberlich die benötigten Teile der Heuschrecke präpariert und führten den Versuch fachgerecht durch. Ich hatte keine blasse Ahnung von dem, was ich da tun sollte, und mein Tutor wußte das. Ich fragte mich ohnehin schon die ganze Zeit, warum die Universität mich so hoch eingestuft hatte. Jedenfalls angelte ich mir eine Heuschrecke aus dem Behälter – weil es in dem Raum, in dem die Versuchsinsekten aufbewahrt wurden, schön warm war, dehnte ich meinen Aufenthalt dort über Gebühr aus – und zerlegte sie in ihre einzelnen Teile: Flügel, Kopf und Leib. Aber das brachte mich auch nicht weiter. Plötzlich spürte ich meinen Tutor hinter mir; ich drehte mich um und sah in sein hämisch lächelndes Gesicht. Er ging an die Tafel und zeichnete ein Gebilde, das nach einer Heuschrecke aussah, markierte am Kopf des Tierchens eine bestimmte Stelle und sagte mit prononcierter Artikulation: »Zu Ihrer Erbauung, Miss Jamison, hier befindet sich das Ohr.« Die Kursteilnehmer brüllten vor Lachen, und ich stimmte mit ein; ich fand mich damit ab, daß ich um ein ganzes Jahr hoffnungslos hinterherhinkte. Aber ich lernte eine Menge, und es machte mir viel Spaß. (Meine Aufzeichnungen über das Heuschrecken-Experiment spiegeln meine frühe Erkenntnis wider, daß ich leicht übergeschnappt war. Nach der detaillierten Beschreibung der Vorgehensweise – »Zuerst wurden Kopf, Flügel und Beine der Heuschrecke entfernt. Nach der Freilegung der Lungenbeutel mittels Durchtrennung des metathoraxischen Sternums wurde der Gehörnerv lokalisiert und entnommen, um mögliche Reaktionen des zerebralen Ganglions auszuschließen« und so weiter – enden meine Notizen mit der Bemerkung: »Aufgrund mißverstandener Anweisungen und allgemeiner Unkenntnis hinsichtlich der Vorgänge konnten Gehörstimulationen in größerem Umfang nicht getestet werden; nachdem das Mißverständnis schließlich ausgeräumt worden war, war der Gehörnerv bereits ermüdet. Und ich ebenfalls.«)

Das Studium der Wirbellosen hatte ganz bestimmte Vorteile. So konnte man – im Gegensatz zur Psychologie – seine Versuchsobjekte verspeisen. Die Hummer, die frisch aus dem Meer kamen und köstlich schmeckten, erfreuten sich besonderer Beliebtheit. Wir garten sie in Bechergläsern über unseren Bunsenbrennern, bis einer der Lektoren mit der Feststellung: »Es ist nicht unbemerkt geblieben, daß einige Ihrer Versuchsobjekte in der Nacht scheinbar selbständig das Aquarium verlassen haben,« unseren Bemühungen, das Mensa-Essen zu ergänzen, einen Riegel vorschob.

In jenem Jahr machte ich lange Spaziergänge am Meer und durch die Stadt und saß stundenlang schreibend und grübelnd in den alten Ruinen. Ich stellte mir immer wieder vor, wie die Kathedrale aus dem zwölften Jahrhundert einmal ausgesehen haben mußte, welch herrliche Glasmalereien damals die nun leeren, steinernen Fensterhöhlen ausgefüllt hatten; ebenso erlag ich immer wieder der fast archetypischen Anziehungskraft der Sonntagsgottesdienste in der Kapelle des College, die wie die Universität selbst aus dem frühen fünfzehnten Jahrhundert stammte. Die mittelalterlichen Traditionen der Gelehrsamkeit und Religion waren dort auf geheimnisvolle, wunderbare Weise miteinander verwoben. Die dicken scharlachroten Talare der Studenten – die deshalb eine so auffällige Farbe hatten, weil einer der frühen schottischen Könige ein Dekret verbreiten ließ, nach dem alle Studenten, die eine potentielle Gefahr für den Staat bildeten, auf den ersten Blick als solche erkennbar sein mußten – stellten einen lebhaften Kontrast zu den grauen Gebäuden der Stadt dar. Nach der Messe zogen die rotgewandeten Studenten bis ans Ende des Piers und dehnten den farbenprächtigen Gegensatz auf den dunklen Himmel und das Meer aus.

St. Andrews war, ist ein mystischer Ort: voller Erinnerungen an kalte, sternklare Nächte, an Männer und Frauen in Abendkleidung, mit langen Handschuhen, seidenen Schals, Kilts, karierten Schärpen, die um die Schultern von Frauen in eleganten, bodenlangen Seidenroben geschlungen sind; ein unendlicher Kreislauf festlicher Bälle; abendliche Diners mit Lachs, Schinken, Wildbret, Sherry, Malt Whisky und Port; leuchtendrote Talare, mit denen Studenten radeln, in Hör- und Speisesälen und in Gärten sitzen und die im Frühjahr als Picknickdecken ausgebreitet werden. Da waren die langen Nächte, in denen ich mit meinen schottischen Zimmergenossinnen diskutierte und sang; Narzissen und Glockenblumen in Hülle und Fülle auf den Hügeln über dem Meer; Seegras und Felsen und Napfschnecken auf dem gelben Sandstrand und hinreißend schöne Weihnachtsmessen am Semesterende: Studenten in langen, scharlachroten Talaren und Studenten, die gerade Examen gemacht hatten, in kurzen schwarzen Gewändern; die wunderbaren alten Weihnachtslieder; an goldenen Ketten hängende Lampenkronen; kunstvoll geschnitztes Chorgestühl; die Lesungen in Englisch und dem viel sanfter, viel lyrischer klingenden Schottisch. Wenn man in jenen Winternächten die Kapelle verließ, betrat man eine Szene aus früheren Zeiten: Scharlachrote Gestalten auf dem Schnee, Glockengeläut und ein heller Vollmond.

St. Andrews breitete einen sanften Schleier des Vergessens über die vorangegangenen qualvollen Jahre meines Lebens. St. Andrews bleibt mir immer als eine intensiv erlebte, schöne Zeit, als lebenswichtige Erfahrung in Erinnerung. Für mich, die ich während meiner gesamten Studienzeit versucht habe, einer unerklärlichen Mattigkeit und Verzweiflung zu entfliehen, war St. Andrews ein Schutzschild gegen alle Sehnsüchte und Verlustgefühle, ein Jahr dunkel getönter, aber glücklicher Erinnerungen. Während und jenseits des langen Nordseewinters war diese Zeit der Nachsommer meines Lebens.

Mit einundzwanzig verließ ich Schottland wieder und ging zurück an die UCLA. Es war ein krasser Ortswechsel, ein jäher Stimmungsumschwung; und die Unterbrechung meines Rhythmus war noch abrupter. Ich versuchte, mich wieder in meinem alten Leben, in meinen alten Gewohnheiten und der täglichen Routine einzurichten, aber das fiel mir sehr schwer. Ein Jahr lang hatte ich nicht zwanzig oder dreißig Stunden pro Woche arbeiten müssen, um meinen Lebensunterhalt zu verdienen, aber jetzt holten mich meine Arbeit, das Studium, das gesellschaftliche Leben und die Stimmungsschwankungen wieder ein. Auch meine Berufspläne hatten sich geändert. Mir war inzwischen klargeworden, daß mein sprunghaftes Temperament und meine physische Ruhelosigkeit sich mit dem Medizinstudium nicht vertrugen – besonders nicht in den ersten zwei Jahren, wenn man stundenlang in Hörsälen sitzen mußte. Es fiel mir schwer, über längere Zeit an einen Platz festgenagelt zu sein, und ich hatte die Erfahrung gemacht, daß ich am besten ganz für mich lernte,

Warum erwähnt sie ihren Vater nicht mehr (wegen der Gene)

In welchem Alter ist der 1. Ausbruch?

17. März

Wunderbare Rettung – es war, als wäre ein Engel gekommen:

Der Schatten des Todes lag über meinem Leben,
höllische Ängste hatten mich befallen.
Ich war einsam, voller Schmerzen und Sorgen.
Da rief ich zum Heiligen des Himmels:
Ach, rette mein Leben!
Und du, mein Gott, hast mich gerettet,
meine Tränen getrocknet,
mich aus der Sackgasse geleitet.
Ich darf sein vor dir im Lande der Lebenden.

Nach Psalm 116, 3-4, 8-9

nicht in Hörsälen. Ich forschte und schrieb gern, und der Gedanke, an einen strengen Stundenplan gebunden zu sein, wie ihn ein Medizinstudium erforderte, wurde mir immer unsympathischer. Außerdem hatte ich während meiner Zeit in St. Andrews William James' große psychologische Abhandlung *The Varieties of Religous Experience* gelesen und war ganz fasziniert von der Idee, Psychologie zu studieren, besonders die individuellen Unterschiede der Temperamente und die verschiedenen emotionalen Fähigkeiten. Ich hatte gerade angefangen, mit einem zweiten Professor zusammenzuarbeiten, und zwar auf der Basis eines Forschungsstipendiums: Es handelte sich um eine Untersuchung über die psychologischen und physiologischen Auswirkungen stimmungsverändernder Drogen wie LSD, Marihuana, Kokain, Opiate, Barbiturate und Amphetamine. Ihn interessierte besonders, warum manche Menschen von einer bestimmten Kategorie von Drogen angezogen werden, beispielsweise von Halluzinogenen, während andere zu Drogen greifen, die entweder die Stimmung dämpfen oder heben. Ebenso wie ich hatte auch er mit Stimmungen zu kämpfen.

Dieser Professor – ein großer, scheuer, brillanter Mann – neigte zu plötzlichen und heftigen Stimmungsumschwüngen. Während der Zeit, in der ich für ihn zuerst als Forschungsassistentin und dann als Doktorandin arbeitete, machte ich eine außerordentliche Erfahrung: Er war ungeheuer kreativ, neugierig und aufgeschlossen, streng, aber gerecht in seinen intellektuellen Forderungen, jedoch ausgesprochen verständnisvoll angesichts meiner eigenen labilen Stimmungslage und Konzentrationsfähigkeit. Wir verfügten über eine Art intuitiver Emphatie füreinander, die unausgesprochen blieb, obgleich ab und zu einer von uns beiden das Thema Stimmungstief berührte. Mein Arbeitszimmer befand sich gleich neben seinem, und während meiner depressiven Phasen erkundigte er sich nach meinem Befinden, sagte, ich sähe müde oder nachdenklich oder entmutigt aus, und fragte, was er für mich tun könne.

Eines Tages fanden wir gesprächsweise heraus, daß wir beide jeweils unsere Stimmungen kategorisierten – er mit Hilfe einer subjektiven 10-Punkte-Skala, die von »entsetzlich« bis »hervorragend« ging, und ich mit Hilfe eines Systems, das von -3 (gelähmt und völlig verzweifelt) bis +3 (strahlend und strotzend vor Lebenskraft) reichte – in dem Versuch, eine Art Rhythmus oder den Grund ihres Kommens und Gehens zu erkennen. Ab und zu sprachen wir über die Möglichkeit, Antidepressiva zu nehmen, aber wir waren sehr skeptisch, ob sie helfen würden, und befürchteten mögliche Nebenwirkungen. Wie so viele Menschen, die unter Depressionen leiden, hielten wir unsere Depressionen für viel komplizierter und existentieller, als sie tatsächlich waren. Antidepressiva mochten bei psychiatrischen Patienten angebracht sein, bei solchen, die nicht so viele Reserven hatten wie wir, aber doch nicht bei uns. Diese Einstellung forderte einen ziemlich hohen Preis; unsere Erziehung und unser Stolz hatten uns Fesseln angelegt. Trotz meiner Stimmungsumschwünge – meinen Depressionen folgten nach wie vor seelische Hochs – hatte ich das Gefühl, daß meine Assistentenstelle bei diesem Professor ein sicherer Hafen für mich war. Oft, wenn ich in meinem Zimmer das Licht ausgemacht hatte, um zu schlafen, weil ich der Welt nicht mehr gegenübertreten konnte, fand ich beim Aufwachen seinen Mantel um meine Schultern und auf den Computerausdrucken einen Zettel, auf dem stand: »Bald geht's Ihnen wieder besser.«

Meine Zusammenarbeit mit ihm, die mir riesigen Spaß machte und mich zugleich geistig weiterbrachte, die Befriedigung, die ich nach wie vor aus meiner anderen Tätigkeit bei dem eher mathematisch orientierten Professor zog, für den ich schon seit meinem ersten Studienjahr arbeitete, der starke Einfluß von William James sowie meine labile psychische Verfassung – alles zusammen bewog mich zu der Entscheidung, Psychologie und nicht Medizin zu studieren. Die UCLA war damals – und ist es immer noch – eine der besten amerikanischen Universitäten für Psychologie. Ich bewarb mich um einen Studienplatz und begann 1971 mein Studium.

Schon zu Beginn meines Studiums war mir klar, daß ich etwas gegen meine Stimmungsschwankungen unternehmen mußte. Wenig später stand ich vor der Wahl, mich in psychiatrische Behandlung zu begeben oder – ein Pferd zu kaufen. Da fast jeder, den ich kannte, regelmäßig zum Psychiater ging und ich der festen Überzeugung war, allein mit meinen Problemen fertig werden zu müssen, kaufte ich mir natürlich ein Pferd. Aber nicht einfach irgendein Pferd, sondern ein ausgesprochen eigensinniges, absolut neurotisches Tier, eine Art Woody-Allen-Pferd, jedoch ohne den bekannten Unterhaltungswert. Ich hatte mir Szenen wie in den Pferdebüchern für junge Mädchen vorgestellt: Mein Pferd erspäht mich schon von weitem, wackelt in freudiger Erregung mit den Ohren, wiehert vor Glück, galoppiert auf mich zu und sucht mit seiner weichen Nase meine Reithosen nach Karotten oder einem Stück Zucker ab. Statt dessen bekam ich ein schreckhaftes, häufig lahmendes und nicht besonders hübsches Geschöpf, das entsetzliche Angst vor Schlangen, Menschen, Eidechsen, Hunden und anderen Pferden hatte – also vor allem, was einem im täglichen Leben über den Weg laufen kann. Dann stellte es sich auf die Hinterbeine und bäumte sich wie von Sinnen in jede nur mögliche Richtung auf. Wenn ich ausritt, hatte ich normalerweise viel zuviel Angst, um depressiv zu sein, und in meinen manischen Phasen fehlte mir ohnehin jegliches Urteilsvermögen, so daß ein Teufelsritt genau das Richtige für meine Stimmung war.

Unglücklicherweise war der Kauf des Pferdes nicht nur eine verrückte, sondern auch eine ziemlich dumme Entscheidung. Ich hätte ihm die Geldscheine ebensogut direkt zum Fraß vorwerfen können: Neben Behufung, Unterbringung und Futter – auf tierärztlichen Rat wurde seine normale Kost durch spezielle Kleiekekse ergänzt, die teurer waren als ein guter Brandy – brauchte mein Pferd spezielle orthopädische Hufeisen zur – zumindest zeitweiligen – Korrektur seines ständigen Lahmens. Der Preis dieser Hufeisen stellte Nobelgeschäfte in den Schatten, und nachdem ich auf schmerzhafte, aber nachhaltige Weise erfahren hatte, warum Menschen Pferdehändler und Pferde erschießen, kam ich zu der Einsicht, daß ich Studentin und nicht Doktor Doolittle war – oder, um genau zu sein, nicht Rockefeller. Ich verkaufte mein Pferd und ließ mich wieder mehr in der Uni sehen.

Das Studium machte mir viel Spaß. Es war in mancher Hinsicht die Fortsetzung der Zeit, die ich in St. Andrews so genossen hatte. Wenn ich heute mit der erst viel später gewonnenen kühlen klinischen Sicht auf diese Jahre zurückblicke, ist mir klar, daß ich damals das Stadium durchlief, das man so kalt und prosaisch Remission nennt; eine Remission ist ein vorübergehendes Abklingen der Symptome und in den ersten Jahren der manisch-depressiven Krankheit sehr häufig anzutreffen; sie ist nur ein trügerischer Aufschub der schließlich irgendwann wieder aufflammenden Krankheit. Aber ich war damals der Meinung, ich hätte wieder zu meinem normalen Selbst gefunden. Damals kannte ich weder Begriffe noch Krankheitsbezeichnungen, die die quälenden Stimmungsumschwünge, die ich schon durchgemacht hatte, hätten benennen können.

In diesen höheren Semestern hatte ich nicht nur einigermaßen Ruhe vor meiner Krankheit, ich war auch von dem extrem reglementierten Leben der ersten Semester befreit. Ich besuchte nicht einmal die Hälfte meiner Vorlesungen, aber das interessierte keinen; solange man die geforderte Leistung erbrachte, fragte niemand, wie man das anstellte. Damals war ich verheiratet: mit einem französischen Künstler, der nicht nur ein talentierter Maler war, sondern auch ein sehr gütiger, sanfter Mensch. Wir hatten uns zu Beginn der siebziger Jahre bei einem Brunch bei gemeinsamen Freunden kennengelernt. Es war die Zeit der langen Haare, der sozialen Unruhen, der Demonstrationen gegen den Vietnam-Krieg, und ich war heilfroh, jemanden gefunden zu haben, der anders war als die meisten: im wesentlichen unpolitisch, hochintelligent, aber nicht intellektuell, und ein Kunstliebhaber. Wir waren sehr verschieden, aber wir mochten uns vom ersten Augenblick an. Sehr bald stellten wir fest, daß wir beide eine Leidenschaft für Malerei, Musik und die Natur hatten. Ich erlebte damals alles mit schmerzhafter Intensität, war spindeldürr, und wenn ich mich nicht gerade in einer moribunden Phase befand, sehnte ich mich nach einem aufregenden Leben, nach einer dynamischen Karriere, einem Ehepartner und vielen Kindern. Fotos aus dieser Zeit zeigen einen großen, außergewöhnlich gutaussehenden, dunkelhaarigen, sympathischen Mann mit braunen Augen – der sich immer gleich bleibt – neben einer Frau von Mitte zwanzig, die ganz verschiedene Gesichter hat: auf einem Bild lachend, mit einem Schlapphut und langen flatternden Haaren; auf einem anderen nachdenklich, grüblerisch, sehr viel älter erscheinend, dezent und langweilig gekleidet. Die Länge meiner Haare wechselte wie meine Stimmungen: Eine ganze Zeit trug ich sie lang, bis ich mir wie ein Pfannkuchen vorkam; dann ließ ich mir einen Pagenkopf schneiden in der

Hoffnung, eine radikale Veränderung könnte helfen. Meine Stimmungen, meine Frisuren, meine Kleidung, alles änderte sich von Woche zu Woche, von Monat zu Monat. Mein Mann hingegen war sehr beständig, und in vielfacher Hinsicht ergänzten sich unsere Temperamente optimal.

Ein paar Monate nach unserer ersten Begegnung bezogen wir zusammen eine kleine Wohnung am Meer. Wir führten ein ruhiges, ganz normales Leben, gingen ins Kino, trafen uns mit Freunden, machten Ausflüge nach Big Sur, San Francisco und in den Yosemite National Park. Die Sicherheit unserer Ehe, die Nähe guter Freunde und die geistige Freiheit an der Universität waren stark genug, um mir Ruhe und Geborgenheit zu geben.

Ich hatte mit experimenteller Psychologie begonnen, vor allem mit den physiologischen und mathematischen Abteilungen dieses Faches, aber nach einigen Monaten klinischer Untersuchungen am Londoner Maudsley Hospital – die ich, kurz bevor ich meinen Mann kennenlernte, abgeschlossen hatte –, beschloß ich, zur klinischen Psychologie überzuwechseln. Dieses Gebiet interessierte mich aus persönlichen wie wissenschaftlichen Gründen immer mehr. In den Kursen beschäftigte ich mich jetzt nicht mehr mit statistischen Methoden, Biologie und experimenteller Psychologie, sondern mit Psychopharmakologie, Psychopathologie, klinischen Methoden und Psychotherapie. Die Psychopathologie – die wissenschaftliche Untersuchung von Geistesstörungen – stellte sich als ungemein interessant heraus, und der Umgang mit den Patienten war nicht nur faszinierend, sondern auch eine intellektuelle und persönliche Herausforderung. Obwohl ich lernte, wie man klinische Diagnosen stellt, sah ich noch immer keinen Zusammenhang zwischen meinen eigenen Problemen und den Beschreibungen des manisch-depressiven Krankheitsbildes in den Lehrbüchern. Ganz im Gegensatz zu vielen Medizinstudenten, die an sich selbst plötzlich jede besprochene Krankheit diagnostizieren, setzte ich meine klinische Ausbildung munter fort, ohne meine Stimmungsschwankungen jemals in einem medizinischen Kontext zu sehen. Wenn ich heute daran zurückdenke, kann ich diese Ignoranz, dieses Leugnen einfach nicht begreifen. Allerdings stellte ich fest, daß mir der Umgang mit psychotischen Patienten weniger ausmachte als den meisten meiner Kommilitonen.

Damals wurde die Psychose sowohl in der klinischen Psychologie als auch in den psychiatrischen Programmen für Assistenzärzte viel stärker mit der Schizophrenie als mit der manisch-depressiven Krankheit verbunden, und in meiner theoretischen Ausbildung lernte ich nur sehr wenig über diese Art von Stimmungsschwankungen. Psychoanalytische Theorien herrschten noch vor. Deshalb hatten in den ersten beiden Jahren, in denen ich Patienten behandelte, fast ausschließlich Psychoanalytiker die Supervision; der Schwerpunkt der Behandlung lag im Verstehen früher Erfahrungen und Konflikte; die Interpretation von Träumen und Symbolen bildete den Kern der psychotherapeutischen Arbeit. Einen mehr medizinischen Ansatz der Psychopathologie – der sich auf Diagnose, Symptome, Erkrankung und medizinische Behandlungsverfahren konzentrierte – lernte ich erst während meiner Zeit als Assistentin am Institut für Neuropsychiatrie der UCLA kennen. Ich habe im Laufe der Jahre zahlreiche Auseinandersetzungen mit Psychoanalytikern geführt – und besonders scharfe mit solchen, die sich weigerten, schwere affektive Störungen medikamentös zu behandeln, nachdem längst zweifelsfrei bewiesen war, daß Lithium und Antidepressiva weitaus wirkungsvoller sind als eine Psychotherapie allein. Dennoch sehe ich es als unschätzbaren Wert an, daß gewisse Aspekte der Psychoanalyse in der Anfangszeit meiner therapeutischen Ausbildung mit Nachdruck behandelt wurden. Die Sprache der Psychoanalyse habe ich zum großen Teil abgelegt, aber die Ausbildung war doch sehr interessant, und ich fand nie eine befriedigende Erklärung für die oft sehr willkürlichen Unterscheidungen zwischen »biologischer« Psychiatrie, die ihr Hauptaugenmerk auf medizinische Ursachen und die medizinische Behandlung von Geisteskrankheiten legt, und den »dynamischen« Psychologien, die sich mehr auf Probleme der Entwicklung, der Persönlichkeitsstruktur, auf Konflikte, Motive und das Unbewußte konzentrieren.

Extreme sind jedoch immer absurd, und ich stellte mit Erstaunen fest, auf welch lächerliches Niveau unkritisches Denken sinken kann. In unserer Ausbildung sollten wir auch die Anwendung verschiedener psychologischer Tests lernen; darunter befanden sich Intelligenztests wie der WAIS (Wechsler Adult Intelligence Scale) und Persönlichkeitstests wie der Rorschach. Mein erstes Versuchskaninchen war mein damaliger Ehemann, der bei dem visuellen Teil des WAIS-Verfahrens die höchste Punktzahl erreichte, was angesichts der Tatsache, daß er Künstler war, nicht überraschte. Im Rorschach waren seine Antworten und Assoziationen origineller als alle, die ich bisher erlebt hatte. Den »Draw-A-Person«-Test schien er besonders ernst zu nehmen, und er zeichnete so akribisch und langsam, daß ich ein enthüllendes Selbstporträt erwartete. Als er mir schließlich das Bild zeigte, sah ich einen wunderschön, bis in alle Details gezeichneten Orang Utan, dessen lange Arme sich um das ganze Blatt erstreckten.

Ich fand es großartig und legte die Ergebnisse seines WAIS-, Rorschach- und »Draw-A-Person«-Tests meiner Supervisorin für psychologische Tests vor. Diese – eine völlig humorlose, doktrinäre Verfechterin der Psychoanalyse – verbrachte mehr als eine Stunde mit der höchst törichten spekulativen Interpretation, daß mein Mann eine primitive, unterdrückte Wut empfinde, intrapsychische Konflikte, Ambivalenzen und antisoziales Wesen erkennen lasse und zudem eine zutiefst gestörte Persönlichkeitsstruktur aufweise. Mein damaliger Mann, den ich in fünfundzwanzig Jahren nicht ein einziges Mal bei einer Lüge ertappt habe, wurde zum Soziopathen abgestempelt; jemand, der die Offenheit und Freundlichkeit in Person war, wurde als ein zutiefst gestörter, innerlich zerrissener und von Wutgefühlen beherrschter Mensch dargestellt. Und das alles nur, weil er die Tests anders als die meisten gelöst hatte. Es war absurd. Das Ganze kam mir derart grotesk vor, daß ich lachend aus dem Büro der Supervisorin stürmte – womit ich sie natürlich noch mehr erzürnte und, schlimmer noch, weitere absurde Interpretationen ihrerseits provozierte. Außerdem weigerte ich mich, den obligatorischen Testbericht zu schreiben. Es versteht sich von selbst, daß dieser natürlich ebenfalls immer bis in die letzte Einzelheit untersucht, seziert und analysiert wurde.

Die Dinge, auf die es wirklich ankommt, habe ich zum größten Teil im Umgang mit den zahlreichen verschiedenen Patienten gelernt, die ich während meines Medizinalpraktikums untersucht und behandelt habe. Außerdem nahm ich an Kursen für meine beiden Nebenfächer, Psychopharmakologie und Tierverhalten, teil. Die Erforschung des Tierverhaltens interessierte mich ganz besonders, und neben den am Institut für Psychologie angebotenen Seminaren besuchte ich Übungen am Institut für Zoologie. Diese beschäftigten sich mit der Biologie der Meeressäugetiere; dabei ging es jedoch nicht nur um die Biologie und Entwicklungsgeschichte der Seeottern, Seehunde, Seelöwen, Wale und Delphine, sondern auch um solche ausgefallenen Themen wie etwa die kardiovaskulären Adaptionen, dank derer

Seelöwen und Wale lange Zeit unter Wasser bleiben können, sowie das Kommunikationssystem der Delphine. Ich lernte um des Lernens willen, und es machte mir enorm viel Spaß. Das, was ich lernte, stand in keinem Zusammenhang mit meinem eigentlichen Studium oder dem, was ich seither gemacht hatte, aber diese Übungen waren mit Abstand die interessantesten, an denen ich während meines Studiums teilgenommen habe.

Die Examina näherten sich. Ich führte eine völlig einfallslose Untersuchung über Heroinabhängigkeit durch und schrieb auf dieser Grundlage eine ebenso einfallslose Doktorarbeit. Nachdem ich mir dann zwei Wochen lang jede noch so unbedeutende Einzelheit in den Kopf gehämmert hatte, betrat ich einen Raum, in dem mich fünf Prüfer mit unbewegten Mienen erwarteten; ich setzte mich und unterzog mich dem, was man so höflich als mündliche Doktorprüfung umschreibt oder militärisch mit Verteidigung der Dissertation. Zwei der Prüfer waren die Professoren, mit denen ich jahrelang zusammengearbeitet hatte. Der eine war nachsichtig mit mir, der andere eher streng – vermutlich ein Versuch, seine Unparteilichkeit zu demonstrieren. Einer der drei Psychopharmakologen, der einzige Prüfer ohne feste Anstellung, fühlte sich offensichtlich berufen, mir das Leben besonders schwerzumachen, aber die anderen beiden, Inhaber einer regelrechten Professur, fanden wohl auch, daß er etwas zu weit ging, und wiesen ihn in seine Schranken. Nach dem dreistündigen intellektuellen Eiertanz verließ ich den Raum und wartete auf dem Gang, während sich die Prüfer berieten; ich machte die obligate Qual des Wartens durch und kehrte schließlich in den Raum zurück, in dem mir Stunden zuvor die fünf Prüfer mit reglosen Mienen gegenübergesessen hatten. Aber diesmal lächelten sie; sie streckten mir alle die Hand entgegen – und sagten zu meiner großen Erleichterung und Freude: Herzlichen Glückwunsch!

Die Riten des Eintritts in die akademische Welt sind geheimnisvoll und auf ihre Art höchst romantisch; die Spannungen und unerfreulichen Begleitumstände der Dissertation und des Rigorosums waren schnell vergessen, denn es folgten wunderbare Augenblicke, zu denen das Glas Sherry ebenso gehörte wie die Aufnahme in einen sehr alten Club, Festpartys, Doktorhut und -robe, akademische Rituale und natürlich der Moment, als ich zum ersten Mal mit »Dr.« und nicht mit »Miss« Jamison angesprochen wurde. Ich erhielt eine Stelle als Lehrbeauftragte am Institut für Psychiatrie der UCLA, bekam zum ersten Mal in meinem Leben einen anständigen Parkplatz und begann, mir in der akademischen Hackordnung meinen Weg nach oben zu bahnen. Ich verlebte einen traumhaften – wie sich später herausstellen sollte, allzu traumhaften – Sommer, und drei Monate nachdem ich den Lehrauftrag erlangt hatte, brach meine Psychose in voller Stärke und vollem Umfang aus.

TEIL II

Kein schöner Wahn

FLUCHTEN DER SEELE

Diese Spielart des Wahnsinns hat mit ganz bestimmten Qualen, ganz bestimmten Hochstimmungen, Einsamkeits- und Angstgefühlen zu tun. Im Zustand der Euphorie fühlt man sich phantastisch. Ideen und Wahrnehmungen tauchen so schnell und häufig auf wie Sternschnuppen, und man verfolgt sie, bis man auf noch bessere, glänzendere stößt. Man verliert seine Scheu, hat plötzlich im richtigen Augenblick die richtigen Worte und Gesten parat, lebt in der Überzeugung, andere in seinen Bann ziehen zu können. Uninteressante Menschen kommen einem interessant vor. Überall herrscht Sinnlichkeit; das Verlangen, zu verführen und verführt zu werden, ist unwiderstehlich. Gefühle von Leichtigkeit, Intensität, Kraft, Wohlbefinden, finanzieller Allmacht und Euphorie durchdringen einen bis ins Mark. Aber an irgendeinem Punkt schlägt alles um. Die schnellen Ideen sind plötzlich zu schnell – und es sind viel zu viele; eine überwältigende Verwirrung verdrängt die Hellsicht. Das Erinnerungsvermögen schwindet. Der heitere, entzückte Gesichtsausdruck der Freunde verwandelt sich in Angst und Besorgnis. Während einem zuvor alles entgegenkam, geht einem nun alles gegen den Strich: Man ist reizbar, wütend, verängstigt, unbeherrscht und in den dunkelsten Verliesen der Seele gefangen. In Verliesen, von deren Existenz man vorher nichts ahnte. Und das hört niemals auf, denn der Wahnsinn schafft sich seine eigene Realität.

Es geht weiter und weiter, und schließlich erinnern sich nur noch andere an dein Verhalten – dein absonderliches, ekstatisches, kopfloses Verhalten –, denn die Manie ist wenigstens darin gnädig, daß sie die Erinnerungen teilweise auslöscht. Und was kommt danach, nach den Medikamenten, nach dem Psychiater, nach der Hoffnungslosigkeit, der Depression, der Überdosis? All diese unglaublichen Gefühle, die man einordnen muß. Wer ist zu höflich, um über was zu reden? Wer weiß was? Was habe ich getan? Warum? Und die quälendste Frage von allen: Wann passiert es wieder? Dann gibt es auch die bitteren Mahnzeichen: die Medikamente, die man nehmen muß, die man verflucht, vergißt, nimmt, verflucht, vergißt und doch immer nehmen muß. Gesperrte Kreditkarten, geplatzte Schecks, die beglichen werden müssen, Erklärungen am Arbeitsplatz, Entschuldigungen, lückenhafte Erinnerungen (Was habe ich wirklich getan?), angeschlagene oder zerbrochene Freundschaften, eine gescheiterte Ehe. Und immer wieder die Frage: Wann passiert es wieder? Welche meiner Gefühle sind real? Welches ist mein eigentliches Ich? Das wilde, impulsive, chaotische, energiegeladene und verrückte? Oder das scheue, zurückgezogene, verzweifelte, selbstmordgefährdete, zum Scheitern verurteilte und erschöpfte? Vermutlich ein bißchen von beiden und hoffentlich viel von einem anderen, einem dritten. Virginia Woolf hat es bei ihren Talfahrten und Höhenflügen auf den Punkt gebracht: »Inwieweit beziehen unsere Gefühle ihre Farbe von unserem Sturzflug in den Abgrund. Ich meine, worin besteht die Realität jedes Gefühls?«

Es war nicht so, daß ich eines Morgens aufgewacht wäre und festgestellt hätte: Ich bin verrückt. Wenn das Leben so einfach wäre. Nein, mir wurde ganz allmählich klar, daß mein Leben und mein Geist sich in einem immer größeren Tempo bewegten, bis schließlich beides im Lauf meines ersten Sommers an der Fakultät vollkommen außer Kontrolle geriet. Aber die Steigerung vom schnellen Denken zum Chaos vollzog sich langsam und war verführerisch schön. Am Anfang erschien alles vollkommen normal. Ich begann meine Lehrtätigkeit und klinische Arbeit im Juli 1974 in der Psychiatrie, und zwar auf einer der Erwachsenenstationen. Meine Aufgabe bestand darin, Assistenzärzte der Psychiatrie und Praktikanten der klinischen Psychologie in Bereichen wie diagnostische Verfahren, psychologische Tests, Psychotherapie und – aufgrund meiner Erfahrungen in der Psychopharmakologie – in einigen Fragen der Erprobung und Anwendung von Medikamenten zu betreuen. Ich fungierte außerdem als Bindeglied zwischen den Abteilungen Psychiatrie und Anästhesiologie, wo ich beratend tätig war, Seminare hielt und Forschungsarbeiten zu den psychologischen und medizinischen Aspekten des Schmerzes initiierte. Meine eigene Forschung bestand in erster Linie in der Ausarbeitung einiger Untersuchungen über Psychopharmaka, die ich bereits während meines Studiums begonnen hatte. Ich hatte kein besonderes Interesse daran, mich klinisch oder wissenschaftlich mit seelischen Störungen in Form von Stimmungsschwankungen zu befassen, und da ich schon über ein Jahr lang keine ernsthaften Stimmungsumschwünge mehr durchgemacht hatte, war ich der Meinung, ich hätte dieses Problem ein für allemal hinter mir. Wenn man sich über einen so langen Zeitraum normal fühlt, dann macht man sich natürlich Hoffnungen – die allerdings in fast allen Fällen enttäuscht werden.

Ich stürzte mich mit großer Begeisterung und Energie in meine neue Arbeit. Ich genoß es zu unterrichten, und obwohl es mir anfänglich merkwürdig vorkam, andere in ihrer klinischen Arbeit anzuleiten und zu überwachen, machte mir auch das

Spaß. Der Übergang von der Praktikantin zum Mitglied des Lehrkörpers fiel mir leichter, als ich mir vorgestellt hatte. Natürlich wurde mir dieser Schritt auch durch ein erhöhtes Gehalt versüßt. Die relative Freiheit, die ich hatte, um meine eigenen wissenschaftlichen Interessen zu verfolgen, wirkte stimulierend auf mich. Ich arbeitete sehr viel und schlief – wie mir im Rückblick bewußt geworden ist – sehr wenig. Wenig Schlaf ist sowohl ein Symptom als auch eine Ursache der Manie, aber das wußte ich damals noch nicht, und hätte ich es gewußt, hätte es auch keinen Unterschied gemacht. Der Sommer hatte mir schon immer längere Nächte und beschwingtere Stimmungen als gewöhnlich beschert, aber diesmal führte er mich in weit höhere, viel gefährlichere und psychotischere Regionen als jemals zuvor. Die Sommerzeit, der Schlafmangel, der riesige Berg Arbeit und eine höchst anfällige Erbanlage trieben mich schließlich über die Grenze, über das mir vertraute Maß an Überschwang hinaus – geradewegs hinein in den Wahnsinn.

Jedes Jahr gab der Dekan zur Begrüßung der neuen Fakultätsmitarbeiter der UCLA ein Gartenfest. Zufällig war der Arzt, der später mein Psychiater werden sollte, auch auf der Party – er hatte gerade seine Stelle an der angegliederten medizinischen Fakultät angetreten. Unser Zusammentreffen erwies sich als interessantes Beispiel für den Unterschied zwischen der Selbstwahrnehmung und den nüchternen Beobachtungen eines erfahrenen Klinikers, der sich bei einem offiziellen Anlaß plötzlich einer quirligen ehemaligen Assistentin gegenübersieht, die er im Jahr zuvor als Supervisor betreut hatte. Nach meiner eigenen Erinnerung war ich damals vielleicht etwas aufgedreht, aber in erster Linie unterhielt ich mich mit vielen Leuten, wobei ich mir unwiderstehlich vorkam, von einem Häppchen-Tablett zum nächsten schwirrte und ein Glas nach dem anderen leerte. Ich plauderte eine ganze Weile mit dem Dekan; der hatte natürlich keine Ahnung, wer ich war, aber er war entweder außerordentlich höflich, daß er sich so lange mit mir unterhielt, oder aber er machte seinem Ruf, eine besondere Schwäche für junge Frauen zu haben, alle Ehre. Was auch immer der Grund gewesen sein mag – ich war der festen Überzeugung, daß er mich einfach unwiderstehlich fand.

Ich hatte auch ein längeres und recht merkwürdiges Gespräch mit dem Leiter meiner Abteilung – aber ich fand es ganz bezaubernd. Er war selbst ziemlich mitteilsam und hatte eine Menge Phantasie, die sich nicht immer in den üblichen Bahnen der akademischen Medizin bewegte. Wegen einer ziemlich unwahrscheinlichen Geschichte war er in psychopharmakologischen Kreisen berüchtigt: Er soll einmal aus Versehen einen ausgeliehenen Zirkuselefanten mit LSD getötet haben. Und so diskutierten wir ausführlich über Elefanten und Schliefer als Forschungsobjekte. Schliefer sind kleine, in Afrika lebende Tiere, die zwar keinerlei Ähnlichkeit mit Elefanten aufweisen, aber aufgrund ihrer Gebißstruktur für deren engste noch lebende Verwandte gehalten werden. Die einzelnen Argumente und die dieser seltsamen und äußerst angeregten Unterhaltung zugrundeliegenden gemeinsamen Interessen sind mir nicht mehr gegenwärtig, aber ich kann mich erinnern, daß ich es mir sofort und mit großem Vergnügen zur Aufgabe machte, sämtliche jemals über Schliefer geschriebene Artikel – es waren Hunderte – aufzuspüren. Außerdem erbot ich mich, Untersuchungen über Tierverhalten im Zoo von Los Angeles durchzuführen und einen Kurs in Ethologie und noch einen anderen in Pharmakologie und Ethologie zu halten.

In meiner Erinnerung an das Gartenfest verlebte ich einen herrlichen, spritzigen, bezaubernden Abend, an dem ich mich sehr selbstsicher fühlte. Als ich mich später mit meinem Psychiater darüber unterhielt, stellte sich heraus, daß er alles ganz anders in Erinnerung hatte. Er sagte, ich sei ziemlich aufreizend gekleidet gewesen, ganz im Gegensatz zu der konservativen Aufmachung, in der er mich während des gesamten vorangegangenen Jahres erlebt habe. Ich sei viel stärker geschminkt gewesen als gewöhnlich und ihm exaltiert und zu redselig vorgekommen. Er wisse noch, daß er damals schon bei sich gedacht habe: Kay wirkt irgendwie manisch. Ich hingegen hatte mich für besonders brillant gehalten.

Mein Geist hatte allmählich Mühe, mit sich selbst Schritt zu halten, denn die Gedanken folgten einander so schnell, daß sie sich auf alle mögliche Weise durchkreuzten. Auf den Verkehrsstraßen meines Gehirns gab es einen neuronalen Stau, und je mehr ich versuchte, meine Gedanken zu bremsen, um so mehr wurde mir bewußt, daß ich dazu nicht in der Lage war. Meine Anfälle von Begeisterung überschlugen sich ebenfalls, obwohl das, was ich tat, durchaus eine gewisse Logik hatte. Einmal geriet ich beispielsweise in einen Fotokopiertaumel: Ich machte jeweils dreißig bis vierzig Kopien von einem Gedicht von Edna St. Vincent Millay, von einem Artikel über Religion und Psychosen aus dem *American Journal of Psychiatry* und einem Aufsatz mit dem Titel »Why I Do Not Attend Case Conferences« [Warum ich nicht an Sitzungen teilnehme], der aus der Feder eines prominenten Psychologen stammte und die Gründe durchleuchtete, aus denen schlecht geleitete Diskussionsrunden die reinste Zeitverschwendung sind. Alle drei Artikel schienen mir ganz plötzlich eine tiefere Bedeutung zu haben und von größtem Interesse für das klinische Personal meiner Station zu sein. Also drückte ich sie jedem, der mir über den Weg lief, in die Hand.

Was mir heute daran interessant erscheint, ist nicht die Tatsache, daß ich so typisch manisch gehandelt habe, sondern eher die, daß es in diesen ersten Tagen meines beginnenden Wahnsinns eine Voraussicht und einen Sinn gab. Die Stationskonferenzen waren tatsächlich eine reine Zeitverschwendung, auch wenn der Stationschef alles andere als glücklich darüber war, daß ich diese Feststellung allen mitteilte (noch weniger beglückte ihn die Tatsache, daß ich den Artikel an das gesamte Personal verteilte). Das Millay-Gedicht, *Renaissance,* hatte ich schon als junges Mädchen gelesen, und als meine Stimmung immer ekstatischer wurde und mein Geist immer gehetzter, erinnerte ich mich plötzlich glasklar an dieses Gedicht und stöberte es auf. Ich stand zwar erst am Beginn meiner Reise in den Wahnsinn, aber das Gedicht beschrieb den kompletten Zyklus, den ich später durchmachen sollte: Es begann mit der normalen Wahrnehmung der Welt: »All I could see from where I stood / Was three long mountains and a wood«, durchlief anschließend ekstatische und visionäre Stadien bis hin zur absoluten Hoffnungslosigkeit, um schließlich wieder in die normale Welt einzutreten, jedoch auf einer höheren Bewußtseinsstufe. Mit neunzehn Jahren hat Millay dieses Gedicht geschrieben, aber danach noch zahlreiche Zusammenbrüche und Krankenhausaufenthalte erlebt, was ich damals allerdings nicht wußte. Irgendwie war mir trotz meines seltsamen Zustands klar, daß das Gedicht eine Bedeutung für mich hatte; ich verstand es Wort für Wort. Ich verteilte es an die Assistenzärzte und Praktikanten als eine literarische Beschreibung des psychotischen Prozesses und der wichtigen Möglichkeiten einer darauffolgenden Erneuerung. Die Assistenzärzte schienen sehr positiv auf die Artikel zu reagieren, ohne die interne Unruhe wahrzunehmen, die sie zu dieser Lektüre drängte; sie freuten sich, auch mal etwas anderes als die medizinischen Fachbücher zu lesen.

Während dieser Phase fieberhafter Arbeitswut zerbrach meine

Ehe. Ich trennte mich von meinem Mann angeblich deshalb, weil ich Kinder wollte und er nicht – was natürlich ein wichtiger Punkt war –, aber in Wirklichkeit war die Sache sehr viel komplizierter. Ich wurde von einer zunehmenden Rastlosigkeit geplagt, war reizbar und gierig nach Abwechslung und Aufregung. Und ganz plötzlich begann ich, gegen die Eigenschaften zu rebellieren, die ich zuvor so sehr an ihm geliebt hatte: gegen seine Güte, seine Festigkeit, seine Wärme und Liebe. Ich wollte plötzlich ein neues Leben. Ich mietete eine hypermoderne Wohnung in Santa Monica, obgleich ich moderne Architektur verabscheute; ich kaufte moderne finnische Möbel, obwohl ich gemütliche, altmodische Dinge liebte. Alles, was ich kaufte, war cool, modern, eckig und wirkte, so vermute ich, irgendwie beruhigend auf meinen zunehmend chaotischen Gemütszustand und meine überreizten Sinne. Aber immerhin hatte ich eine überwältigende – wenngleich auch überwältigend teure – Aussicht auf das Meer. Die Verschwendung horrender Summen, die man gar nicht hat – oder wie es bei den offiziellen Diagnosekriterien heißt, »die Tätigung hemmungsloser Großeinkäufe« –, ist ein Merkmal der Manie.

Wenn ich in Hochstimmung bin, könnte ich mich nie um Geld sorgen, selbst wenn ich es wollte. Also tue ich es nicht. Irgendwoher wird das Geld schon kommen; ich habe ein Recht darauf; Gott wird dafür sorgen. Kreditkarten sind verheerend und Schecks noch schlimmer. Unglücklicherweise ist die Manie – insbesondere für Manische – eine natürliche Erweiterung der Wirtschaft. Und mit einer Kreditkarte oder einem Bankkonto kann man eine ganze Menge erreichen. Ich kaufte zwölf Erste-Hilfe-Sets gegen Schlangenbisse in der Überzeugung, daß das notwendig und wichtig sei. Ich kaufte Edelsteine, elegante und absolut überflüssige Möbelstücke, innerhalb einer Stunde drei Uhren (wobei ich mich eher in Richtung Rolex als Timex orientierte) sowie Unmengen von aufreizenden Kleidungsstücken, die überhaupt nicht zu mir paßten. Während eines Kaufrauschs in London gab ich mehrere hundert Pfund für Bücher aus, deren Titel oder Cover mir irgendwie ansprechend erschienen: naturwissenschaftliche Bücher über Maulwürfe, zwanzig verschiedene Penguin-Books (weil ich den Gedanken lustig fand, eine Pinguin-Kolonie zu gründen). Ich glaube mich zu erinnern, daß ich einmal sogar eine Bluse gestohlen habe, weil ich es nicht abwarten konnte, bis ich an der Kasse endlich an der Reihe war. Vielleicht habe ich es mir aber auch nur vorgestellt, ich weiß es nicht mehr; auf alle Fälle war ich völlig verwirrt. Ich schätze, daß ich während meiner beiden heftigsten manischen Phasen weit mehr als dreißigtausend Dollar ausgegeben habe, und Gott allein weiß, wieviel mehr noch während meiner zahlreichen gemäßigteren manischen Anfälle.

Aber wenn man dann wieder unter Lithium steht, sich in demselben Tempo bewegt wie alle anderen Menschen auf unserem Planeten und feststellen muß, daß man nichts mehr auf dem Konto hat, ist die Bestürzung groß: Manie ist kein Luxus, den man sich so einfach leisten kann. Diese Krankheit bedeutet ein finanzielles Fiasko, und die Kosten für Medikamente, Blutuntersuchungen und Psychotherapie kommen noch erschwerend hinzu. Aber diese Ausgaben kann man wenigstens steuerlich absetzen, während die Unsummen, die man in einer manischen Phase unter die Leute bringt, in der Steuererklärung weder als krankheitsbedingte Sonderausgaben noch als Geschäftsverluste aufgeführt werden können. Und so hat man in den depressiven Phasen, die der Manie unweigerlich folgen, noch mehr Grund zur Niedergeschlagenheit.

Daß mein Bruder in Havard seinen Doktor in Wirtschaftswissenschaften gemacht hatte, bereitete ihn in keiner Weise auf das Tohuwabohu vor, das er eines Tages in meiner Wohnung vor sich sah: stapelweise Kreditkartenabrechnungen, Berge von rosafarbenen Kontoauszügen meiner Bank (schon die Farbe verriet, daß sich das Konto im Minus befand) und die Durchschläge der Kassenbons aus den Geschäften, durch die ich zuvor in meinem Kaufrausch gewirbelt war. Auf einem gesonderten, noch unheilvolleren Stapel befanden sich die Mahnbriefe der Inkasso-Agenturen. Das sichtbare Chaos, das sich einem beim Betreten des Zimmers bot, spiegelte sozusagen die totale Verwirrung wider, die ein paar Wochen zuvor in meinem manischen Hirn geherrscht hatte. Jetzt, unter Medikamenten stehend und wieder auf dem Boden der Tatsachen, wühlte ich mich durch die Hinterlassenschaft meiner Verantwortungslosigkeit. Es war wie eine archäologische Grabung durch frühere Zeitalter meiner Seele. Da fand sich beispielsweise eine Rechnung von einem Tierpräparator aus The Plains, Virginia, für einen ausgestopften Fuchs, den ich aus irgendwelchen Gründen glaubte unbedingt haben zu müssen. Mein ganzes Leben hatte ich Tiere geliebt und wollte ja auch Tierärztin werden: Wie konnte ich bloß ein *totes* Tier kaufen? Füchse hatte ich geliebt und bewundert, solange ich denken kann. Ich mochte sie, weil sie so flink und klug und schön waren: Wie hatte ich nur so direkt zum Tod eines solchen Tieres beitragen können? Ich war entsetzt über diesen gräßlichen Kauf, angewidert von mir selbst und konnte mir nicht vorstellen, was ich damals mit dem Fuchs vorgehabt hatte.

Um auf andere Gedanken zu kommen, fing ich an, mir meinen Weg durch die Kreditkartenabrechnungen zu bahnen. Ziemlich weit oben auf dem Stapel stieß ich auf die Quittung von der Apotheke, in der ich die Erste-Hilfe-Sets gegen Schlangenbisse gekauft hatte. Der Apotheker, der kurz zuvor mein erstes Lithium-Rezept entgegengenommen hatte, lächelte nur wissend, als ich zwölf Schlangenbiß-Sets und diverse andere unsinnige Dinge kaufte. Ich glaube zu wissen, was er in diesem Augenblick dachte, und in meiner überschwenglichen Stimmung nahm ich seinen Anflug von Humor wohlwollend zur Kenntnis. Er schien sich jedoch – im Gegensatz zu mir – der lebensbedrohenden Gefahr durch die Klapperschlangen im San Fernando Valley in keiner Weise bewußt zu sein. Gott hatte mich, und offenbar nur *mich*, dazu auserwählt, die Welt vor der wilden Vermehrung der Killer-Schlangen im Land der Verheißung zu bewahren. So oder ähnlich waren meine verworrenen, wahnhaften Gedanken. Im Rahmen meiner beschränkten Möglichkeiten tat ich alles in meiner Macht Stehende, um mich und die mir Nahestehenden zu schützen, indem ich sämtliche in der Apotheke vorrätigen Erste-Hilfe-Sets aufkaufte. Während ich wie von der Tarantel gestochen zwischen den Regalreihen der Apotheke auf und ab lief, faßte ich außerdem den Entschluß, die *Los Angeles Times* auf die drohende Gefahr aufmerksam zu machen. Aber ich war viel zu manisch, um meine Ideen in einen konkreten, durchführbaren Plan umzumünzen.

Mein Bruder, der anscheinend meine Gedanken lesen konnte, brachte ein Tablett mit einer Flasche Champagner und Gläsern ins Zimmer. Wir könnten den Champagner sicher gut gebrauchen, meinte er, denn was uns da bevorstünde, sei vielleicht nicht besonders erheiternd. Mein Bruder neigt nicht zur Dramatisierung: Er gehört nicht zu denen, die die Hände ringen oder sich die Haare raufen. Aber er ist ein gerechter, pragmatischer, großzügiger Mensch, der aufgrund seines Selbstvertrauens auch anderen Vertrauen einflößen kann. In dieser Hinsicht ist er unserer Mutter sehr ähnlich. Während der Zeit, in der unsere Eltern sich trennten und schließlich scheiden ließen, hatte er mich unter seine Fittiche genommen und mich, soweit er konnte, vor den Verletzungen des Lebens und meiner inneren Unrast beschützt. Er war auch später immer für mich da. Seit Beginn meiner Collegezeit und danach, als ich an der Universität studierte oder schon im Berufsleben stand – und bis heute –, habe ich immer, wenn ich mal wieder meiner Traurigkeit oder Unsicherheit entfliehen oder auch einfach nur weg wollte, ein Flugticket in meinem Briefkasten gefunden, mit einer kurzen Notiz, ich solle ihn doch in Boston oder New York oder Colorado oder San Francisco besuchen. Oft hält er an einem dieser Orte einen Vortrag, oder er hat eine Besprechung oder macht selbst ein paar Tage Urlaub. Ich treffe mich mit ihm in irgendeiner Hotelhalle oder in einem schicken Restaurant, und wenn ich ihn dann auf mich zukommen sehe – groß, gutaussehend, tadellos gekleidet –, bin ich jedesmal wieder entzückt. Ganz gleichgültig, in welcher Stimmung ich mich befinde oder welches Problem ich gerade habe, er gibt mir immer das Gefühl, daß er sich freut, mich zu sehen. Und immer, wenn ich ins Ausland gegangen bin – zuerst nach Schottland, dann, während meines Hauptstudiums, nach London und später, in meinem Freisemester, noch zweimal nach London –, wußte ich, daß es nur eine Frage von wenigen Wochen war, bis er angereist kam, um zu sehen, wo ich lebte, wie es mir ging, um mich zum Essen einzuladen oder mit mir in den Buchhandlungen zu stöbern. Nach meinem ersten schweren manischen Anfall breitete er seine Fittiche noch enger um mich. Er machte mir unmißverständlich klar, daß er sich in das nächste Flugzeug setzen würde, wenn ich ihn brauchte – ganz egal, wo er sich gerade befände.

Und jetzt gab er keinerlei Kommentare zu meinen irrwitzigen Käufen ab – und wenn doch, dann wenigstens nicht mir gegenüber. Dank eines Kredits, den er von seiner Bank bekam, bei der er als Volkswirt arbeitete, konnten wir alle offenen Rechnungen bezahlen. Nach und nach, im Laufe vieler Jahre, zahlte ich ihm zurück, was ich ihm schuldete. Genauer gesagt: Ich zahlte ihm das Geld zurück, das ich ihm schuldete. Seine Liebe und Güte und sein Verständnis für mich werde ich ihm niemals zurückzahlen können.

Ich setzte mein hektisches Leben fort. Ich arbeitete grotesk lange und schlief so gut wie überhaupt nicht mehr. Wenn ich abends nach Hause kam, erwartete mich dort ein immer größer werdendes Chaos: Bücher, viele davon gerade erst gekauft, lagen überall verstreut umher. In jedem Zimmer häuften sich Kleidungsstücke; unausgepackte Einkäufe und volle Plastiktüten standen überall herum, wohin man auch blickte. Meine Wohnung sah aus, als wäre sie von einer Maulwurfbrigade umgepflügt und dann verlassen worden. Und überall Papier, unzählige Seiten Papier, die meinen Schreibtisch und die Arbeitsflächen in der Küche bedeckten und auf dem Boden eine Berg-und-Tal-Landschaft bildeten. Auf einem Blatt war ein unzusammenhängendes Gedicht zu lesen; Wochen später fand ich es im Kühlschrank wieder, es hatte ganz offensichtlich Bekanntschaft mit meiner Gewürzsammlung gemacht, die – wie konnte es anders sein – während meiner Manie um ein Vielfaches angewachsen war. Ich hatte ihm aus Gründen, die mir damals ganz sicher einleuchtend erschienen, den Titel »Gott IST ein Pflanzenfresser« gegeben. In meiner Wohnung gab es überall solche Gedichte oder Fragmente. Wochen nachdem ich endlich einmal saubergemacht hatte, stieß ich an den ausgefallensten Orten immer noch auf Papierfetzen, die bis zu den Rändern vollgekritzelt waren.

Ich hatte generell einen ausgeprägten Sinn für Geräusche, aber ganz besonders für Musik. Einzelne Töne von einem Horn, einer Oboe oder einem Cello bewegten mich sehr. Ich hörte jeden Ton für sich allein, alle Töne zusammen und dann jeden und alle als ein Ganzes in durchdringender Schönheit und Reinheit. Ich hatte das Gefühl, ich stünde direkt im Orchestergraben; bald konnte ich die Intensität und Traurigkeit klassischer Musik nicht mehr ertragen. Ich war von dem Tempo genervt und zugleich von Emotionen überwältigt. Ohne Übergang stieg ich auf Rockmusik um, kramte meine alten Rolling-Stones-Platten hervor und hörte sie in höchster Lautstärke. Ich sprang von Lied zu Lied, von Platte zu Platte, paßte die Musik meiner Stimmung an und meine Stimmung der Musik. Während ich nach dem perfekten Sound suchte, verschwanden meine Zimmer unter Platten, Cassetten und Plattenhüllen. Das Chaos in meinem Kopf begann sich in meiner Wohnung widerzuspiegeln; ich konnte irgendwann nicht mehr verarbeiten, was ich gerade hörte; ich geriet immer mehr durcheinander, wurde immer verschreckter und orientierungsloser. Ich war nicht mehr in der Lage, länger als ein paar Minuten ein bestimmtes Stück anzuhören; mein Verhalten war verworren – und mein Geisteszustand noch viel mehr.

Langsam und allmählich verdunkelte sich mein Geist, bald geriet ich hoffnungslos außer Kontrolle. Ich konnte meinen eigenen Gedanken nicht mehr folgen. Sinnsprüche gingen mir im Kopf herum, zerfielen zunächst in kurze Sätze und dann in einzelne Worte, und schließlich blieben nur noch Laute übrig. Eines Abends stand ich mitten in meinem Wohnzimmer und schaute auf den Sonnenuntergang hinaus, der sich über dem Pazifik blutrot am Horizont ausbreitete. Plötzlich hatte ich hinter den Augen eine seltsame Lichtempfindung, und fast gleichzeitig sah ich in meinem Kopf eine riesige schwarze Zentrifuge. Eine große Gestalt in einem bodenlangen Abendkleid näherte sich dieser Zentrifuge; sie hielt eine vasengroße Röhre mit Blut in der Hand. Als sich die Gestalt umdrehte, stellte ich mit Grauen fest, daß ich es selbst war und daß mein Kleid, das Cape und die langen weißen Handschuhe überall große Blutflecken hatten. Ich beobachtete, wie die Gestalt die Röhre mit dem Blut vorsichtig in ein Loch des Trommelmantels der Zentrifuge schob, den Deckel schloß und einen Knopf an der Vorderseite der Maschine drückte. Die Zentrifuge begann sich zu drehen.

Auf einmal war das Bild, das sich zuerst in meinem Kopf befunden hatte, zu meinem großen Erschrecken außerhalb. Ich war gelähmt vor Entsetzen. Die Rotation der Zentrifuge und das Klirren der Glasröhre gegen das Metall wurden lauter und lauter. Dann zerbarst die Maschine in tausend Teile. Überall war Blut. Es spritzte gegen die Fensterscheiben, an die Wände und Gemälde, sickerte in die Teppiche. Ich sah nach draußen auf das Meer und stellte fest, daß sich das Blut auf der Scheibe mit dem Sonnenuntergang vermischt hatte. Ich hätte nicht sagen können, wo das eine aufhörte und das andere begann. Ich schrie mir die Lunge aus dem Leib. Ich konnte dem Blut und dem Widerhall der klirrenden Maschine, die sich schneller und schneller drehte, nicht entfliehen. Meine Gedanken wirbelten nicht nur wild durcheinander, sie hatten sich außerdem in entsetzliche Phantasmagorien verwandelt, in eine treffende, aber grauenerregende Vision eines ganz und gar aus der Kontrolle geratenen Lebens und Gehirns. Ich fing immer wieder an zu schreien. Langsam wichen die Halluzinationen. Ich rief einen Kollegen an und bat ihn um Hilfe, goß mir einen großen Scotch ein und wartete auf ihn.

Bevor meine Manie bekannt wurde, war dieser Kollege, mit dem ich während der Trennung von meinem Mann liiert war und der mich sehr gut kannte und verstand, glücklicherweise bereit, sich mit meiner manischen Wut und meinen Wahnvorstellungen abzugeben. Er machte mir zunächst klar, daß ich Lithium nehmen müsse, was keine angenehme Aufgabe für ihn war, denn ich war wild erregt, paranoid und gewalttätig, aber er meisterte sie sehr geschickt, einfühlsam und verständnisvoll. Schonend, aber unmißverständlich brachte er mir bei, daß ich seiner Meinung nach an der manisch-depressiven Krankheit litt, und er überredete mich, mir einen Termin bei einem Psychiater geben zu lassen. Gemeinsam trugen wir alles zusammen, was über diese Krankheit geschrieben worden war; wir lasen soviel, wie wir aufnehmen konnten, und wandten uns dann den damals bekannten Behandlungsmöglichkeiten zu. Erst vier Jahre zuvor, 1970, war Lithium von der Food and Drug Administration zur Behandlung von Manien freigegeben worden; die Anwendung war in Kalifornien allerdings noch nicht sehr verbreitet. Aus der medizinischen Fachliteratur ging ganz eindeutig hervor, daß Lithium in meinem Fall das einzige Medikament war, das eine reale Aussicht auf Besserung meines Zustands bot. Er verschrieb mir Lithium und einige andere antipsychotische Medikamente, allerdings auf Notfallbasis und nur für einen sehr kurzen Zeitraum, so daß ich mich bis zu dem Termin beim Psychiater über Wasser halten konnte. Er setzte genau fest, wie viele Tabletten ich jeweils morgens und abends nehmen sollte, und er sprach viele Stunden mit meiner Familie über meine Krankheit und wie sie am besten damit umgehen könnte. Er nahm mir Blut ab, um die Lithiumkonzentrationen festzustellen, und zeigte sich zuversichtlich, was die Prognose für meine Gesundung anging. Er bestand darauf, daß ich mich wenigstens für eine kurze Zeit von der Arbeit beurlauben ließ, was mich letztlich vor dem Verlust meiner Stelle und meiner Privilegien in der Klinik bewahrte, und er sorgte dafür, daß sich jemand zu Hause um mich kümmerte, wenn er verhindert war.

Während dieser ersten manischen Episode fühlte ich mich unendlich viel schlechter und deprimierter als während meiner schlimmsten Depressionen. Tatsächlich war der erste psychotisch-manische Anfall das Schrecklichste, was ich je in meinem Leben durchgemacht hatte – einem Leben, das ja von chaotischen Hochs und Tiefs geprägt war. Ich hatte vor diesem Zeitpunkt schon mehrere leicht manische Phasen durchlaufen, aber dabei hatte es sich nie um angsterregende Erfahrungen gehandelt, sondern bestenfalls um ekstatische und schlimmstenfalls um verwirrende Gemütszustände. Ich hatte gelernt, mich darauf einzustellen, hatte Mechanismen zur Selbstkontrolle entwickelt, mit deren Hilfe ich beispielsweise unpassende Lachanfälle unterdrücken oder meine Reizbarkeit unter Kontrolle halten konnte. Ich ging Situationen aus dem Weg, die sich auf mein hypersensitives Nervensystem verhängnisvoll hätten auswirken können, und ich hatte gelernt, so zu tun, als wäre ich konzentriert und aufmerksam bei der Sache, während ich im Geiste damit beschäftigt war, in mindestens tausend verschiedenen Richtungen Hasen zu jagen. Im Beruf lief alles glatt. Aber weder meine Arbeit noch meine Erziehung, noch mein Intellekt oder mein Charakter hatten mich auf die Geisteskrankheit vorbereitet.

Auch wenn ich schon seit mehreren Wochen geradewegs darauf zugesteuert war und wußte, daß etwas nicht mit mir stimmte, gab es einen deutlichen Wendepunkt, an dem ich erkannte, daß ich geisteskrank war. Meine Gedanken überschlugen sich derart, daß ich mich mitten im Satz schon nicht mehr an den Anfang erinnern konnte. Bruchstücke von Ideen, Bildern, Sätzen rasten wie die Tiger in einem Kinderbuch in meinem Kopf umher, um schließlich miteinander zu einer bedeutungslosen Masse zu verschmelzen. Nichts war mir mehr vertraut, was ich einst gut kannte. Ich wollte die Notbremse ziehen, aber ich konnte es nicht. Nichts half – weder stundenlanges Herumrennen um einen Parkplatz noch endloses Schwimmen. Meine Energien verbrauchten sich nie – bei allem, was ich tat. Sex wurde mir zu intensiv, um Lust empfinden zu können, und gleichzeitig hatte ich dabei das Gefühl, daß mein Geist von schwarzen Lichtlinien umschlossen war, die mir Angst machten. Meine Wahnideen kreisten um den langsamen, qualvollen Tod aller Pflanzen auf dieser Erde – Ast für Ast, Blatt für Blatt, Stamm für Stamm starben sie, und ich konnte nichts tun, um sie zu retten. Ihre Schreie verzerrten sich zu einer Kakaphonie. Nach und nach wurden in meiner Vorstellung alle Bilder schwarz und modrig.

Irgendwann faßte ich den Entschluß, mich mit einem Sprung von einem nahe gelegenen zwölfstöckigen Gebäude zu töten, falls mein Gehirn, durch das ich schließlich lebte und mit dessen Verläßlichkeit ich über viele Jahre gerechnet hatte, nicht bald wieder normal arbeiten würde. Ich gab ihm vierundzwanzig Stunden. Aber ich hatte keinerlei Zeitgefühl mehr, und zahllose andere Gedanken – herrliche, morbide – verflochten sich in meinem Geist und rasten vorbei. Endlose schreckliche Tage mit endlos schrecklichen Medikamenten – Thorazin, Lithium, Valium und Barbiturate – zeigten endlich Wirkung. Ich fühlte, wie ich meine Gedanken langsam wieder unter Kontrolle bekam, wie sich ihr Tempo verlangsamte, wie sie schließlich zum Stillstand kamen. Aber es dauerte eine ganze Zeit, bis ich meinen Geist wiedererkannte, wieder wahrnahm, und noch viel länger, bis ich ihm wieder vertraute.

Den Mann, der mein Psychiater werden sollte, lernte ich kennen, als er Chefarzt am Institut für Neuropsychiatrie der UCLA war.

Er sah gut aus, war ein Mensch mit festen Überzeugungen und besaß einen messerscharfen Verstand, Schlagfertigkeit und ein sympathisches Lachen, das die respekteinflößende Erscheinung milderte. Er war streng, diszipliniert, wußte, was er tat, und achtete sehr darauf, wie er es tat. Er liebte den Arztberuf aufrichtig, und er war ein exzellenter Lehrer. Während meines praktischen Jahres als Doktorandin der klinischen Psychologie beaufsichtigte er meine Arbeit mit den Patienten. Auf einer Station, wo verletzliche Egos und nichtssagende Spekulationen über intrapsychische und sexuelle Konflikte die Regel waren, erwies er sich als Meister des rationalen Denkens, der präzisen Diagnosen und als ein mitfühlender Mensch. Obgleich er eisern auf der frühen, aggressiven Medikamentenbehandlung psychotischer Patienten beharrte, war er doch von der ehrlichen Überzeugung durchdrungen, daß die Psychotherapie entscheidend zu einer heilsamen, dauerhaften Änderung beitrage. Sein liebenswürdiger Umgang mit den Patienten, gepaart mit einem stupenden allgemeinmedizinischen und psychiatrischen Wissen sowie hervorragender Menschenkenntnis, hinterließ bei mir einen tiefen Eindruck. Ich wußte intuitiv, daß ich diesen Mann unmöglich überlisten, ihm nichts weismachen oder vorgaukeln konnte. In einer Situation äußerster Verwirrung traf ich eine bemerkenswert klare und gesunde Entscheidung.

Als ich den ersten Termin telefonisch mit ihm vereinbarte, war ich nicht nur sehr krank, sondern auch ziemlich verängstigt und furchtbar verlegen. Ich war noch nie bei einem Psychiater oder Psychologen in Behandlung gewesen. Aber mir blieb keine andere Wahl. Ich hatte vollkommen, aber wirklich vollkommen den Verstand verloren. Wenn ich nicht bald professionelle Hilfe bekommen hätte, wäre ich drauf und dran gewesen, meine Stelle, meine ohnehin angeschlagene Ehe und letztlich mein Leben einzubüßen. Ich fuhr von meinem Büro an der UCLA zu seinem im San Fernando Valley; es war ein früher Abend in Südkalifornien – normalerweise eine herrliche Tageszeit, aber zum ersten Mal in meinem Leben zitterte ich vor Angst. Ich hatte Angst vor dem, was er mir sagen würde, und noch mehr vor dem, was er mir vielleicht gar nicht würde sagen können. Zunächst sah ich keinen Ausweg aus meiner Situation, und ich hatte keine Ahnung, ob es irgend etwas gäbe, das mir helfen könnte.

Ich drückte den Knopf am Aufzug und ging bald darauf einen langen Flur entlang zu seinem Wartezimmer. Dort saßen schon zwei andere Patienten – eine Tatsache, die in meinen Augen die peinliche, unwürdige Situation nur noch verschlimmerte: Ich fand mich plötzlich in der entgegengesetzten Rolle – was zweifellos charakterbildend war, aber allmählich hatte ich alle Gelegenheiten satt, meinen Charakter auf Kosten eines friedvollen, berechenbaren und normalen Lebens zu bilden. Wäre ich damals vielleicht nicht so verwundbar gewesen, hätte mir das Ganze nicht soviel ausgemacht. Aber ich war verwirrt, verängstigt, und alle meine Grundansichten über mich selbst waren erschüttert worden; mein Selbstvertrauen, das jeden Aspekt meines Lebens bestimmt hatte, solange ich denken konnte, war mir schon seit langem abhanden gekommen.

An der Wand des Wartezimmers entdeckte ich eine Reihe beleuchteter und unbeleuchteter Knöpfe. Offensichtlich mußte ich einen davon drücken, damit mein Psychiater wußte, daß ich da war. Ich kam mir vor wie eine fette weiße Ratte, die einen Hebel betätigen muß, um an ihr Futter zu kommen. Es war ein entwürdigendes, wenn auch praktisches System. Ich hatte das dumpfe Gefühl, daß es mir nicht behagen würde, auf der anderen Seite des Schreibtisches zu sitzen.

Mein Psychiater öffnete die Tür; dann musterte er mich mit

einem langen Blick, bot mir einen Platz an und sagte irgend etwas Beruhigendes. Ich erinnere mich nicht mehr daran – und ich bin sicher, daß nicht nur die Worte diese Wirkung hatten, sondern auch die Art und Weise, wie sie ausgesprochen wurden –, aber langsam drang ein winziger, sehr winziger Lichtstrahl in meine düstere, verängstigte Seele. Ich weiß kaum noch, was ich während der ersten Sitzung geäußert habe, aber ich erinnere mich, daß es wirres, sinnloses Zeug war. Er saß mir gegenüber und hörte mir offenbar unentwegt zu, die langen Beine weit von sich gestreckt, mal übergeschlagen, mal nebeneinander, die Fingerspitzen beider Hände aneinandergelegt. Und dann begann er, mir Fragen zu stellen.

Wie viele Stunden schlief ich? Hatte ich Konzentrationsschwierigkeiten? War ich gesprächiger als gewöhnlich? Sprach ich schneller als sonst? Hatte mich schon einmal jemand gebeten, langsamer zu sprechen, oder sagten meine Gesprächspartner, daß sie den Sinn meiner Rede nicht verstünden? Verspürte ich eine Art Sprechzwang? Hatte ich mehr Energie als normalerweise? Sagten mir andere, daß sie Probleme hätten, mit mir Schritt zu halten? War ich aktiver als sonst, unternahm ich mehr, machte ich mehr Pläne als gewöhnlich? Bewegten sich meine Gedanken so schnell, daß ich ihnen, wenn überhaupt, nur mit Mühe folgen konnte? War ich körperlich aktiver und unternehmungslustiger als sonst? Sexuell aktiver? Hatte ich außergewöhnlich viel Geld ausgegeben? Impulsiv gehandelt? War ich in letzter Zeit gereizter als normalerweise? Hatte ich heftige Wutausbrüche? Hatte ich den Eindruck, über besondere Talente, besondere Fähigkeiten oder besondere Kräfte zu verfügen? Hatte ich Visionen? Hatte ich schon einmal Geräusche oder Stimmen gehört, die andere nicht gehört haben, Dinge gesehen, die nur ich sah? Hatte ich seltsame Erfahrungen mit meinem Körper gemacht? Hatte ich eines dieser Symptome schon früher an mir beobachtet? Litt jemand aus meiner Familie unter ähnlichen Problemen?

Mir wurde klar, daß ich mich mitten in einer eingehenden psychiatrischen Untersuchung befand; ich kannte die Fragen, die mir gestellt wurden, ich hatte sie anderen Hunderte von Malen gestellt, aber ich fand es beunruhigend, sie plötzlich selbst beantworten zu müssen, beunruhigend, nicht zu wissen, worauf das alles hinauslief, und beunruhigend festzustellen, wie verwirrend es war, Patientin zu sein. Ich beantwortete praktisch jede dieser Fragen mit ja, außerdem noch eine Reihe weiterer, die auf Depressionen abzielten, und gewann langsam neuen Respekt vor der Psychiatrie und professioneller Arbeit.

Allmählich zeigten seine Erfahrung als Arzt und sein persönliches Selbstbewußtsein Wirkung, ebenso wie die Medikamente allmählich Einfluß ausüben auf die Turbulenzen der Manie und sie eindämmen. Er erklärte mir klipp und klar, daß ich seiner Meinung nach unter der manisch-depressiven Krankheit litte und mit Lithium behandelt werden müsse, wahrscheinlich auf unbestimmte Zeit. Diese Vorstellung jagte mir Angst ein – damals war noch sehr viel weniger über diese Krankheit und die Prognose bekannt als heute –, aber trotzdem war ich erleichtert, eine Diagnose zu hören, von der ich tief in meinem Inneren wußte, daß sie zutraf. Und dennoch begehrte ich gegen das Urteil auf, das er über mich gefällt hatte, wie ich es empfand. Er hörte mir geduldig zu. Er hörte sich alle meine an den Haaren herbeigezogenen alternativen Erklärungen für meinen Zusammenbruch an – der Streß einer strapaziösen Ehe, der Berufsstreß, der Streß der Arbeitsüberlastung – und wich keinen Millimeter von seiner Diagnose und seinen Empfehlungen für die Behandlung ab. Ich reagierte verängstigt, war aber irgendwie auch enorm erleichtert. Und es flößte mir großen Respekt ein, daß er alles so klar erkannte, daß er sich offensichtlich um mich sorgte und sich nicht davor drückte, eine unangenehme Nachricht mitzuteilen.

In den folgenden Jahren – außer der Zeit, als ich in England lebte – suchte ich ihn mindestens einmal pro Woche auf, und während der Phasen, in denen ich extrem depressiv und selbstmordgefährdet war, sogar noch öfter. Er hat mich unzählige Male am Leben gehalten. Er erlebte mich im Wahnsinn und in der Verzweiflung, in Zeiten wunderbarer und schrecklicher Liebesaffären, bei Enttäuschungen und Triumphen, bei heftigen Anfällen, die bis zu einem beinahe tödlichen Selbstmordversuch reichten, in Phasen großer beruflicher Erfolge und Niederlagen und beim Tod eines Mannes, den ich sehr geliebt habe. Er hat mich praktisch durch alle Anfangs- und Endstadien meines psychischen und emotionalen Lebens begleitet. Er war ebenso unnachgiebig wie gütig, und obwohl er besser als irgend jemand sonst verstand, wieviel ich durch die Medikamente verlor – welches Maß an Energie, Lebhaftigkeit und Originalität –, vergaß er doch keinen Augenblick, wie kostspielig, zerstörerisch und lebensbedrohlich meine Krankheit letztlich war. Er konnte gut mit Ambiguitäten umgehen, hatte etwas für Komplexität übrig und war imstande, inmitten von Chaos und Unsicherheit Entscheidungen zu treffen. Er behandelte mich mit Respekt, entschiedener Professionalität, mit Humor und dem unerschütterlichen Glauben an meine Fähigkeit, wieder gesund zu werden, zu kämpfen und mich zu ändern.

Obwohl ich als Patientin zu ihm ging, brachte er mir auch einiges für die Arbeit mit meinen eigenen Patienten bei; zum Beispiel lernte ich durch ihn verstehen, daß Geist und Gehirn sich wechselweise beeinflussen und total aufeinander verwiesen sind. Mein Temperament, meine Stimmungen und meine Krankheit hatten maßgeblichen Einfluß auf meine Beziehungen zu anderen Menschen und auf meine Arbeit. Aber meine Stimmungen wurden andererseits von diesen selben Beziehungen und von meiner Arbeit beeinflußt. Die Herausforderung bestand darin, die Komplexität dieser Wechselwirkung verstehen zu lernen und unterscheiden zu können, welchen Anteil das Lithium, der Wille und die Einsicht an meinem Wohlbefinden und einem sinnvollen Leben hatten. Dies war die Aufgabe und das Geschenk der Psychotherapie.

In diesem Augenblick vermag ich mir nicht vorzustellen, daß ich ohne Lithium und ohne Psychotherapie wieder ein normales Leben führen könnte. Das Lithium unterbindet meine verlockenden, aber verheerenden Höhenflüge, hält die Depressionen in Grenzen, bringt Ordnung in meine wirren Gedanken, zügelt mein Tempo, wirkt ausgleichend auf meine Stimmungen, hält mich davon ab, meine Karriere und meine Freundschaften zu zerstören, bewahrt mich vor einer stationären Behandlung und macht die Psychotherapie möglich. Aber diese ist eigentlich unbeschreiblich in ihrer heilsamen Wirkung. Sie sieht einen Sinn in der Verwirrung, hält die erschreckenden Gedanken und Gefühle an, gibt einem eine gewisse Kontrolle zurück und Hoffnung sowie die Möglichkeit, aus all dem zu lernen. Tabletten können einen in der Realität nicht wieder heimisch machen; sie stoßen einen nur kopfüber hinein und stellen einen schneller auf die wankenden Füße, als man manchmal verkraften kann. Die Psychotherapie ist eine Zuflucht; sie ist ein Schlachtfeld; sie ist der Ort, an dem ich psychotisch, neurotisch, in Hochstimmung, verwirrt und unvorstellbar verzweifelt gewesen bin. Aber dort habe ich auch den Glauben bekommen – oder gelernt zu glauben –, daß ich eines Tages imstande sein würde, mich mit allem auseinanderzusetzen.

> Dr. Rosin: „Psychotherapie kann in diesem Zustand nichts bewirken."

Kein Medikament kann mir helfen, mit dem Widerwillen gegen die Medikamente fertig zu werden; ebensowenig wie keine Psychotherapie allein meine manischen und depressiven Phasen verhindern kann. Ich brauche beides. Es ist ein seltsamer Gedanke, daß man sein Leben, seine Marotten und seine Zähigkeit den Medikamenten und dieser einzigartigen, merkwürdigen und letztlich tiefgreifenden Beziehung namens Psychotherapie verdankt.

Lange Zeit begriff ich nicht, daß ich mein Leben Medikamenten verdanke; ich sah keine Notwendigkeit, Lithium zu nehmen, und sollte diese Uneinsichtigkeit teuer bezahlen.

SATURN, DU FEHLST MIR

*M*enschen werden auf ihre eigene, individuelle Weise wahnsinnig. So war es vielleicht nicht verwunderlich, daß ich, als Tochter eines Meteorologen, in jenen wahnhaften herrlichen Hochsommertagen schwebte und flog, durch Wolkenbänke und Luftmeere schlingerte, an Sternen vorbeiglitt und über Felder von Eiskristallen. Noch heute sehe ich vor meinem geistigen Auge ein außergewöhnliches Lichtgeflimmer, wechselnde, aber hinreißende Farben, die sich meilenweit über kreisende Ringe ergossen, und die beinahe nicht wahrnehmbaren, irgendwie überraschend blassen Monde eines Planeten. Ich erinnere mich, daß ich »Fly Me To The Moons« sang, als ich an den Ringen des Saturns vorbeiflog, und mir schrecklich witzig vorkam. Ich sah und erlebte eigentlich nur Träume oder fluktuierende Elemente einer Sehnsucht.

War das Wirklichkeit? Natürlich nicht, jedenfalls nicht im landläufigen Sinne des Wortes. Aber blieb es mir? Ja, vollkommen. Als meine Psychose längst abgeklungen war und die Medikamente wirkten, wurde das Erlebnis zu einer unvergeßlichen Erinnerung, mit einer Aura, die fast etwas von Proustscher Melancholie hatte. Lange nach dieser ausgedehnten Reise von Geist und Seele nahm der Saturn mit seinen eisigen Ringen für mich eine elegische Schönheit an, und heute kann ich ihn nicht mehr ansehen, ohne eine große Traurigkeit zu empfinden, weil er so weit von mir entfernt ist, so unerreichbar in so vieler Hinsicht. Die Intensität und Herrlichkeit sowie die absolute Sicherheit meiner geistigen Flüge machten es mir, sobald es mir besserging, schwer zu glauben, daß ich diese Krankheit freiwillig aufgeben würde. Obwohl ich selbst Klinikerin und Wissenschaftlerin war und obwohl ich die Fachliteratur zu lesen verstand und wußte, daß der Verzicht auf Lithium zwangsläufig schlimme Konsequenzen hatte, nahm ich auch Jahre nach der ersten Diagnose meine Medikamente nicht vorschriftsmäßig ein. Warum sträubte ich mich so? Warum mußte ich erst noch mehr manische Phasen durchmachen, denen jeweils langanhaltende Depressionen mit Selbstmordgedanken folgten, bevor ich das Lithium in einer medizinisch vernünftigen Form einnahm?

Meine Abneigung beruhte zum Teil sicher auch auf der prinzipiellen Weigerung, meinen Zustand als wirkliche Krankheit zu begreifen. Dies ist eine sehr verbreitete Reaktion, die – gegen eigenes intuitives Wissen – den ersten Episoden manisch-depressiver Störungen folgt. Die Stimmungen sind ein derart wichtiger Teil der Lebenssubstanz, des Selbstverständnisses, daß selbst psychotische Extreme in Stimmung und Verhalten irgendwie noch als vorübergehende, ja sogar verständliche Reaktionen auf das, was das Leben einem antut, betrachtet werden können. Ich in meinem Fall hatte das entsetzliche Gefühl, nicht zu wissen, wer und wo ich gewesen war. Es war sehr schwer, die Höhenflüge der Seele und die euphorischen Stimmungen aufzugeben, obwohl mich die unweigerlich darauf folgenden Depressionen fast das Leben gekostet hätten.

Meine Familie und meine Freunde erwarteten, daß ich mich darüber freuen würde, wieder »normal« zu werden, daß ich die Behandlung mit Lithium dankbar annehmen und mit meiner normalen Energie und ausreichend Schlaf bald wieder die alte sein würde. Aber wenn man einmal die Sterne zu seinen Füßen gehabt hat und die Ringe der Planeten mit der Hand erreichen konnte, wenn man nachts nie mehr als vier, fünf Stunden Schlaf brauchte und nun plötzlich acht Stunden schläft, wenn man es gewohnt war, manchmal über Wochen nächtelang aufzubleiben, und das nun nicht mehr kann, dann ist es eine enorme Umstellung, sich an einen konventionellen Zeitplan halten zu müssen, der vielen vielleicht entgegenkommt, für einen selbst aber neu, restriktiv, offenbar weniger produktiv und alles andere als stimulierend ist. Wenn ich mich über den Mangel an Vitalität, Energie und Schwung beklage, bekomme ich zu hören: »Aber jetzt bist du so wie wir«; damit will man mich beruhigen. Aber ich vergleiche mich mit meinem früheren Ich, nicht mit den anderen. Und nicht nur das: Ich neige dazu, mein gegenwärtiges Ich mit meinem besten vergangenen Ich, das heißt dem leicht manischen, zu vergleichen. Wenn ich mein gegenwärtiges »normales« Selbst verkörpere, bin ich von dem meiner lebendigsten, produktivsten, intensivsten, kontaktfreudigsten und temperamentvollsten Phasen weit entfernt. Kurzum, was mich angeht, so habe ich eine schwere Rolle zu spielen.

Und mir fehlt der Saturn so sehr.

Mein Kampf mit dem Lithium begann kurz nach der ersten Einnahme. Im Herbst 1974 wurde es mir zum ersten Mal verschrieben; im Frühjahr 1975 setzte ich es gegen ärztlichen Rat wieder ab. Als der manische Anfall vorüber war und ich mich von der schrecklichen Depression erholt hatte, die darauf gefolgt war, bildete sich in meinem Gehirn eine ganze Armee von Gründen, die gegen die Medikamentenbehandlung Front machte. Einige der Gründe waren psychologischer Natur. Andere bezogen sich auf die Nebenwirkungen, die sich aufgrund des hohen

Lithiumspiegels in meinem Blut bemerkbar machten; die hohe Konzentration war zumindest anfangs erforderlich, um meine Krankheit in Schach zu halten. (1974 war es die gängige medizinische Praxis, den Patienten eine weitaus höhere Lithiumkonzentration im Blut zuzumuten als heute. Über viele Jahre habe ich dann eine niedrigere Dosis eingenommen, und alle Probleme, die ich im früheren Stadium meiner Behandlung hatte, waren praktisch verschwunden.) Mit den Nebenwirkungen, die ich während der ersten zehn Jahre hatte, kam ich nur schwer zurecht. Bei einigen wenigen Patienten, zu denen ich gehörte, liegt der therapeutische Lithiumspiegel, also die Konzentration, bei der eine Wirkung eintritt, gefährlich nahe an der toxischen Grenze.

Es stand immer außer Frage, daß das Lithium bei mir sehr gut anschlägt. Meine Form der manisch-depressiven Krankheit ist mit ihren Symptomen, die besonders gut auf Lithium ansprechen, eine Fallgeschichte wie aus dem Lehrbuch: Ich habe ausgeprägte Manien, bin durch meine Familie stark vorbelastet, und bei mir gehen die Manien den Depressionen voraus, nicht umgekehrt –, aber das Mittel beeinflußte mein mentales Leben erheblich. Ich war auf Medikamente angewiesen, die mehrmals im Monat starke Übelkeit und Erbrechen auslösten. Oft übernachtete ich im Bad auf dem Boden, ein Kissen unter den Kopf gelegt und zugedeckt mit meinem warmen Talar aus St. Andrews, wenn aufgrund von Veränderungen im Salzhaushalt, anderer Ernährung, körperlicher Anstrengung oder hormonell bedingt die Lithiumkonzentration in meinem Blut zu sehr anstieg. Die Übelkeit hat mich an allen möglichen und unmöglichen Orten überfallen, peinlicherweise auch in der Öffentlichkeit, zum Beispiel in Bibliotheken, Restaurants und der Londoner National Gallery. (Aber all das ist sehr viel besser geworden, nachdem ich auf ein Lithiumpräparat mit zeitverzögerter Wirkung umgestiegen bin.) Wenn ich die toxische Grenze erreicht hatte, begann ich zu zittern, bekam Bewegungsstörungen und lief gegen Wände; meine Aussprache wurde undeutlich. Das endete nicht nur mehrmals in der Notfallambulanz, wo man mich sofort an den Tropf hängte, um der Toxizität entgegenzuwirken, sondern, was noch schlimmer war, erweckte den Anschein, als hätte ich illegale Drogen genommen oder viel zuviel getrunken.

Eines Abends, nachdem ich innerhalb einer Reitstunde in Malibu zweimal vom Pferd gefallen war, wurde ich auf der Straße von einer Polizeistreife angehalten. Sie ließen mich die einschlägigen Tests durchmachen: Ich lief eher im Zickzack als geradlinig, verfehlte mit dem Zeigefinger die Nase, und meine Fingerspitzen trafen den Daumen keineswegs; der Himmel weiß, wie meine Pupillen reagierten, als sie mir mit der Taschenlampe in die Augen leuchteten. Erst nachdem ich meine Medikamentenpackungen herausgekramt, ihnen den Namen und die Telefonnummer meines Psychiaters gegeben und mich zu allen nur erdenklichen Bluttests bereit erklärt hatte, glaubten mir die Polizisten, daß ich weder unter Drogen stand noch betrunken war.

Bald nach diesem Zwischenfall – ich hatte kurz vorher mit dem Skilaufen angefangen – befand ich mich auf einem sehr hohen Berg irgendwo in Utah, ohne mir darüber im klaren zu sein, daß die Höhe des Berges in Verbindung mit körperlicher Anstrengung den Lithiumspiegel erhöht. Ich verlor die Orientierung und war nicht mehr in der Lage, den Weg ins Tal zu finden. Zum Glück machte sich ein Kollege Sorgen, als ich zur vereinbarten Zeit nicht an unserem Treffpunkt erschien; er wußte, daß ich Lithium nahm, und kannte sich damit aus. Er befürchtete, daß ich eine Lithiumvergiftung hätte, und verständigte die Bergwacht; so kam ich heil den Berg hinunter, allerdings horizontaler, als ich es mir gewünscht hätte.

Übelkeit, Erbrechen und ab und zu Vergiftungserscheinungen waren zwar ärgerlich und oft auch peinlich, aber sie machten mir insgesamt weniger zu schaffen als der Umstand, daß das Lithium meine Fähigkeit, zu lesen, zu verstehen und mich an das Gelesene zu erinnern, stark einschränkte. In seltenen Fällen verursacht das Lithium Sehstörungen, die zu verschwommenen Bildern führen. Es kann außerdem die Konzentrationsfähigkeit und die Spanne der Aufmerksamkeit vermindern und sich nachteilig auf das Gedächtnis auswirken. Lesen, das im Zentrum meiner intellektuellen und emotionalen Existenz stand, war plötzlich nicht mehr möglich. Normalerweise hatte ich drei bis vier Bücher pro Woche gelesen; das war nun ausgeschlossen. Mehr als zehn Jahre lang las ich kein einziges Buch mehr – weder ein literarisches noch ein Sach- oder Fachbuch – von der ersten bis zur letzten Seite. Die Enttäuschung und der Schmerz darüber waren unermeßlich. In blinder Wut warf ich Bücher an die Wand und schleuderte Fachzeitschriften durch mein Arbeitszimmer. Zeitungs- und Zeitschriftenartikel konnte ich noch eher lesen als Bücher, weil sie kürzer waren, aber auch das fiel mir sehr schwer. Ich mußte dieselben Zeilen immer wieder lesen und mir Notizen dazu machen, bevor ich den Sinn verstand. Und trotzdem entschwand mir das Gelesene oft so schnell wie der Schnee auf dem warmen Straßenpflaster. Um mich abzulenken, begann ich zu sticken, und in dem vergeblichen Versuch, die Stunden zu füllen, die ich zuvor mit Lesen zugebracht hatte, produzierte ich unzählige Kissenbezüge.

Gedichte, die ich schon immer geliebt hatte, konnte ich Gott sei Dank noch lesen, und nun machte ich mich mit einer kaum zu beschreibenden Leidenschaft über sie her. Ich fand heraus, daß ich auch Kinderbücher relativ gut lesen konnte, weil sie zum einen nicht so umfangreich sind wie die für Erwachsene und zum anderen meistens eine größere Schrift haben. Und so las ich immer wieder die Kinderbuchklassiker – *Peter Pan, Mary Poppins, Charlotte's Web, Huckleberry Finn, Doctor Doolittle* und die Oz-Bücher –, die mir viele Jahre zuvor unvergeßliche Welten eröffnet hatten. Und nun gaben sie mir eine zweite Chance, schenkten mir zum zweiten Mal ihre Schönheit und die Freude daran. Aber von all den Kinderbüchern las ich am häufigsten *Wind in den Weiden*. Manchmal fühlte ich mich davon total überwältigt. Ich erinnere mich, daß ich bei der Beschreibung von Mole und seinem Haus einmal in Tränen ausbrach. Ich weinte und weinte und konnte gar nicht mehr aufhören.

Kürzlich zog ich das Buch *Wind in den Weiden* aus meinem Regal; ich hatte es nicht mehr angerührt, seitdem ich wieder lesen konnte, und wollte nun herausfinden, was mich an diesem Buch so erschüttert hatte. Wenig später fand ich die Passage, die ich gesucht hatte. Mole, der sein Zuhause in der Unterwelt schon eine Weile verlassen hat, um mit seinem Freund Ratty die Welt des Lichts und des Abenteuers zu erforschen, riecht plötzlich eines Winterabends sein altes Zuhause. Er möchte es unbedingt wiedersehen und versucht, seinen Freund Ratty zu überreden, ihn zu begleiten:

> *»Bleib bitte stehen, Ratty!« flehte der arme Mole mit heimwehkrankem Herzen. »Du begreifst es nicht! Es ist mein Zuhause, mein altes Zuhause! Ich habe es eben gerochen, und es ist ganz nah, wirklich, es ist ganz nah. Und ich muß dorthin, ich muß, ich muß unbedingt! Komm zurück, Ratty! Bitte, bitte komm zurück!«*

Die Ratte, die anfangs zu beschäftigt ist und zögert, besucht Mole schließlich doch in seinem Zuhause. Später, nach den Weihnachtsliedern und einem heißen Ale vor dem Kamin, denkt Mole darüber nach, wie sehr er die Wärme und Geborgenheit der vertrauten Umgebung vermißt hat, all die »angenehmen Dinge, die so lange, ohne daß es ihm bewußt war, zu ihm gehört hatten«. An dieser Stelle erinnerte ich mich ganz genau und intensiv, was ich gefühlt hatte, als ich dieses Buch schon bald nach dem Beginn meiner Lithiumbehandlung gelesen hatte: Ich vermißte mein Zuhause, meinen Verstand, mein Leben mit Büchern und »angenehmen Dingen«, meine Welt, in der die meisten Dinge ihren festen Platz hatten und in die nichts Schreckliches eindringen konnte, um Verwüstungen anzurichten. Nun blieb mir nichts anderes übrig, als in der zerstörten Welt zu leben, die mein kranker Geist mir aufgezwungen hatte. Ich sehnte mich zurück in die Zeit, bevor Wahnsinn und Medikamente sich ihren Weg auch in den letzten Winkel meiner Existenz gebahnt hatten.

Regeln für das Leben mit Lithium

1. *Verbanne die Medikamente aus deiner Hausapotheke, wenn du Gäste erwartest oder dein neuer Freund über Nacht bleibt.*
2. *Vergiß nicht, das Lithium am nächsten Tag wieder dorthin zurückzustellen.*
3. *Es sollte dir nicht peinlich sein, wenn du dich unkoordiniert bewegst oder Sportarten, die dir früher leichtgefallen sind, nicht mehr ausüben kannst.*
4. *Lerne, über verschütteten Kaffee zu lachen, über deine zittrige Unterschrift, die an eine Achtzigjährige erin-*

nert, oder über deine Unfähigkeit, Manschettenknöpfe in wenigen Minuten anzulegen.
5. Nicke voller Überzeugung und mit möglichst intelligentem Gesichtsausdruck, wenn dir dein Arzt erklärt, wie viele Vorteile Lithium dir bei der Normalisierung deines chaotischen Lebens bietet.
6. Warte geduldig auf diese Normalisierung. Lies das Buch Hiob wieder. Habe weiterhin Geduld. Betrachte die Ähnlichkeit zwischen den Ausdrücken »geduldig sein« und »Patient sein«.
7. Versuche, dich nicht darüber zu ärgern, daß du nur mit Mühe lesen kannst. Sieh es philosophisch: Selbst wenn du mühelos lesen könntest, würdest du wahrscheinlich ohnehin nicht alles behalten.
8. Finde dich mit einem gewissen Verlust an Schwung und Begeisterungsfähigkeit ab – und vergiß das, was du früher einmal hattest. Denke am besten nicht an die wilden Nächte von früher. Es wäre wahrscheinlich ohnehin besser, wenn du solche Nächte nie gehabt hättest.
9. Denke immer daran, daß es dir jetzt viel besser geht. Das bekommst du jetzt sowieso oft genug von allen Seiten gesagt – und auch wenn du es nicht gerne hörst: Wahrscheinlich stimmt es.
10. Sei vernünftig! Denke erst gar nicht darüber nach, das Lithium abzusetzen.
11. Und falls du es doch absetzt und wieder manisch und depressiv wirst, mache dich auf folgende Kommentare von deiner Familie und deinen Freunden gefaßt:
– Aber dir ging's doch so gut – ich verstehe das gar nicht.
– Hab ich dir nicht gesagt, daß es so kommen würde …?
12. Fülle deine Hausapotheke wieder auf.

Die psychologischen Probleme haben sich letztlich bei meinem langen Widerstand gegen das Lithium als sehr viel bedeutsamer erwiesen als die Nebenwirkungen. Ich wollte einfach nicht wahrhaben, daß ich Medikamente brauchte. Ich war förmlich süchtig nach meinen wechselnden Stimmungen; ich war süchtig nach ihrer Intensität, nach der Euphorie, nach der Sicherheit, in der man sich wiegt, und nach ihrer ansteckenden Wirkung auf andere. Wie Spieler, die für die flüchtigen, aber ekstatischen Augenblicke des Gewinnens alles riskieren, oder wie Kokainabhängige, die ihre Familie, ihre Karriere und letztlich ihr Leben für die kurzen Momente von großer Energie und Hochstimmung aufs Spiel setzen – genauso habe ich meine leichteren manischen Phasen als inspirierend und besonders produktiv erfahren. Ich konnte nicht darauf verzichten. Im Grunde war ich der festen Überzeugung, daß ich – dank meiner willensstarken Eltern, meiner eigenen Dickschädeligkeit und meiner »militärischen« WASP-Erziehung – in der Lage sein sollte, mit allen Schwierigkeiten und Problemen aus eigener Kraft fertig zu werden, ohne Zuflucht zu irgendwelchen Krücken wie Medikamenten zu nehmen.

Ich war nicht die einzige, die so dachte. Als meine Krankheit ausbrach, sprach sich meine Schwester ganz entschieden gegen eine Lithiumbehandlung aus und war empört, als ich mich doch dazu entschloß. Ganz im Gegensatz zu ihrer Rebellion gegen unsere puritanische Erziehung vertrat sie nun den Standpunkt, ich solle meine Manien und Depressionen durchstehen, meine Seele würde ausdörren, wenn ich die Intensität und den Schmerz meiner Erfahrung durch Medikamente dämpfte. Ihre sich verschlechternden Stimmungen – sie trank immer mehr und wurde immer heftiger und irrationaler – in Verbindung mit meinem eigenen Geisteszustand und ihren gefährlich-verführerischen

Ansichten über die Medikamentenbehandlung machten es mir sehr schwer, eine Beziehung zu ihr aufrechtzuerhalten. Vor vielen Jahren warf sie mir eines Abends vor, gegenüber der »organisierten Medizin kapituliert« zu haben, weil ich meine »Gefühle weglithiumiert« hätte. Sie sagte, meine Persönlichkeit sei ausgetrocknet, mein Feuer sei erloschen und ich stellte nur noch eine Hülse meines früheren Selbst dar. Diese Vorwürfe trafen bei mir auf einen wunden Punkt, und ich nehme an, sie wußte das, aber den Mann, mit dem ich damals zusammen war, machten sie nur wütend. Er hatte mich sehr krank erlebt und sah keinen Sinn darin, wenn ich in diesem kranken Zustand verharrte. Er versuchte, die Situation durch eine witzige Bemerkung zu entschärfen: »Vielleicht ist deine Schwester nur noch eine Hülse ihres früheren Selbst«, sagte er, »aber diese Hülse genügt mir vollkommen.« Aber nachdem sich meine Schwester verabschiedet hatte, ging es mir psychisch gar nicht gut, und ich zweifelte wieder einmal an der Richtigkeit meiner Entscheidung, Lithium zu nehmen.

Ich konnte es mir nicht leisten, mit jemandem zusammenzusein, der, wie meine Schwester, die in mir schlummernde Versuchung weckte, ohne Medikamente auszukommen, der die Stimme meiner Erziehung wachrief, die mir sagte, daß man seine Probleme selbst bewältigen müsse, und der die Hoffnung schürte, ich könne die früheren Hochstimmungen und Ekstasen wiederbeleben. Ich begriff langsam, allerdings sehr langsam, daß nicht nur mein Geisteszustand, sondern auch mein ganzes Leben auf dem Spiel stand. Aber ich war nicht dazu erzogen worden, klein beizugeben. Ich glaubte tatsächlich an alles, was man mir beigebracht hatte: daß man gewisse Dinge einfach durchstehen müsse, daß man sich nur auf sich selbst verlassen dürfe und andere nicht mit seinen Problemen belästigen solle. Wenn ich heute im Rückblick erkenne, welchen Schiffbruch ich mit dieser blinden Dummheit und diesem falschen Stolz erlitten habe, frage ich mich, was ich mir damals wohl gedacht habe. Ich hatte doch schließlich gelernt, selbständig zu denken: Warum in aller Welt hatte ich dann diese starren Begriffe von Selbstverantwortung nie hinterfragt? Warum habe ich nicht durchschaut, wie absurd mein trotziger Widerstand in Wirklichkeit war?

Vor einigen Monaten bat ich meinen Psychiater um eine Kopie meines Krankenblattes. Die Lektüre war eine ziemlich beunruhigende Erfahrung. Im März 1975 hatte ich nach sechsmonatiger Einnahme die Lithiumbehandlung gestoppt. Wenige Wochen später erlitt ich den nächsten manischen Anfall und kurz darauf schwere Depressionen. Zu einem späteren Zeitpunkt desselben Jahres nahm ich das Lithium wieder. Als ich die Notizen meines Arztes las, stellte ich mit einiger Verblüffung ein bestimmtes Muster fest:

17.7.75 Patientin hat sich angesichts der Schwere ihrer Depressionen entschlossen, die Lithiumbehandlung wieder aufzunehmen. Beginnt mit 300 mg zweimal täglich.

25.7.75 Erbrechen.

5.8.75 Toleriert das Lithium. Patientin reagierte auf die Feststellung, daß sie hypomanischer reagiert, als sie glaubte, mit Depressionen.

30.9.75 Patientin hat das Lithium wieder abgesetzt. Nach eigener Aussage will sie beweisen, daß sie dem Streß ohne Medikamente standhält.

2.10.75 Patientin hat Lithium weiterhin abgesetzt. Hypomanie. Patientin ist sich dessen bewußt.

7.10.75 Patientin hat wegen Reizbarkeit, Schlaflosigkeit und Konzentrationsstörungen Lithiumbehandlung wieder aufgenommen.

Ein Teil meiner Sturheit liegt wohl in der menschlichen Natur begründet. Es fällt jedem Kranken – ganz gleich, ob es sich um eine chronische oder um eine akute Erkrankung handelt – schwer, seine Medikamente streng nach Vorschrift einzunehmen. Sobald sich die Krankheitssymptome bessern oder sogar vollständig verschwinden, fällt es noch schwerer. Genauso war es bei mir: Ging es mir wieder besser, hatte ich weder das Bedürfnis noch einen besonderen Ansporn, auch weiterhin meine Medikamente zu nehmen. Ursprünglich wollte ich sie ja überhaupt nicht nehmen, denn ich konnte mich nur schwer an die Nebenwirkungen gewöhnen und vermißte meine Hochstimmungen; und wenn ich mich wieder normal fühlte, hatte ich keine Schwierigkeit zu leugnen, daß ich eine Krankheit hatte, die wiederkommen würde. Irgendwie war ich überzeugt, daß ich die Ausnahme von den Regelfällen der umfangreichen Forschungsliteratur war, die ganz eindeutig belegte, daß sich die manisch-depressiven Störungen nicht nur wiederholen, sondern oft in einer noch schwereren Form und in kürzeren Abständen wiederkehren.

Nicht daß ich je an der Wirksamkeit von Lithium gezweifelt hätte. Keineswegs. Die Wirksamkeit und Verläßlichkeit dieses Medikaments waren absolut überzeugend. Und nicht nur das – ich wußte sehr wohl, daß es mir half. Ich hatte auch keinerlei moralische Einwände gegen den Einsatz von Medikamenten in der Psychiatrie. Ganz im Gegenteil. Ich hatte und habe kein Verständnis für jene Menschen – insbesondere Psychologen und Psychiater –, die sich gegen Medikamente bei der Behandlung psychischer Krankheiten sperren, für jene Kliniker, die einen Unterschied machen zwischen der Behandlung einer »medizinischen Erkrankung« wie der Hodgkin'schen Krankheit oder des Brustkarzinoms und der einer psychischen Krankheit wie Depression, manisch-depressive Krankheit oder Schizophrenie. Ich glaube ohne jeden Zweifel, daß manisch-depressive Störungen eine medizinische Erkrankung sind; ich bin auch der Überzeugung, daß es – abgesehen von wenigen Ausnahmen – ein Kunstfehler ist, diese Erkrankung ohne Medikamente zu behandeln. Aber ganz abgesehen von diesen Ansichten, dachte ich immer noch, ich sollte ohne Medikamente auskommen, ich sollte imstande sein, weiter alles mit mir allein auszufechten.

Mein Psychiater, der alle meine Einwände sehr ernst nahm – existentielle Bedenken, Nebenwirkungen und die Wertvorstellungen meiner Erziehung –, hatte nicht den geringsten Zweifel daran, daß seine Entscheidung, mir Lithium zu verordnen, die richtige war. Er weigerte sich, Gott sei Dank, sich auf meine ausschweifenden und leidenschaftlichen Argumente einzulassen, mit denen ich ihm zu erklären versuchte, warum ich nur noch dieses eine letzte Mal versuchen wollte, ohne Medikamente zu überleben. Er verlor nie das Wesentliche aus den Augen: Es ging nicht darum, ob Lithium ein problematisches Medikament war oder nicht; nicht darum, ob ich meine Hochstimmungen vermißte; ob die Einnahme von Medikamenten mit irgendeiner idealisierten Vorstellung von meiner Herkunftsfamilie übereinstimmte oder nicht. Der springende Punkt war, ob ich mich entschloß, das Lithium lediglich zeitweilig zu nehmen, und somit dafür sorgte, daß meine Manien und Depressionen wieder aufflammten. Seiner Meinung nach – und heute sehe ich das ebenso klar wie er schon damals – hatte ich die Wahl zwischen Wahnsinn und Gesundheit, zwischen Leben und Tod. Die Manien überfielen mich in immer kürzeren Abständen, und sie waren zunehmend gemischter Natur (was bedeutete, daß meine vorherrschend euphorischen Zustände, die ich als »weiße Manien« bezeichnete, mehr und mehr von Depressionen überlagert wurden); meine Depressionen nahmen immer schlimmere Ausmaße an, und die Selbstmordgefahr wurde größer und größer. Er wies darauf hin, daß nur wenige Medikamente ohne Nebenwirkungen seien und daß Lithium, alles in allem, weniger Nebenwirkungen verursache als viele andere Medikamente. Zweifelsohne stellte Lithium eine enorme Verbesserung dar im Vergleich zu den brutalen und unwirksamen Behandlungsmethoden, die ihm vorausgingen: Ketten, Aderlasse, feuchte Wikkel, Irrenanstalten. Und obgleich die krampflösenden Medikamente mittlerweile sehr zuverlässig und oft mit geringeren Nebeneffekten wirken, ist und bleibt Lithium für viele Patienten, die unter der manisch-depressiven Krankheit leiden, auch weiterhin ein äußerst wirksames Medikament. Ich wußte das alles, aber damals war ich davon sehr viel weniger überzeugt, als ich es heute bin.

Und bei alledem hatte ich insgeheim die Befürchtung, daß das Lithium *doch* nicht wirken könnte: Was, wenn ich es nahm und die Krankheit trotzdem wieder ausbrach? Wenn ich es andererseits erst gar nicht nahm, würden meine schlimmsten Befürchtungen nicht eintreten. Mein Psychiater erkannte schon sehr früh meinen seelischen Konflikt, und in seinen Unterlagen fand sich folgende Notiz, die meine lähmende Angst vollständig ausdrückt: *Patientin sieht in der Medikamentenbehandlung einerseits Versprechen auf Heilung und andererseits die Gefahr von Selbstmord, falls die Wirkung ausbleibt. Sie befürchtet, daß sie durch die Einnahme ihren letzten Ausweg aufs Spiel setzt.*

Jahre später befand ich mich gemeinsam mit mehr als tausend Psychiatern in dem Ballsaal eines Hotels; viele der Kollegen waren in einen Freßrausch verfallen: Kostenlose Speisen und Getränke schaffen es auf unergründliche Art und Weise immer wieder, Ärzte aus der Reserve und an die Tröge zu locken. Journalisten und Schriftsteller reden häufig über das Völkerwanderungsverhalten der Psychiater im August, aber im Mai – übrigens der Monat mit der höchsten Selbstmordrate – ist ein anderer Herdentrieb zu beobachten: Dann kommen nämlich alljährlich fünfzehntausend Psychiater anläßlich des Treffens der American Psychiatric Association zusammen. Einige meiner Kollegen und ich selbst hielten Vorträge über die neuesten Fortschritte in Diagnose, Pathophysiologie und Behandlung manisch-depressiver Störungen. Ich registrierte natürlich erfreut, daß die Vorträge über die Erkrankung, an der ich selbst litt, ein so großes Publikum anzog; sie lag gerade besonders hoch im Trend, und mir war bewußt, daß demnächst sicher wieder andere Syndrome das öffentliche Interesse auf sich zogen: Zwangsverhalten, Multiple Persönlichkeit oder Panikattacken oder welche Krankheit auch immer die Phantasie beschäftigte, eine bahnbrechende Behandlungsmethode verhieß, den farbenprächtigsten PET (Positron-Emission-Tomographie)-Scan bot, im Mittelpunkt eines besonders widerwärtigen, aufwendigen Prozesses gestanden hatte oder von den Krankenversicherungen in punkto Rückerstattung der Kosten begünstigt wurde.

Ich sollte über psychologische und medizinische Aspekte der Lithiumbehandlung sprechen, und ich begann, wie so oft, mit einem Zitat eines »manisch-depressiven Patienten«. Ich las den

Text vor, als hätte ihn jemand anderer verfaßt – aber es war die Schilderung meiner eigenen Erfahrung.

> *Schließlich war die endlose Befragung beendet. Mein Psychiater schaute mich an. In seiner Stimme war nicht die geringste Spur von Unsicherheit: »Manisch-depressive Krankheit«. Ich bewunderte seine schonungslose Offenheit. Und wünschte ihm die Pest an den Hals. Stille, unglaubliche Wut. Ich lächelte freundlich. Er erwiderte mein Lächeln. Soeben hatte der Krieg begonnen.*

Die Authentizität dieser klinischen Situation löste begeisterte Zustimmung aus, denn wohl jeder Psychiater kennt aus Erfahrung den leisen oder gar nicht so leisen Widerstand gegen die Behandlung, den viele Patienten mit manischen-depressiven Störungen zeigen. Der Schlußsatz »Soeben hatte der Krieg begonnen« brachte mir großes Gelächter ein. Das Witzige lag allerdings eher an dem Zitat als in der tatsächlich erlebten Situation. Leider findet dieser Widerstand gegen die Lithiumbehandlung Jahr für Jahr im Leben Zehntausender Patienten statt. Fast immer führt die Weigerung, sich dieser Behandlung zu unterziehen, zu einem erneuten Aufflammen der Krankheit, und nicht selten endet sie in einer Tragödie. Das sollte ich einige Jahre nach eigenen Kämpfen gegen das Lithium bei einem meiner Patienten miterleben. Er erinnerte mich auf besonders schmerzhafte Weise an den hohen Preis, den man für seinen Widerstand zu zahlen hat.

In der Notaufnahme der UCLA wimmelte es von Praktikanten, Assistenzärzten und Medizinstudenten; aber seltsamerweise gehörten auch Krankheit und Tod zu dieser Geschäftigkeit. Die

Leute agierten hier mit schnellen Bewegungen, mit der energischen Selbstsicherheit, die hohe Intelligenz, eine gute Ausbildung und dringliche Umstände erzeugen.Und obwohl ich mich aus einem traurigen Anlaß in der Notaufnahme aufhielt – einer meiner Patienten war mit einer akuten Psychose eingeliefert worden –, wurde ich unweigerlich von dem atemberaubenden Tempo und dem wilden Rhythmus mitgerissen. Dann drang aus einem der Behandlungsräume ein Schrei, der einem das Blut in den Adern stocken ließ, ein Schrei des Entsetzens, des blanken Wahnsinns, und ich rannte den Flur entlang; vorbei an Krankenschwestern, einem Assistenzarzt, der Notizen für das Krankenblatt diktierte, und einem Chirurgen mit einer Kaffeetasse in der Hand, einem Blutdruckmesser am Ärmel seines grünen OP-Kittels und einem Stethoskop um den Hals.

Ich öffnete die Tür zu dem Raum, aus dem die Schreie gekommen waren – und bekam einen Schreck. Die erste Person, die ich erblickte, war der Notdienst habende Psychiater, den ich kannte; er lächelte mir freundlich zu. Dann sah ich meinen Patienten, er lag mit Ledergurten festgeschnallt auf der Liege: auf dem Rücken, die Arme im rechten Winkel von sich gestreckt, Handgelenke und Fußknöchel mit ledernen Schlaufen fixiert, ein zusätzlicher Ledergurt verlief quer über seine Brust. Mir wurde schlecht. Trotz dieser Sicherheitsvorkehrungen hatte ich Angst. Ein Jahr zuvor hatte mir dieser Patient während einer psychotherapeutischen Sitzung in meinem Zimmer ein Messer an die Kehle gehalten. Damals hatte ich die Polizei gerufen, und er war gegen seinen Willen in eine geschlossene Abteilung des Neuropsychiatrischen Instituts der UCLA eingeliefert worden. Zweiundsiebzig Stunden später hatte man ihn – aufgrund der unerforschlichen Weisheit des amerikanischen Justizsystems – wieder in die Gesellschaft entlassen. Und in meine Behandlung. Mit gewisser Ironie bemerkte ich, daß die drei Polizisten, die neben der Liege standen und von denen zwei die Hand an der Dienstwaffe hatten, ganz im Gegensatz zu dem Richter vom vorhergehenden Jahr offensichtlich der Meinung waren, daß er »eine Gefahr für sich selbst und für andere« darstellte.

Wieder stieß er einen Schrei aus. Es war ein animalischer, grauenerregender Laut, zum einen, weil er selbst panische Angst hatte, und zum anderen, weil er sehr groß, sehr massig und völlig psychotisch war. Ich legte ihm die Hand auf die Schulter und spürte, wie es seinen ganzen Körper schüttelte. Noch nie zuvor hatte ich in den Augen eines Menschen eine solche Angst erblickt, und noch nie hatte ich bei jemandem eine so aufwühlende Unruhe und psychische Qual erlebt. Eine rasende Manie äußert sich auf ganz verschiedene Weise, und jede ist so furchtbar, daß sie sich kaum beschreiben läßt. Der Psychiater hatte dem Patienten eine massive Dosis eines antipsychotischen Medikaments gespritzt, das jedoch noch keine Wirkung zeigte. Er litt unter Wahnvorstellungen und Paranoia, hatte sowohl visuelle als auch akustische Halluzinationen. Er erinnerte mich an Filme die ich gesehen hatte: Pferde vom Feuer eingeschlossen, mit wilden, angsterfüllten Augen und vor Entsetzen gelähmten Körpern. Ich verstärkte den Druck meiner Hand auf seiner Schulter, schüttelte ihn leicht und sagte: »Ich bin's, Dr. Jamison. Sie haben Haldol bekommen. Wir bringen Sie jetzt auf die Station. Bald geht es Ihnen wieder besser.« Einen Augenblick lang erhaschte ich seinen Blick. Dann schrie er abermals. »Bald fühlen Sie sich wohler. Ich weiß, daß Sie das jetzt nicht glauben können, aber es wird Ihnen wieder gutgehen.« Ich warf einen Blick auf die drei dicken Bände seiner Krankenberichte, die auf einem Beistelltisch lagen; ich dachte an seine zahlreichen Krankenhausaufenthalte und fragte mich, ob das, was ich gesagt hatte, auch wirklich stimmte.

Ich bezweifelte nicht, daß es ihm bald wieder besser gehen würde. Es fragte sich nur, wie lange es anhalten würde. Er sprach bemerkenswert gut auf Lithium an, aber sobald seine Halluzinationen und seine Angst verschwinden würden, würde er auch das Medikament wieder absetzen. Weder der Psychiater noch ich mußten das Resultat der Blutprobe sehen, die man bei seiner Einlieferung gemacht hatte. Es wäre kein Lithium vorhanden gewesen. Das Ergebnis war die Manie. Depressionen mit Selbstmordgefahr würden ebenso unausweichlich folgen wie unbeschreibliches Leid und Erschütterungen, auch innerhalb seiner Familie. Die Schwere seiner Depressionen war ein schwarzes Spiegelbild seiner Manien und ihrer Gefährlichkeit. Er litt unter einer besonders schweren, wenn auch nicht ungewöhnlichen Form der Krankheit. Lithium half dagegen, aber er würde es nicht nehmen. Als ich dort in der Notaufnahme neben ihm stand, kam es mir so vor, als ob die viele Zeit, all die Bemühungen und das emotionale Engagement, alles, was ich und die anderen in seine Behandlung investierten, nur von geringem Nutzen oder ganz vergebens war.

Langsam zeigte das Haldol Wirkung. Sein Schreien hörte auf, und der sich aufbäumende Körper erschlaffte unter den Gurten. Sein Anblick wirkte nicht mehr so beängstigend, und er schien auch selbst nicht mehr soviel Angst zu haben. Nach einer Weile sprach er mich an, verlangsamt und undeutlich artikulierend: »Lassen Sie mich nicht allein, Dr. Jamison. Bitte, bitte lassen Sie mich nicht allein.« Ich versicherte ihm, daß ich bei ihm bleiben würde, bis man ihn auf die Station brächte. Ich wußte, daß ich bei all seinen Krankenhauseinlieferungen, bei den Gerichtsterminen, den Familienzusammenkünften und den tiefen Depressionen seine einzige Konstante war. Ich war seit Jahren seine Psychotherapeutin, kannte daher seine Träume und Ängste, wußte um seine zuerst vielversprechenden und später zerbrochenen Beziehungen, um seine zunächst hochfliegenden und dann zerstörten Zukunftspläne. Ich hatte seine außergewöhnliche Energie, seinen persönlichen Mut und seinen Humor kennengelernt; ich mochte und schätzte ihn sehr. Aber er hatte mich andererseits immer mehr enttäuscht mit seiner wiederholten Weigerung, die Medikamente zu nehmen. Aufgrund eigener Erfahrung konnte ich seine Sorgen wegen der Lithiumbehandlung verstehen, aber nur bis zu einem gewissen Grad. Schließlich war es auch für mich schwer erträglich, ihn unter den voraussehbaren, quälenden und unnötigen Rückfällen leiden zu sehen.

Weder Psychotherapie und Pädagogik noch Überredung oder Zwang halfen; die von den Ärzten und Krankenschwestern ausgearbeiteten Vereinbarungen funktionierten ebensowenig; auch eine Familientherapie brachte keine Änderung; Krankenhausaufenthalte, zerbrochene Beziehungen, verlorene Jobs, ein finanzielles Desaster, Festnahmen, die Erfahrung, daß er seinen kreativen, gebildeten Geist zugrunde richtete – nichts konnte ihn beeinflussen. Alles, was mir oder jemand anderem hilfreich erschien, blieb ohne Wirkung. Im Lauf der Jahre bat ich verschiedene Kollegen, sich seiner anzunehmen, aber sie fanden ebensowenig wie ich Zugang zu ihm, nicht den winzigsten Riß in dem eisernen Panzer seines Widerstands. Stundenlang habe ich mich mit meinem eigenen Psychiater über ihn unterhalten; zum einen, um seinen praktischen Rat einzuholen, und zum anderen, um sicherzugehen, daß mein eigener wechselhafter Umgang mit dem Lithium nicht eine unbewußte, unerkannte Rolle dabei spielte. Seine Manien und Depressionen wurden häufiger und schwerer. Es zeichnete sich kein Durchbruch ab, kein Happy End. Nichts, was in der Macht der Medizin oder der Psychologie stand, konnte ihn dazu bringen, seine Medikamente lange genug zu nehmen, daß es ihm auf die Dauer gutging. Lithium half ihm, aber er nahm es nicht. Unsere Beziehung funktionierte zwar, aber nicht so, wie es notwendig war. Er hatte eine schreckliche Krankheit, die ihn schließlich das Leben kostete – wie jedes Jahr Zehntausende Menschen. Das, was wir für ihn tun konnten, war begrenzt, und das zerriß mich innerlich. Wir alle bewegen uns nur unsicher tastend und innerhalb unserer Grenzen.

DIE LEICHENHALLE

Meine Weigerung, regelmäßig Lithium zu nehmen, hatte bittere Folgen für mich. Auf jede meiner psychotischen Manien folgte unausweichlich eine lange, verletzende, schwarze, selbstmörderische Depression; mehr als anderthalb Jahre ging das so. Vom Aufstehen bis zum Zubettgehen fühlte ich mich unerträglich elend und scheinbar unfähig zu irgendeiner Art von Freude oder Begeisterung. Alles – jeder Gedanke, jedes Wort, jede Bewegung – war eine Anstrengung. Alles, was früher gefunkelt hatte, war nun fade. Ich selbst kam mir dumpf vor, langweilig, unzulänglich, geistig schwerfällig, uninspiriert, gleichgültig, desinteressiert, erstarrt, blutleer und grau wie eine Maus. Ich zweifelte an meiner Fähigkeit, irgend etwas gut zu machen. Ich hatte den Eindruck, als wäre mein Gehirn zum Stillstand gekommen, als wäre es ausgebrannt bis zur Nutzlosigkeit. Die klägliche gewundene, vollkommen konfuse graue Masse arbeitete gerade noch gut genug, um mich mit einer monotonen Litanei meiner Unzulänglichkeiten und charakterlichen Schwächen zu quälen und mich mit der totalen, verzweifelten Hoffnungslosigkeit der Situation zu verhöhnen. Warum noch so weitermachen? fragte ich mich. Die anderen sagten mir: »Das ist nur zeitweilig so, das geht vorüber, du wirst es schaffen«, aber sie hatten natürlich keine Ahnung, wie ich mich fühlte, obwohl sie glaubten, es zu wissen. Immer und immer wieder fragte ich mich: Wenn ich nichts mehr empfinde, wenn ich mich nicht mehr bewegen kann, wenn ich nicht mehr denken kann, wenn mir alles egal ist, warum soll ich dann noch leben?

Die Morbidität meines Geistes war erstaunlich: Der Tod und seine Sippe waren meine ständigen Begleiter. Überall erblickte ich den Tod; und ich sah vor meinem geistigen Auge Leichentücher, Zehen mit Namensschildern und Leichensäcke; alles erinnerte mich daran, daß alles in der Leichenhalle endet. Mein Gedächtnis suchte sich immer die schwarzen Stellen meines seelischen Untergrundes heraus; meine Gedanken wanderten von einem qualvollen Augenblick meiner Vergangenheit zum nächsten. Je öfter ich auf dem Weg anhielt, desto schlimmer war es. Alles bedeutete für mich Anstrengung. Das Haarewaschen dauerte ewig, und noch Stunden später war ich davon ausgelaugt. Es ging über meine Kraft, den Eiswürfelbehälter mit Wasser zu füllen, und manchmal schlief ich in den Kleidern, die ich tagsüber getragen hatte, weil ich zu erschöpft war, um mich auszuziehen.

Während dieser Zeit ging ich zwei- bis dreimal pro Woche zu meinem Psychiater, und schließlich nahm ich wieder regelmäßig Lithium. In seinen Notizen hielt er neben den Medikamenten, die ich nahm – ich hatte zum Beispiel über einen kurzen Zeitraum Antidepressiva genommen, die mich jedoch noch mehr aufgewühlt hatten –, auch die Tag für Tag, Woche für Woche anhaltende Hoffnungslosigkeit, Verzweiflung und Scham fest, die die Depression verursachte: »*Patientin denkt zeitweilig an Selbstmord. Will von der Feuerleiter des Krankenhauses springen.*« – »*Patientin ist immer noch stark selbstmordgefährdet. Krankenhausaufenthalt lehnt sie strikt ab, und nach meiner Sicht kann sie nicht mit dem LSP (dem kalifornischen Zwangseinlieferungsrecht) festgehalten werden.*« – »*Hoffnungslosigkeit in be-*

zug auf die Zukunft; befürchtet Rückfälle und hat Angst davor, sich mit dem, was sie gefühlt hat, auseinanderzusetzen.« – *»Patientin schämt sich für ihre Gefühle und hat beschlossen, sie unabhängig vom weiteren Verlauf ihrer Depressionen nicht zu akzeptieren.«* – *»Patientin meidet während ihrer Depressionen Menschen, weil sie findet, daß ihre Depression eine unerträgliche Belastung für andere ist.«* – *»Hat Angst, mein Sprechzimmer zu verlassen. Hat seit Tagen nicht geschlafen. Verzweifelt.«* An diesem Punkt flaute meine Depression kurzzeitig etwas ab, aber nur, um mit der alten Heftigkeit wiederzukehren. *»Patientin hat das Gefühl zusammenzubrechen. Ist hoffnungslos, weil die Depressionen erneut ausgebrochen sind.«*

Mein Psychiater versuchte wiederholt, mich zu überreden, in eine psychiatrische Klinik zu gehen, aber ich weigerte mich. Mich überfiel blankes Entsetzen bei dem Gedanken, weggeschlossen zu werden, weit weg von meiner Familie zu sein, an Gruppentherapiesitzungen teilnehmen zu müssen und all die Demütigungen und Einbrüche in die Intimsphäre hinzunehmen, die in einer psychiatrischen Klinik gang und gäbe sind. Ich selbst arbeitete damals in einer geschlossenen Abteilung, und die Vorstellung, den Schlüssel nicht zu haben, behagte mir nicht. Am meisten fürchtete ich mich davor, meine Arbeit und Privilegien vorübergehend oder schlimmstenfalls sogar endgültig zu verlieren, falls bekannt würde, daß ich selbst in eine psychiatrische Klinik eingeliefert wurde. Also sträubte ich mich auch weiterhin gegen eine Einweisung auf freiwilliger Basis, und da das kalifornische Gesetz über die Zwangseinweisung mehr dem Wohl der Rechtsanwälte als dem der Patienten dienlich ist, hätte ich keine Schwierigkeiten gehabt, mich aus dieser mißlichen Lage zu befreien. Die Zwangseinlieferung wäre natürlich auch keine Garantie dafür gewesen, daß ich nicht doch versucht hätte, mich umzubringen – oder es sogar geschafft hätte. Psychiatrische Kliniken sind keine ungewöhnliche Umgebung für einen Selbstmord. (Nach dieser Erfahrung traf ich mit meinem Psychiater und meiner Familie eine Vereinbarung, daß sie, falls ich wieder derart schwere Depressionen bekommen sollte, meine Einwilligung hätten für eine Elektrokrampfbehandlung, die eine ausgezeichnete Behandlungsmethode für bestimmte Typen der manisch-depressiven Krankheit darstellt, sowie für die Einlieferung in eine Klinik.)

Zu diesem Zeitpunkt schien trotz exzellenter ärztlicher Betreuung überhaupt nichts mehr zu funktionieren, und ich wollte einfach nur noch sterben, um alles loszuwerden. Ich beschloß, Selbstmord zu begehen. Ich war kaltblütig entschlossen, meinen Plan oder meinen Geisteszustand durch nichts zu verraten, und das gelang mir auch. Die letzte Notiz, die sich mein Psychiater am Tag vor meinem Selbstmordversuch gemacht hatte, lautet: »*Schwer depressiv. Sehr ruhig.*«

In einem Anfall von Raserei riß ich die Badezimmerbeleuchtung aus der Wand und fühlte im gleichen Augenblick, wie ein mächtiger Schlag durch meinen Körper fuhr, ihn aber nicht wieder verließ. »Um Gottes willen«, rief er, als er hereinstürzte, und verstummte. Himmel, ich muß verrückt sein, ich kann es in seinen Augen lesen: eine schreckliche Mischung aus Besorgnis, Entsetzen, Verwirrung, Resignation und der Frage: »Warum ich?« »Bist du verletzt?« fragt er. Ich drehe meinen Kopf mit den suchend hin und her rasenden Augen in Richtung Spiegel und sehe, daß Blut an meinen Armen entlangläuft und in meinem schönen, erotischen Negligé versickert, das erst eine Stunde zuvor in eine ganz andere und wunderbare Leidenschaft verwickelt war. »Ich kann nichts dafür, ich kann nichts dafür!« skandiere ich innerlich, aber ich kann es nicht aussprechen; die Worte wollen nicht über meine Lippen, und die Gedanken jagen viel zu schnell dahin. Ich schlage meinen Kopf immer wieder gegen die Tür. Lieber Gott, mach, daß es aufhört, ich halte es nicht mehr aus, ich weiß, daß ich wieder wahnsinnig geworden bin. Er ist sehr besorgt, glaube ich, aber zehn Minuten später schreit auch er, und der wilde Blick in seinen Augen ist vom Wahnsinn angesteckt und zeugt von dem Einfluß des sich zwischen uns entladenden Adrenalins. »Ich kann dich doch so nicht allein lassen.« Aber ich werfe ihm ein paar wirklich häßliche Dinge an den Kopf und greife ihn dann direkter an, springe ihm an die Gurgel, und er läßt mich tatsächlich allein, bis aufs Blut gereizt und unfähig, meine innere Verwüstung und Trostlosigkeit zu sehen. Ich kann sie nicht mitteilen, und er kann sie nicht erkennen; ich kann keinen klaren Gedanken mehr fassen, ich kann diese mörderische Raserei nicht stoppen, meine großartigen Ideen von vor einer Stunde kommen mir lächerlich und pathetisch vor, mein Leben liegt in Trümmern, und – noch schlimmer – es ist als solches schädlich; mein Körper ist unbewohnbar. Er rast und ist in Tränen aufgelöst, voller Zerstörung und wilder Energie, die Amok läuft. Im Spiegel sehe ich eine Kreatur, die ich nicht kenne, mit der ich aber leben und meinen Geist teilen muß.

Ich verstehe, warum sich Jekyll umbrachte, bevor Hyde endgültig Besitz von ihm ergriffen hatte. Ohne Bedauern nahm ich eine massive Überdosis Lithium.

In Psychiaterkreisen ist von »erfolgreichem« Selbstmord die Rede, wenn man sich umgebracht hat. Das ist ein Erfolg, ohne den man leben kann. Ich kam zu dem Schluß, daß suizidale Depressionen, wie ich sie in unbeschreiblich schrecklichen anderthalb Jahren durchgemacht hatte, das Mittel Gottes sind, um manische Menschen auf ihrem Platz festzuhalten. Und es funktioniert. Depressionen sind wie eine Tag und Nacht andauernde Agonie. Es ist eine gnadenlose, unbarmherzige Qual, die keinen Hoffnungsschimmer läßt, keine Alternative zu dem elenden Dahinvegetieren und keine Flucht vor den kalten Unterströmungen der Gedanken und Gefühle erlaubt, die die rastlosen Nächte der Verzweiflung beherrschen. Indem man puritanische Begriffe wie »erfolgreich« oder »erfolglos« mit der entsetzlichen letzten Tat, dem Selbstmord, verbindet, setzt man voraus, daß jene, denen der Selbstmord »mißlingt«, nicht nur schwach sind, sondern auch inkompetent, unfähig, nicht einmal in der Lage, den eigenen Tod zu regeln. Selbstmord ist jedoch fast immer ein irrationaler Akt, und nur selten wird er von der Urteilskraft begleitet, die einem in besseren Tagen zur Verfügung stand. Der Selbstmord geschieht auch oft impulsiv und wird nicht unbedingt in der ursprünglich geplanten Weise ausgeführt.

Ich hatte zum Beispiel geglaubt, Vorkehrungen für alle Eventualitäten getroffen zu haben. Ich konnte die Qual nicht länger aushalten, konnte die langweilige, stumpfsinnige Person, zu der ich geworden war, nicht mehr ertragen, und ich fand, daß ich die Belastungen, die ich meiner Familie und meinen Freunden auferlegt hatte, nicht länger verantworten konnte. In einer perversen Folgerung kam ich zu dem Schluß, daß ich – wie der Pilot, der sich vor meinen Augen in den Tod gestürzt hatte, um das Leben anderer zu retten – das einzig Richtige für jene tat, die ich liebte; außerdem war es auch für mich das Vernünftigste. Ein Tier schläfert man ein, um ihm weit geringere Schmerzen zu ersparen, als ich sie hatte.

Schließlich kaufte ich einen Revolver, erzählte es aber – in einer kurzen Anwandlung von Vernunft – meinem Psychiater. Widerwillig entledigte ich mich der Waffe. Im Lauf der folgenden Monate begab ich mich mehrmals in den achten Stock des Treppenhauses der UCLA-Klinik und war einige Male kurz davor, mich hinunterzustürzen. Suizidale Depressionen sind meistens nicht irgendwie auffällig, sie neigen auch nicht zur Besonnenheit oder Rücksicht auf andere; aber irgendwie hielt mich der Gedanke an meine Familie, die meinen zerschmetterten Körper würde identifizieren müssen, letztlich von dieser Methode ab. Ich entschied mich für eine Lösung, die mir in ihrer Schlüssigkeit geradezu poetisch erschien. Lithium, das mir letztlich das Leben rettete, konnte damals mein Leid und Unglück nicht beenden. Also beschloß ich, eine massive Überdosis einzunehmen.

Um das Lithium nicht gleich wieder zu erbrechen, hatte ich mir in der Notaufnahme ein brechreizhemmendes Medikament verschreiben lassen. Dann wartete ich auf eine Lücke in der »Selbstmordbewachung«, die meine Freunde und meine Familie gemeinsam mit meinem Psychiater organisiert hatten. Als es soweit war, verbannte ich das Telefon aus meinem Schlafzimmer, so daß ich nicht versehentlich abhob – ich konnte nicht einfach den Hörer neben den Apparat legen, denn das hätte meine »Bewacher« auf den Plan gerufen; nach einem schrecklichen Anfall von Raserei nahm ich in aufgewühltem Zustand eine Handvoll Tabletten nach der anderen. Dann rollte ich mich in meinem Bett zusammen und wartete auf das Sterben. Ich hatte allerdings nicht daran gedacht, daß man mit einem von Tabletten benebelten Gehirn anders reagiert als mit einem wachen. Als das Telefon klingelte, muß ich instinktiv den Drang verspürt haben abzuheben. Also schleppte ich mich, schon halb im Koma, zum Telefon im Wohnzimmer. Meine verschwommene Stimme alarmierte meinen Bruder, der aus Paris anrief, um zu hören, wie es mir ging. Er verständigte sofort meinen Psychiater.

Das war keine angenehme Art, den Selbstmord zu vollführen. Lithium wird auch verwendet, um Kojoten davon abzuhalten, Schafe zu töten; oftmals reicht ein mit Lithium behandeltes totes Schaf aus, damit es dem Kojoten derart schlecht wird, daß er in Zukunft einen großen Bogen um jedes Schaf macht. Obwohl ich ein brechreizhemmendes Medikament eingenommen hatte, um das Lithium bei mir zu behalten, war mir übler als jedem Kojoten, als jedem Hund, so übel, wie ich es meinem schlimmsten Feind nicht wünschen würde. Außerdem fiel ich in den folgenden Tagen immer wieder ins Koma, was unter den gegebenen Umständen wahrscheinlich nicht das Schlechteste war. Lange vor meinem Selbstmordversuch und noch lange danach kümmerte sich ein Freund sehr fürsorglich um mich; er hat für mich den Begriff der Freundschaft neu definiert. Psychiater war er und ein warmherziger, schnurriger, humorvoller Mann. Sein Geist glich einem vollgestopften Dachboden. Er interessierte sich für verschiedene sonderbare Dinge – unter anderem für mich –, und er schrieb faszinierende Artikel über Themen wie Muskatnuß-Psychosen und die ganz persönlichen Gewohnheiten von Sherlock Holmes. Er war sehr treu und leistete mir Abend für Abend Gesellschaft; irgendwie hielt er meine cholerischen Anfälle aus. Mit seiner Zeit und seinem Geld ging er gleichermaßen großzügig um, und er glaubte ganz fest und unerschütterlich daran, daß ich meine Depressionen überwinden und schließlich wieder ganz gesund werden würde.

An manchen Abenden, nachdem ich ihn gebeten hatte, mich allein zu lassen, rief er mich später, um ein oder zwei Uhr nachts, noch einmal an, um sich zu erkundigen, wie es mir gehe. Er erkannte an meiner Stimme, in welcher Verfassung ich mich befand. Und trotz meiner Bitten, mich allein zu lassen, kam er zu mir. Oft tat er das unter einem Vorwand wie: »Ich kann nicht einschlafen. Du kannst einen alten Freund doch nicht zurückweisen, wenn er ein bißchen Gesellschaft braucht, oder?« Da ich genau wußte, daß er mich nur kontrollieren wollte, sagte ich in solchen Fällen: »Doch, das kann ich. Laß mich bitte allein, ich habe entsetzlich schlechte Laune.« Aber schon ein paar Minuten später rief er wieder an: »Bitte, bitte. Ich brauche wirklich ein bißchen Gesellschaft. Laß uns irgendwo ein Eis essen.« Also trafen wir uns zu den unchristlichsten Zeiten, und insgeheim war ich ihm unendlich dankbar. Er stellte es immer so an, daß ich nie das Gefühl hatte, ihm zur Last zu fallen. Es war ein seltenes Geschenk der Freundschaft.

Zufälligerweise machte er auch Wochenenddienst in der Notaufnahme. Nach meinem Selbstmordversuch arbeitete er gemeinsam mit meinem Psychiater einen Plan für meine Behandlung und Überwachung aus. Mein Freund behielt mich immer im Auge, nahm mir regelmäßig Blut zur Bestimmung des Lithium- und Elektrolytenspiegels ab und ging immer wieder mit mir spazieren, um mich aus meinem von Medikamenten umnebelten Zustand zu holen – so wie man einen kranken Hai durch das Becken treibt, damit das Wasser durch seine Kiemen strömt. Er war der einzige Mensch, dem es gelang, mich während meiner morbiden Augenblicke zum Lachen zu bringen. Wie mein Ehemann, von dem ich zwar getrennt lebte, den ich aber häufig sah, übte er eine besänftigende, beruhigende Wirkung auf mich aus, wenn ich wieder einmal sehr reizbar war, wenn mein Verhalten verstört oder verstörend wirkte. Er betreute mich während der schlimmsten Tage, die ich je erlebt habe, und neben meinem Psychiater und meiner Familie verdanke ich hauptsächlich ihm mein Leben.

Wie sehr ich meinem Psychiater zu Dank verpflichtet bin, läßt sich nicht in Worte fassen. Unzählige Male saß ich während dieser schlimmen Monate in seinem Sprechzimmer, und jedesmal dachte ich bei mir: Was in aller Welt kann er mir sagen, damit es mir besser geht oder damit ich am Leben bleibe? Natürlich konnte er mir nichts sagen, das ist ja das Komische. All die dummen, verzweifelt optimistischen, gönnerhaften Sprüche, die er mitnichten äußerte, hielten mich am Leben; all das Mitgefühl und die Wärme, die ich bei ihm spürte, das, was nicht hätte gesagt werden können; seine ganze Klugheit, die Kompetenz und die Zeit, die er darauf verwandte, und sein fester Glaube, daß mein Leben lebenswert war. Er war außerordentlich direkt, was außerordentlich wichtig war, und er war bereit, die Grenzen seines Verstandes und seiner Behandlung zuzugeben und, wenn er irrte, auch das einzugestehen. Es läßt sich schwer mit Worten ausdrücken, ist aber in vielerlei Hinsicht die Quintessenz des Ganzen: Er hat mir beigebracht, daß der Weg vom Selbstmord zum Leben kalt, kälter und noch kälter ist, aber daß ich ihn – mit eisernem Willen, der Hilfe Gottes und einem unvermeidlichen Wetterumschlag – zurücklegen könnte.

Auch meine Mutter hat mir sehr geholfen. Während meiner langen depressiven Phasen hat sie für mich gekocht, sich um meine Wäsche gekümmert und sich an meinen Medikamentenrechnungen beteiligt. Sie ertrug meine Reizbarkeit und meine düsteren Stimmungen, fuhr mich zu Ärzten und Apotheken und ging mit mir einkaufen. Wie eine liebevolle Katzenmutter, die ein umherstreunendes Katzenjunges im Nackenfell packt und aufhebt, so hat sie ständig ihr mütterliches Augenmerk auf mich gerichtet, und wenn ich mich zu weit entfernte, holte sie mich – geographisch und emotional – zurück in einen geschützten Raum, in dem ich Geborgenheit, Nahrung und Sicherheit fand. Ihre große Kraft drang langsam bis in mein leeres, ausgepumptes Inneres. Zusammen mit den Medikamenten für mein

Gehirn und der großartigen Psychotherapie für meine Seele half sie mir durch die kaum erträglichen Tage. Ohne sie hätte ich niemals überleben können. Zu manchen Zeiten mußte ich mich furchtbar anstrengen, eine Vorlesung zusammenzustellen, und ohne zu wissen, ob sie einen Sinn ergab oder nicht, hielt ich sie mit der dröhnenden, furchtbaren Konfusion im Kopf, die sich als mein Verstand ausgab. Und das einzige, was mich aufrechterhielt, war häufig die mir von meiner Mutter Jahre zuvor eingeprägte Überzeugung, daß Wille, Mut und Verantwortungsgefühl letztlich das sind, was uns zu wirklichen Menschen macht. In jedem der schrecklichen Stürme, die über mich hinwegbrausten, gab mir meine Mutter mit ihrer Liebe und ihrem starken Sinn für Werte die Kraft zum Widerstand.

Das, was wir in unserem Leben mitbekommen, ist oft sehr komplex und entzieht sich unserem Verständnis. Es kam mir vor, als hätte mein Vater mir mittels Temperament ein unvorstellbar wildes, unbeugsames, dunkles Pferd vermacht. Es war ein Pferd ohne Namen, ein Pferd, das keine Zügel kannte. Meine Mutter lehrte mich, es zu zähmen; sie gab mir die Disziplin und die Liebe, die ich brauchte, um es bezwingen zu können. Und sie hatte erkannt – ebenso intuitiv, wie Alexander der Große Bukephalas verstand – und überzeugte mich davon, daß man dieses wilde Tier in Richtung Sonne lenken mußte.

Sowohl meine Manien als auch meine Depressionen hatten gewalttätige Seiten. Gewalt ist ein Thema, über das man nicht gern spricht – besonders nicht als Frau. Ein Mensch, der total die Kontrolle verliert – der handgreiflich wird, sich in Anfällen von Wahnsinn die Lunge aus dem Leib schreit, der ohne Ziel und Grenzen wie von Furien gehetzt davonrennt oder plötzlich aus fahrenden Autos zu springen versucht –, versetzt seine Umgebung in Angst und Schrecken und erschrickt auch vor sich selbst. Bei den Anfällen hemmungsloser Manie habe ich alle diese Dinge getan und manche sogar mehrmals. Mir ist schmerzlich bewußt, wie schwer es für einen Betroffenen ist, solches Verhalten zu kontrollieren oder zu begreifen, geschweige denn, es anderen verständlich zu machen. Ich habe während meiner psychotischen Attacken, der finsteren, rasenden Manien, Gegenstände zerstört, an denen ich hing, und Menschen, die ich liebte, in äußerste Bedrängnis gebracht, um mit der Erkenntnis weiterzuleben, daß ich mich von dieser Schande wohl nie wieder erholen würde. Ich wurde mit brutaler Gewalt gebändigt, zu Boden gezwungen und auf den Bauch gewälzt, man band mir die Hände auf dem Rücken zusammen und behandelte mich gegen meinen Willen mit schweren Medikamenten.

Ich weiß nicht, wie ich den Gedanken verwinden konnte, Dinge getan zu haben, die derartige Maßnahmen erforderten; ebensowenig begreife ich, wie und warum meine Beziehungen zu Freunden und Partnern diese Anfälle von Raserei überdauern konnten. Die Nachwirkungen solcher Gewaltausbrüche sind, ebenso wie die Nachwehen eines Selbstmordversuches, für alle Beteiligten zutiefst deprimierend. Und wie ein Selbstmordversuch zwingt einen auch das Wissen, daß man derart gewalttätig war, dazu, die gegensätzlichen Vorstellungen, die man von sich selbst hat, in Einklang zu bringen. Nach meinem Selbstmordversuch mußte ich das Bild der begeisterungsfähigen, hoffnungsvollen, dynamischen, lebensfrohen jungen Frau zusammenbringen mit dem Bild der niedergeschlagenen, mißmutigen, gequälten Person, die sich nichts sehnlicher wünschte als den Tod und zu einer Überdosis Lithium griff, um zu sterben. Nach jedem meiner gewalttätigen Ausfälle mußte ich versuchen, mein Selbstverständnis als rationaler, besonnener, äußerst disziplinierter und doch auch einfühlsamer Mensch mit einer rasenden, geisteskranken und ausfallenden Frau ohne jede Beherrschung und Vernunft zur Deckung zu bringen.

Diese Diskrepanzen zwischen dem, was man ist, was man aufgrund seiner Erziehung für das richtige Verhalten ansieht, und dem, was während der furchtbaren manischen Phasen tatsächlich passiert, können einen unbeschreiblich verunsichern – und ganz besonders, so glaube ich, eine Frau, die in einer sehr konservativen, traditionsbewußten Welt aufgewachsen ist. Dergleichen ist sehr weit weg von dem Charme und der Sanftheit meiner Mutter und liegt meilenweit entfernt von den Tanzstunden, von Taft und Seide, von eleganten weißen Handschuhen, die bis über die Ellenbogen reichen, als man keine anderen Sorgen hatte als richtig sitzende Strumpfnähte, wenn man zu den Sonntagabend-Diners den Officers' Club betrat.

Die prägenden Jahre meines Lebens habe ich in einer stromlinienförmigen Welt zugebracht, als man mir beibrachte, Rücksicht auf andere zu nehmen, umsichtig zu sein und in allem, was ich tat, Maß zu halten. Mit der ganzen Familie besuchten wir sonntags den Gottesdienst, und alle Antworten, die ich Erwachsenen gab, endeten mit einem höflichen »Ma'am« oder »Sir«. Die von meinen Eltern geförderte Eigenständigkeit war rein intellektueller Natur und bedeutete keineswegs soziale Unangepaßtheit. Und plötzlich war ich zu einem unberechenbaren, zu einem unkontrollierbar irrationalen und zerstörerischen Menschen geworden. Mein Verhalten unterwarf sich keinem Protokoll und keiner Etikette. Nirgends war Gott sichtbar. Die traditionellen Tanzstunden mit ihren obligaten Überraschungen und Ereignissen waren die denkbar schlechteste Vorbereitung auf den Wahnsinn. Raserei und Gewalt sind so entsetzlich fern, so unvereinbar mit einer zivilisierten, berechenbaren Welt.

Soweit ich mich erinnern kann, habe ich immer zu starken, überschwenglichen Gefühlen geneigt und geliebt und gelebt mit dem, was Delmore Schwartz »die Kehle der Begeisterung« nannte. Aber die Kehrseite der Begeisterung war immer die ausgeprägte Erregbarkeit. Die euphorischen Stimmungen waren zumindest am Anfang nicht immer negativ: Ganz abgesehen von den romantischen Turbulenzen, die sie in mein Privatleben brachten, haben sie auch meine berufliche Laufbahn jahrelang positiv beeinflußt. Ganz sicher haben sie mein Schreiben, meine Forschung und mein Engagement für verschiedene Anliegen beflügelt. Sie stachelten mich an, etwas zu bewegen. Sie weckten meine Ungeduld mit dem Status quo des Lebens und ermunterten mich, unermüdlich für Veränderungen zu kämpfen. Aber immer, wenn Ungeduld, Energie und Rastlosigkeit zu sehr in Richtung Zorn gingen, regte sich in mir ein gewisses Unbehagen. Diese Richtung schien mir nicht mit dem Bild der sanften, wohlerzogenen jungen Frau vereinbar, die dazu erzogen wurde, jemanden zu bewundern.

Depressionen passen sehr viel besser zu den Attributen, die die Gesellschaft den Frauen zuschreibt: passiv, empfindsam, niedergeschlagen, hilflos leidend, abhängig, verwirrt, ziemlich langweilig und ohne große Ambitionen. Manische Zustände scheinen dagegen eher männlichen Ursprungs zu sein, denn sie sind häufig identisch mit Rastlosigkeit, Leidenschaft, Aggressivität, Sprunghaftigkeit, Energie, Risikofreude, Großspurigkeit, Hang zu Visionen und Unduldsamkeit gegenüber dem Status quo. Zorn oder Reizbarkeit wird unter solchen Umständen bei Männern eher toleriert und verstanden. Ihrer Reizbarkeit wird ein größerer Spielraum zugestanden. Journalisten und Schriftsteller neigen verständlicherweise viel eher dazu, sich auf das Thema Frauen und Depression zu konzentrieren, als auf Frauen und Manie. Und das ist nicht verwunderlich, denn Depressionen treten doppelt so häufig bei Frauen wie bei Männern auf. Manisch-depressive Störungen dagegen sind bei Frauen in gleichem Maße wie bei Männern zu beobachten, und auch Manien sind bei Frauen nicht selten. Allerdings werden sie häufig nicht richtig diagnostiziert, und ihre psychiatrische Behandlung – wenn sie überhaupt stattfindet – läßt oft sehr zu wünschen übrig. Diese Frauen sind stark selbstmordgefährdet, bei ihnen besteht die Gefahr der Alkoholabhängigkeit, Drogensucht und Gewalttätigkeit. Aber Frauen, die unter manisch-depressiven Störungen leiden, legen ebenso wie betroffene Männer große Energie, Feuer, Begeisterungsfähigkeit und Phantasie an den Tag.

Manisch-depressive Störungen sind eine Krankheit, die sowohl tötet als auch Leben gibt. Es liegt in der Natur des Feuers, daß es erschafft und zerstört. »Die Kraft, die durch die grüne Verschmelzung die Blume hervorbringt«, schrieb Dylan Thomas, »bringt mein grünes Alter hervor; jene, die die Wurzeln der Bäume vernichtet/Ist mein Zerstörer.« Die Manie ist eine sonderbare treibende Kraft, eine Zerstörerin und ein Feuer im Blut.

Glücklicherweise bietet die Tatsache, Feuer im Blut zu haben, in der Welt der wissenschaftlichen Medizin auch Vorteile, besonders dann, wenn man eine Professur anstrebt.

DIE PROFESSUR

Die Bewerbung um eine Professur an Eliteuniversitäten gleicht einer Hetzjagd, ist sie doch eine von hartem Konkurrenzkampf bestimmte, ehrgeizige, aufregende, schnelle, ziemlich brutale und sehr männliche Angelegenheit. Und das gilt in ganz besonderem Maß für eine Professur an einer medizinischen Fakultät, wo die Verpflichtungen im Klinikbereich die übliche Forschung und Lehre überlagern. Alles in allem war die Tatsache, eine Frau zu sein, kein Medizinstudium vorweisen zu können und unter manisch-depressiven Störungen zu leiden, nicht gerade ein idealer Ausgangspunkt für den altbekannt schwierigen Weg zu einer Professur.

Eine Professur zu erlangen, war für mich nicht nur eine Frage der akademischen und finanziellen Absicherung. Ich hatte, wenige Monate nachdem ich meine Stelle als Lehrbeauftragte angetreten hatte, meine erste Phase psychotischer Manie erlebt. In den Jahren bis zur Professur, das heißt in der Zeit zwischen 1974 und 1981, hatte ich also nicht nur die üblichen Schwierigkeiten, die mit den Rivalitäten in der dynamischen, aggressiven Welt der universitären Medizin verbunden waren. Diese Jahre waren für mich hauptsächlich von dem Kampf geprägt, nicht wahnsinnig zu werden, am Leben zu bleiben und mich mit meiner Krankheit abzufinden. Im Laufe der Zeit wuchs meine Entschlossenheit, etwas Gutes aus all den Qualen zu ziehen, meine Krankheit in irgendeiner Weise positiv zu nutzen. Die Professur wurde für mich zu einer Erfahrung meiner Möglichkeiten sowie der Veränderung; sie symbolisierte die Stabilität, die ich so dringend brauchte, und die angestrebte endgültige Anerkennung, daß ich in der normalen Welt gekämpft und überlebt hatte.

Nachdem man mir für meine ersten Lehrverpflichtungen und die klinische Arbeit die geschlossene Erwachsenenabteilung zugeteilt hatte, überfiel mich bald eine gewisse Unruhe; ich fand es immer schwieriger, mit unbewegter Miene die Ergebnisse der psychologischen Tests meiner Patienten zu interpretieren. Während ich in den Rorschach-Interpretationen der Patienten einen Sinn suchte, fühlte ich mich oft so, als läse ich in Tarotkarten oder deutete die Konstellationen bestimmter Planeten. Das war es jedenfalls nicht, wofür ich meinen Doktortitel bekommen hatte. Und langsam verstand ich die Zeilen von Bob Dylan: »Twenty years of schoolin' und they put you on the day shift.« Nur daß es bei mir dreiundzwanzig Lehrjahre gewesen waren und ich immer noch dauernd Nachtdienst hatte. In meinen ersten Jahren an der Fakultät waren meine intellektuellen Interessen breit und merkwürdig gestreut. Unter anderem initiierte ich ein Forschungsprojekt über Schliefer, Elefanten und Gewalt (ein Überbleibsel der Gartenparty des Dekans), brachte die Untersuchungen über LSD, Marihuana und Opiate, die ich in meinen ersten Semestern begonnen hatte, auf den neuesten Stand, plante eine Studie zur Erforschung der wirtschaftlichen Auswirkungen der Dammbautätigkeit der Biber, die ich gemeinsam mit meinem Bruder durchführen wollte, leitete eine Forschungsreihe zum Thema Schmerz und eine Untersuchung über das Phantombrust-Syndrom in der Abteilung für Anästhesiologie, arbeitete als Koautorin an einem einführenden Lehrbuch zur Psychopathologie, wirkte an einer Untersuchung über die Wirkung von Marihuana auf Übelkeit und Erbrechen während der Chemotherapie von Krebspatienten mit und suchte nach einem legitimen Grund, um am Zoo von Los Angeles Studien zum Tierverhalten durchzuführen. Das war alles zuviel und zu diffus.

Schließlich zwangen mich meine persönlichen Interessen dazu, genau zu prüfen, was ich tat und warum. Nach und nach lenkte ich mein Hauptaugenmerk auf die Erforschung und Behandlung von affektiven Störungen.

Spezieller interessierte ich mich hauptsächlich für die manisch-depressive Krankheit, was sicher nicht überraschend ist. Und ich war fest entschlossen, das Verständnis und die Behandlung dieser Krankheit zu verändern. Gemeinsam mit zwei Kollegen, die bereits über beträchtliche klinische Erfahrungen im Bereich der affektiven Störungen verfügten und wissenschaftlich darüber gearbeitet hatten, wollte ich an der UCLA eine Ambulanz für Patienten mit affektiven Störungen einrichten, die sich auf die Diagnose und Behandlung von Depressionen und manisch-depressiven Störungen konzentrieren sollte. Vom Krankenhaus erhielten wir ein ausreichendes Startkapital, das es uns ermöglichte, eine Krankenschwester einzustellen und Aktenschränke zu kaufen. Der ärztliche Direktor und ich verbrachten einige Wochen mit der Entwicklung und Ausarbeitung von Diagnose- und Forschungskriterien; dann stellten wir ein Programm zusammen, das als turnusmäßige Kliniktätigkeit beziehungsweise als Praktikum für Assistenzärzte und Doktoranden der klinischen Psychologie gedacht war. Die Tatsache, daß ich als Nicht-Medizinerin die Leitung einer medizinischen Klinik übernommen hatte, stieß zwar auf einigen Widerstand, aber der größte Teil des medizinischen Personals – insbesondere der ärztliche Direktor, der Leiter der psychiatrischen Abteilung und der Personalrat des Instituts für Neuropsychiatrie – stand hinter mir.

Innerhalb von nur wenigen Jahren wurde die UCLA Affective Disorders Clinic eine große Lehr- und Forschungseinrichtung. Wir begutachteten und behandelten Tausende von Patienten mit affektiven Störungen, führten zahlreiche wissenschaftliche Untersuchungen in Psychologie und Medizin durch und unterrichteten Praktikanten der klinischen Psychologie und Assistenzärzte der Psychiatrie in der Diagnosestellung und Behandlung von Patienten mit affektiven Störungen. Die Klinik wurde eine beliebte Ausbildungsstätte. Es ging dort immer sehr turbulent zu; Notfälle und Krisen bestimmten – wie bei den Krankheiten, die wir behandelten – den Tagesablauf; aber die Atmosphäre war herzlich, es wurde hier auch gern und viel gelacht. Der ärztliche Direktor und ich spornten nicht nur zu gründlicher, harter Arbeit an, sondern auch zu gemeinsamen Feiern nach Dienstschluß. Der Streß, der mit der Behandlung selbstmordgefährdeter, seelisch gestörter und potentiell gewalttätiger Patienten einhergeht, war für uns alle beträchtlich, aber wir versuchten, die Praktikanten und Assistenzärzte durch ein Höchstmaß an Supervision so gut wie irgend möglich in ihrer klinischen Verantwortung zu unterstützen. Und wenn sich doch eine der relativ seltenen Katastrophen ereignete, trafen wir uns wiederholt in kleinen und größeren Gruppen, um das Unglück gemeinsam zu beleuchten und nicht nur den verstörten Hinterbliebenen, sondern auch denen, die zum Zeitpunkt des Geschehens die klinische Verantwortung trugen, beizustehen. Einmal wehrte sich beispielsweise ein junger Rechtsanwalt mit Händen und Füßen gegen die Einweisung, um sich wenig später eine Kugel durch den Kopf zu jagen. In diesem besonderen Fall hatte die junge Ärztin alles getan, was unter den gegebenen Umständen geboten war, aber trotzdem hat die Nachricht vom Selbstmord ihres Patienten sie verständlicherweise furchtbar mitgenommen. Ironischerweise sind es meistens die fähigsten und gewissenhaftesten Ärzte, die sich Vorwürfe machen und sich am schwersten mit derartigen Geschehnissen abfinden können.

Wir hielten den kombinierten Einsatz von Medikamenten und Psychotherapie für wirkungsvoller als die ausschließlich medikamentöse Behandlung und legten großen Wert darauf, unsere Patienten und ihre Familienangehörigen über die Krankheiten und die Therapie aufzuklären. Meine eigene Erfahrung als Betroffene hatte mir bewußt gemacht, daß die Psychotherapie einem wesentlich dabei helfen kann, in all dem Schmerz einen gewissen Sinn zu erkennen, daß sie einen so lange am Leben hält, bis man eine Chance hat, sich wieder besser zu fühlen, und daß sie schließlich dazu beitragen kann, den Konflikt zwischen der Abneigung gegen die Medikamente und den schrecklichen Konsequenzen der Verweigerung zu lösen. Neben den Grundlagen der Differentialdiagnose, der Psychopharmakalogie und einigen anderen Aspekten der stationären Behandlung der affektiven Störungen ging es zum großen Teil in Lehre, Forschung und klinischer Praxis um einige wenige zentrale Themen: die Gründe für die Weigerung vieler Patienten, Lithium oder andere Medikamente zu nehmen, die klinischen Zustände, die am ehesten zum Selbstmord führen, und die besten Vermeidungsstrategien, die Rolle der Psychotherapie in der langfristigen Behandlung von Depressionen und manisch-depressiven Störungen sowie die positiven Aspekte der Krankheit, die in den abgeschwächten Formen manischer Zustände zutage treten können: gesteigerte Energie und erweitertes Bewußtsein, größere Flexibilität und Originalität im Denken, bessere Stimmungen, Begeisterungsfähigkeit, erhöhtes sexuelles Verlangen, erweiterter Horizont und höher gesteckte Ziele. Ich versuchte die Ärzte davon zu überzeugen, daß diese Krankheit nicht nur Nachteile, sondern auch Vorteile mit sich bringe und daß die berauschenden Erlebnisse bei vielen Patienten eine Art Sucht hervorriefen, von der sie sich oft nur schwer lösen könnten.

Wir empfahlen den Praktikanten und Assistenzärzten, Patientenberichte und Beschreibungen von Autoren, die selbst von affektiven Störungen betroffen waren, zu lesen, um sich eine Vorstellung von den Erfahrungen der Erkrankten machen zu können. In der Vorweihnachtszeit begann ich, in der Klinik Vorlesungen zu halten, welche die Musik von Komponisten zum Gegenstand hatten, die selbst unter schweren Depressionen oder manisch-depressiven Störungen litten. Diese informellen Vorträge gaben den Anstoß zu einem Konzert, das ich im Jahr 1985 gemeinsam mit einem Freund, Musikprofessor an der UCLA, und den Los Angeles Philharmonikern auf die Beine stellte. Dieses Konzert sollte das öffentliche Interesse für Geisteskrankheiten, insbesondere für die manisch-depressive Krankheit, wecken; und so schlugen wir dem Direktor der Philharmonie ein Programm vor, das aus Stücken von Komponisten bestehen sollte, die unter dieser Erkrankung gelitten hatten, wie zum Beispiel Robert Schumann, Hector Berlioz und Hugo Wolf. Die Philharmoniker waren sehr angetan von dieser Idee, und sie zeigten sich kooperativ und großzügig bei der Aushandlung der Gagen. Unglücklicherweise gab die University of California, wenige Tage nachdem ich den Vertrag unterzeichnet hatte, bekannt, daß es einzelnen Mitgliedern der Fakultät nicht möglich sei, Mittel aus privaten Spenden zu beantragen. Also blieb ich auf einer Verpflichtung von fünfundzwanzigtausend Dollar sitzen, was, wie ein Freund bemerkte, für Konzertkarten eine ganz gehörige Summe darstellte. Aber das Konzert füllte die große

Royal Hall der UCLA und wurde ein voller Erfolg. Außerdem war es der Beginn einer Reihe von Konzerten, die im ganzen Land stattfanden, darunter eines des National Symphony Orchestra im John F. Kennedy Center for the Performing Arts in Washington D. C. Darüber hinaus bildete dieses erste große Konzert die Basis für die Produktion einer Reihe von Fernseh-Specials rund um das Thema manisch-depressive Krankheit und Kunst.

Ich hatte Glück, daß ich beim Aufbau und Betrieb der Klinik mit der Unterstützung des Dekans der Fakultät rechnen konnte. Er unterstützte mich als Leiterin der medizinischen Klinik trotz der Tatsache, daß ich keine Medizinerin war, und obwohl er wußte, daß ich selbst unter manisch-depressiven Störungen litt. Anstatt meine Krankheit als Grund zu nehmen, meine klinischen und Lehrverpflichtungen zu beschneiden, ermutigte er mich – nachdem er sich vergewissert hatte, daß ich selbst in psychiatrischer Behandlung war und der ärztliche Direktor der Klinik über meinen Zustand Bescheid wußte –, meine Krankheit positiv zu nutzen und bessere Behandlungsmethoden zu entwickeln sowie daran mitzuwirken, das Bild der Erkrankung in der Öffentlichkeit zu verändern. Obwohl er nie darüber gesprochen hat, vermute ich, daß er meine Krankheit seit meiner ersten schweren psychotischen Manie kannte; mein Stationsarzt war informiert, und ich nehme an, daß die Neuigkeit schnell die Runde machte. Der Dekan betrachtete meinen Zustand als rein medizinische Angelegenheit. Erstmals sprach er das Thema nach einer Sitzung an; er kam auf mich zu, legte mir den Arm um die Schulter und sagte: »Ich habe gehört, daß Sie selbst Probleme mit ihrem seelischen Gleichgewicht haben, und das tut mir sehr leid. Nehmen Sie in jedem Fall immer Ihr Lithium.« Nach diesem Gespräch erkundigte er sich von Zeit zu Zeit nach meinem Befinden und fragte, ob ich auch noch meine Medikamente nähme. Er war ein offener, entschlossener, zupackender Mann, der nie auf die Idee gekommen wäre, mir vorzuschlagen, meine Arbeit eine Zeitlang ruhen zu lassen oder zu reduzieren.

Ich hatte allerdings große Probleme, mit anderen über meine Krankheit zu sprechen. Mein erster psychotischer Anfall ereignete sich, lange bevor ich vom California Board of Medical Examiners meine Zulassung erhielt. In dem Zeitraum zwischen dem Beginn meiner Lithiumeinnahme und meinen schriftlichen und mündlichen Prüfungen vor dem Board beobachtete ich, daß vielen Medizin- und Psychologiestudenten sowie Assistenzärzten, die unter psychischen Krankheiten litten, die Erlaubnis, ihr Studium fortzuführen, verweigert wurde. Heute passiert das sehr viel seltener – in den meisten Fällen werden die betroffenen Studenten ermutigt, sich in Behandlung zu begeben und anschließend, wenn irgend möglich, ihre klinische Arbeit fortzusetzen –, aber meine frühen Jahre an der Fakultät der UCLA wurden von der Angst überschattet, meine Krankheit könnte entdeckt werden und ich würde bei der einen oder anderen Klinik beziehungsweise Zulassungsbehörde einbestellt und müßte sowohl meine klinische Arbeit als auch meine Lehrtätigkeit aufgeben.

Auf meinem Leben lastete in vielerlei Hinsicht ein großer Druck, aber meistens genoß ich es trotzdem. Die wissenschaftliche Medizin ermöglicht einen interessanten und abwechslungsreichen Lebensstil mit vielen Reisen und strahlenden, quietschvergnügten Kollegen, die in der Regel erst unter der dreifachen Belastung ihrer klinischen Arbeit, der Veröffentlichung von Artikeln und der Lehrtätigkeit so richtig aufblühen. Zu diesem Streß kamen bei mir zusätzlich noch die Stimmungsschwankungen, unter denen ich – wenn auch in abgeschwächter Form – trotz der Lithiumbehandlung litt. Es dauerte einige Jahre, bis sie schließlich ganz verschwanden. Wenn es mir gutging, schrieb ich, dachte nach, kümmerte mich um meine Patienten und lehrte. Wenn ich aber krank war, wurde mir alles zuviel. Manchmal befestigte ich tage- oder gar wochenlang an meiner Sprechzimmertür ein Schild mit der Aufschrift »Bitte nicht stören«, starrte gedankenverloren aus dem Fenster, schlief, dachte über Selbstmord nach oder beobachtete mein Meerschweinchen – eine Erinnerung an einen meiner manischen Kaufräusche –, das wie wild in seinem Käfig umherjagte. Während dieser Perioden konnte ich mir nicht vorstellen, jemals wieder etwas zu schreiben, und ich war nicht in der Lage, auch nur einen der Fachzeitschriftenartikel zu verstehen, die ich zu lesen versuchte. Die Betreuung der Assistenzärzte und meine Lehrtätigkeit wurden zur Tortur.

Doch es war ein ständiges Auf und Ab: Wenn ich unter Depressionen litt, fiel mir nichts ein, und ich brachte nichts zustande. In manischen Phasen hingegen, oder in abgeschwächten, schrieb ich an einem Tag einen Artikel; die Ideen flogen mir nur so zu; ich entwarf neue Untersuchungen, arbeitete meine Patientenkartei und meine Korrespondenz auf und trug bergeweise Papierkram, der die Arbeit einer Klinikleiterin ausmachte, von meinem Schreibtisch ab. Wie immer in meinem Leben wurde das Schreckliche durch das Schöne ausgelöst und das Schöne wiederum durch das Schreckliche aufgehoben. Es war ein verwickeltes, aber intensives Leben: wunderbar, gespenstisch, entsetzlich, unbeschreiblich schwierig, phantastisch und unerwartet einfach, kompliziert, lustig und ein Alptraum ohne Erwachen.

Meine Freunde waren glücklicherweise auch eher unkonventionell – oder bemerkenswert tolerant gegenüber dem Chaos, das sich im Zentrum meiner emotionalen Existenz befand. Ich verbrachte während meiner Anwartschaft auf die Professur viel Zeit mit ihnen. Außerdem reiste ich viel, sowohl beruflich als auch privat, und spielte mit Freunden und Kollegen Squash. Sport war allerdings nur bis zu dem Punkt möglich, an dem das Lithium meine Koordinationsfähigkeit lahmlegte. Das galt nicht nur für Squash, sondern insbesondere auch für das Reiten. Schließlich mußte ich sogar mehrere Jahre lang auf das Reiten verzichten, weil ich zu oft vom Pferd gefallen war. Im Rückblick denke ich, daß das alles vielleicht gar nicht so schlimm war, aber jedesmal, wenn ich wieder einen Sport an den Nagel hängen mußte, gab ich nicht nur den Spaß auf, den mir dieser Sport bereitete, sondern auch den Teil meiner selbst, den ich als Sportlerin erfahren hatte. Manisch-depressive Störungen zwingen den Betroffenen, sich mit vielen Aspekten des Älterwerdens auseinanderzusetzen – mit den körperlichen wie mit den geistigen Verschleißerscheinungen des Alters, und zwar viele Jahrzehnte vor der eigentlichen Zeit.

Das Leben auf der Überholspur, die Jagd nach der Professur und der Anerkennung, ging in atemberaubendem Tempo weiter. In manischen Phasen kam mir die Geschwindigkeit geradezu langsam vor. Wenn es mir gutging, war das Tempo gerade richtig, und wenn ich unter Depressionen litt, hatte ich keine Chance, Schritt zu halten. Außer meinem Psychiater hatte ich niemanden, mit dem ich über das ganze Ausmaß meiner Probleme sprechen konnte. Vielleicht gab es jemanden, aber ich machte nie den Versuch, ihn zu finden. In der Erwachsenenpsychiatrie waren nur sehr wenig Frauen tätig; wenn es in der Psychiatrie überhaupt welche gab, dann drängten sie sich in der Kinderpsychiatrie. Obwohl sich die meisten meiner Kollegen mir gegenüber fair verhielten und mich viele sogar außergewöhnlich unterstützten, gab es doch einige Männer, deren Ansichten über Frauen man mit eigenen Ohren gehört haben mußte, um so etwas zu glauben.

Die Auster gehörte zu dieser Spezies von Männern. Sein glitschiges, glibberiges Wesen hatte ihm diesen Spitznamen eingebracht. Er war Professor – ein herablassender, selbstgefälliger Typ, der über die intellektuelle und emotionale Komplexität der kleinen Molluske verfügte, der er seinen Spitznamen verdankte. Mit Frauen assoziierte er nur Begriffe wie Brüste, aber nicht Verstand, und es schien ihn immer zu irritieren, daß die meisten Frauen beides besaßen. Frauen, die sich in Medizinhörsälen herumtrieben, mußten seiner Meinung nach einen Defekt haben, und ich schien ihm ein besonderer Dorn im Auge zu sein, weil es mir nicht im Traum einfiel, ihm die von ihm erwartete Ehrerbietung zu erweisen. Wir saßen beide im »Appointments and Promotions Committee« der Fachabteilung, wo ich unter den achtzehn Mitgliedern die einzige Frau war. Wenn er sich herabließ, an einem Treffen teilzunehmen – was selten der Fall war, denn die Auster stand in dem Ruf, möglichst viel Geld mit möglichst geringem Zeitaufwand zu verdienen –, versuchte ich, den Platz direkt ihm gegenüber zu ergattern, um Zeugin seiner mißlungenen Versuche zu werden, sich mir gegenüber höflich zu benehmen.

Ich hatte immer den Eindruck, daß er mich als eine Art Mutantin betrachtete, aber weil ich letztlich doch nicht so abgrundtief häßlich war, glaubte er, daß ich doch noch die Chance hatte, durch eine Ehe gerettet zu werden. Einmal dankte ich ihm für seine Bemühungen, in unserer Fachabteilung mehr Frauen einzustellen. Sein Mangel an kleinen grauen Zellen harmonierte perfekt mit seinem Mangel an Humor, und da er natürlich niemals derartige Bemühungen unternommen hatte, schielte er zunächst mißtrauisch in meine Richtung, um mir dann ein verblüfftes, irritiertes Lächeln zukommen zu lassen. Das alles wäre vielleicht noch ganz erträglich gewesen, wenn er in der Fachabteilung tatsächlich nicht soviel zu sagen gehabt hätte – und er nahm es sich heraus, seine Meinung über Frauen ständig aufs neue zu beweisen. Seine sexuellen Anzüglichkeiten waren unglaublich beleidigend, und die herablassende, gönnerhafte Art, mit der er mich und andere Praktikantinnen und Assistenzärztinnen behandelte, konnte einen zur Weißglut bringen. Er war in vielerlei Hinsicht eine Karikatur seiner selbst, aber er ließ keinen Zweifel daran, daß Frauen, die in seiner Abteilung arbeiteten, von vornherein mehr als das Übliche leisten mußten, um ans Ziel zu kommen. Doch glücklicherweise ist die Professur von vielen unterschiedlichen Faktoren abhängig, und die beiden Universitäten, die ich am besten kenne – die University of California und die Johns Hopkins – verfügen meiner Ansicht nach über ein bemerkenswert gerechtes System. Allerdings machen einem Typen wie die Auster die Sache nicht gerade leichter.

Nachdem ich mich also durch das Labyrinth manövriert hatte, das schließlich zur Professur führte, bekam ich den Brief vom Aufsichtskomitee, in dem man mir meinen »Aufstieg« auf die nächste Stufe des »akademischen Irrgartens« mitteilte. Ich feierte wochenlang. Eine enge Freundin veranstaltete mir zu Ehren eine Dinner Party mit etwa dreißig Gästen. Es war ein herrlicher kalifornischer Abend, und die Terrasse in ihrem Garten war mit Blumen und Kerzen geschmückt – es hätte nicht schöner sein können. Meine Familie sorgte für den Champagner, und die wunderschönen Champagnergläser, aus denen wir tranken, waren gleichzeitig ihr Geschenk an mich. Ich genoß die Party in vollen Zügen. Meine Familie und meine Freunde wußten mehr als alle anderen, daß dieses Fest zugleich den bestandenen jahrelangen Kampf gegen eine schwere Geisteskrankheit und die höchste Auszeichnung in der akademischen Laufbahn feierte.

Die Professur wurde mir jedoch erst in dem Augenblick endgültig bewußt, als einer meiner Kollegen, ein Mitglied des ausschließlich aus Männern bestehenden Bohemian Club, mit einer Flasche Wein seines Clubs vor meiner Tür stand. »Glückwunsch, Frau Professor«, bemerkte er, während er mir die Flasche überreichte. »Willkommen im Männerclub.«

Teil III

Die Liebe – eine Medizin

*EIN OFFIZIER UND EIN
GENTLEMAN*

Eine Zeitlang glaubte ich ernsthaft, daß jedem Menschen in seinem Leben nur ein bestimmtes Maß an Leid und Schmerz auferlegt werde. Und da meine Krankheit mich in soviel Elend und Unsicherheit gestürzt hatte, nahm ich an, daß das Leben mich zum Ausgleich in anderer Hinsicht freundlicher behandeln würde. Aber damals hatte ich auch geglaubt, ich könnte durch Sternenfelder fliegen und die Ringe des Saturn an mir vorübergleiten lassen. Möglicherweise ließ mein Urteilsvermögen damals etwas zu wünschen übrig. Der zwar häufig verrückte, aber selten einfältige Robert Lowell wußte, daß nicht jeder Weg schnurstracks zum Glück führt: Wenn wir ein Licht am Ende des Tunnels sehen, so sagte er, dann sind es die Scheinwerfer eines entgegenkommenden Zugs.

Für eine Weile gewann ich – dank des Lithiums, der vergehenden Zeit und der Liebe eines großen, gutaussehenden Engländers – einen Eindruck von dem, was ich für das Licht am Ende des Tunnels hielt, und ich spürte, wenn auch kaum greifbar, so etwas wie eine Rückkehr zu einer Existenz in Wärme und Geborgenheit. Ich habe erfahren, auf welch wunderbare Weise die Seele gesunden kann, wenn man ihr nur halbwegs eine Chance dazu gibt, und wie Geduld und Freundlichkeit die Scherben einer auseinandergebrochenen Welt wieder zusammenfügen können. Was Gott verrückt hatte, konnten ein Alkalimetall, ein erstklassiger Psychiater und die Liebe und Güte eines Mannes fast wieder in die richtige Ordnung bringen.

Ich lernte David in meinem ersten Jahr als Lehrbeauftragte der UCLA kennen. Es war Anfang 1975, ein halbes Jahr nachdem ich unverkennbar manisch geworden war und mein Gehirn langsam wieder in einen zwar noch recht labilen, aber doch einigermaßen kohärenten Zustand seines früheren Selbst zurückgefunden hatte. Mein Geist bewegte sich noch auf dünnem Eis, meine Emotionen waren völlig zerrieben, und mein eigentliches Dasein spielte sich zum größten Teil zwischen langen inneren Schatten ab. Aber nach außen hin verhielt ich mich ganz nach den Regeln und Normen meiner sogenannten normalen Kollegen, so daß alles – zumindest beruflich – in bester Ordnung schien.

An jenem Tag entriegelte ich die Tür der geschlossenen Abteilung mit dem üblichen Mißmut, der jedoch nichts mit den Patienten zu tun hatte, sondern mit der anberaumten Personalbesprechung, bei der die Krankenschwestern wieder einmal ihrem kollektiven Ärger über die Assistenzärzte Luft machen würden. Diese würden wiederum mit aufreizender Selbstsicherheit reagieren, in dem Wissen, daß letztlich sie zu bestimmen hatten und in der Klinikhierarchie auf einer höheren Stufe standen. Der Chefarzt der Abteilung, ein hoffnungslos inkompetenter Mann, würde es wie gewöhnlich zulassen, daß die Eifersüchteleien und persönlichen Animositäten die Sitzung beherrschten. Die Fürsorge für die Patienten wurde in dieser speziellen Abteilung häufig in den Hintergrund gedrängt von den Neurosen des Pflegepersonals, internen Machtkämpfen und Selbstmitleid. Erst im letzten Augenblick betrat ich den Raum und hielt nach einem Sitzplatz außerhalb der Schußlinie Ausschau. Dann setzte ich mich und wartete darauf, daß die unvermeidlichen Querelen ihren Lauf nahmen.

Zu meinem großen Erstaunen erschien der Chefarzt in Begleitung eines sehr großen, gutaussehenden Mannes, der mit einem bezaubernden Lächeln zu mir hinübersah. Es stellte sich heraus, daß er zur Zeit Gastprofessor war und sonst als Psychiater am Londoner Royal Army Medical Corps arbeitete. Wir fanden sofort Gefallen aneinander. Noch am gleichen Nachmittag tranken wir in der Cafeteria des Krankenhauses einen Kaffee zusammen, und ich merkte, daß ich mich ihm in einer Weise öffnete, wie ich es schon lange niemandem gegenüber mehr getan hatte. Er war ein ruhiger, nachdenklicher Mensch und trat meiner immer noch sehr verwundeten Seele nicht zu nahe. Wir beide liebten die Musik und die Literatur, wir stammten beide aus einem militärischen Umfeld, und da ich einige Zeit in Schottland und England studiert hatte, verband uns auch noch unsere Erfahrung mit bestimmten Städten, Krankenhäusern und Landschaften. Er wollte die Unterschiede zwischen der psychiatrischen Praxis in England und den Vereinigten Staaten kennenlernen, und so schlug ich ihm vor, sich einen meiner schwierigsten Fälle anzuschauen, eine schizophrene junge Frau, die sich für eine Hexe hielt. Er drang sehr schnell bis zu den medizinisch und psychotherapeutisch relevanten Problemen vor, die aus ihrer gefangenen, verängstigten Seele nur ganz allmählich ans Licht gekommen waren. Er ging äußerst freundlich mit ihr um und blieb dabei doch ganz Arzt, und sie spürte – so wie ich später –, daß sie ihm ohne weiteres vertrauen konnte. Er hatte eine sachliche, aber gleichzeitig sehr warme Art, und ich beobachtete ihn gern dabei, wie er behutsam Fragen stellte, sie wiederholte und versuchte, ihr Vertrauen zu gewinnen und zu ergründen, was hinter ihrer Paranoia steckte.

Während dieser gemeinsamen Monate an der UCLA trafen wir uns oft zum Mittagessen, meistens im Botanischen Garten der Universität. Er lud mich häufig zum Abendessen ein, und ich lehnte ebensooft ab mit der Begründung, daß ich noch verheiratet sei und nach unserer ersten Trennung nun wieder mit meinem Mann zusammenlebe. Dann ging er wieder nach London zurück; wir schrieben uns zwar gelegentlich, aber ich war mit meiner Lehrtätigkeit, mit der Arbeit in der Klinik, mit der Vorbereitung auf eine Professur, meinen Eheproblemen und einem neuen schweren manischen Anfall, dem eine tiefe, lähmende Depression folgte, vollauf beschäftigt.

Mein Mann und ich hatten – obwohl wir immer noch gute Freunde waren und uns oft sahen – schließlich eingesehen, daß unsere Ehe nicht mehr zu retten war. Ich glaube, sie hatte von dem Augenblick an, in dem ich ihn während meines ersten schweren manischen Anfalls Hals über Kopf verlassen hatte, schon keine Chance mehr. Aber wir versuchten es beide noch einmal. Wir sprachen viel miteinander und diskutierten bei so manchem Essen und manchem Glas Wein über unsere Fehler und Möglichkeiten. Wir hatten beide den besten Willen und bemühten uns aufrichtig, aber nach allem, was in der Folge meiner Krankheit geschehen war, konnte es in unserer Ehe nie mehr so sein wie früher. Irgendwann mittendrin schrieb ich an David, daß ich mich endgültig von meinem Mann getrennt hätte. Das Leben ging weiter, die üblichen Personalsitzungen in der Klinik, der tägliche Papierkram, Patientenvisiten, meine Lehrtätigkeit. Ich lebte in der ständigen Angst, jemand könnte herausfinden, wie krank ich gewesen war und in welchem labilen Zustand ich mich noch immer befand, aber – trauriger- und glücklicherweise – gehören Sensibilität und eine gute Beobachtungsgabe nicht gerade zu den großen Stärken der meisten Psychiater.

Eines Tages, mehr als anderthalb Jahre nach Davids Abschied

von der UCLA, betrat ich mein Büro und sah ihn in meinem Sessel sitzen; er spielte mit einem Stift und strahlte. »Jetzt können wir endlich zusammen zu Abend essen. Ich habe mich ziemlich lange geduldet und einen ziemlich langen Weg in Kauf genommen«, sagte er lachend. Ich nahm seine Einladung natürlich an, und wir verbrachten einige herrliche gemeinsame Tage in Los Angeles, bevor er wieder nach England zurückkehrte. Dann bat er mich, ein paar Wochen mit ihm in London zu verbringen. Obwohl ich mich nur langsam von meiner langen Depression erholte, meine Gedanken noch so unsicher waren und meine Trübsinnigkeit kaum erträglich, wußte ich irgendwie, daß es nur besser werden konnte, wenn ich mit ihm zusammen war. Es wurde besser, unendlich viel besser. Im Spätfrühling machten wir lange Abendspaziergänge im St. James Park, dinierten mit Blick auf die Themse in seinem Club und veranstalteten Picknicks im Hyde Park, der direkt gegenüber seiner Wohnung lag. Nach und nach fielen Erschöpfung, Beklemmung und Hoffnungslosigkeit von mir ab. Ich hatte wieder Freude an Musik und Malerei, lachte gern und schrieb wieder Gedichte. Die Leidenschaft der Nächte und frühen Morgenstunden überzeugte oder vielmehr erinnerte mich wieder daran, wie wichtig das Lebensgefühl für die Liebe und die Liebe für das Leben ist.

David arbeitete tagsüber im Krankenhaus, und so tauchte ich wieder in das London ein, das mich früher einmal so sehr interessiert hatte. Ich machte lange Spaziergänge in den Parks, besuchte immer wieder die Tate Gallery, schlenderte ziellos durch das Victoria und Albert, das Natural History und das Science Museum. Einmal fuhr ich auf Davids Anregung mit dem Boot vom Westminster Pier nach Greenwich und zurück, an einem anderen Tag fuhr ich mit dem Zug nach Canterbury. Es war viele Jahre her, daß ich Canterbury besucht hatte, und damals hatte ich es nur in manischem Zustand erlebt. Aber die Erinnerungen waren unvergeßlich: mystische Bilder mit dunklem, farbenprächtigem Glas, gedämpfte Geräusche, der einfache, düstere Platz, auf dem Becket, der Erzbischof von Canterbury, ermordet wurde, und die leuchtenden flüchtigen Lichtmuster auf dem Steinboden der Kathedrale. Aber diesmal kniete ich ohne Begeisterung nieder, betete, ohne daran zu glauben, und fühlte mich wie eine Fremde. Ich gewann trotzdem einen ruhigeren und freundlicheren Eindruck von Canterbury.

Während ich da so gottlos in der Kathedrale kniete, fiel mir plötzlich ein, daß ich am Vorabend vergessen hatte, mein Lithium einzunehmen. Ich griff in meine Tasche, holte das Fläschchen heraus, öffnete es, und im gleichen Augenblick fielen sämtliche Tabletten auf den Boden. Der Boden war schmutzig, ich war umgeben von Menschen, und es war mir zu peinlich, mich zu bücken und die Tabletten aufzusammeln. Aber es war nicht nur ein peinlicher Augenblick, sondern auch ein Augenblick der Erkenntnis: Ich würde David bitten müssen, mir ein Rezept auszustellen, und das bedeutete natürlich, daß ich ihm von meiner Krankheit erzählen mußte. Mit einiger Bitterkeit dachte ich, daß Gott nur selten eine Tür öffnet, ohne dafür eine andere zu verschließen. Aber ich konnte es mir nicht leisten, auf die Medikamente zu verzichten; als ich das Lithium das letzte Mal abgesetzt hatte, hatte ich fast sofort einen manischen Anfall bekommen. Und noch ein solches Jahr wie das vorausgegangene würde ich nicht überstehen.

Am Abend vor dem Zubettgehen erzählte ich David von meiner manisch-depressiven Krankheit. Ich fürchtete mich vor seiner Reaktion und war gleichzeitig wütend auf mich selbst, weil ich ihn nicht schon eher eingeweiht hatte. Er schwieg eine ganze Weile, und ich konnte mir vorstellen, daß er im Geiste alle möglichen medizinischen und persönlichen Implikationen des soeben Gehörten sortierte. Ich hatte keinen Zweifel daran, daß er mich liebte, aber er wußte ebenso wie ich, wie unsicher der Verlauf dieser Krankheit sein konnte. Er war Offizier, seine Familie war extrem konservativ, er wünschte sich nichts sehnlicher als Kinder, und manisch-depressive Störungen sind erblich. Es ist außerdem eine Krankheit, über die man nicht spricht. Sie ist unberechenbar und endet nicht selten tödlich. Ich wünschte damals, ich hätte es ihm nie gesagt. Ich wäre so gern normal gewesen, ich wünschte mich an jeden anderen Ort der Welt, nur weit weg. Ich fand mich lächerlich, daß ich gehofft hatte, jemand könnte das akzeptieren, was ich gerade bekannt hatte, und stellte mich schon auf eine Reihe höflicher Abschiedsworte ein. Schließlich waren wir nicht verheiratet, und unsere Beziehung war noch jung.

Endlich, nach dem Ablauf einer halben Ewigkeit, wandte sich David mir zu, nahm mich in die Arme und sagte leise: »Ich kann nur sagen: *Verdammtes* Glück!« Ich war unendlich erleichtert und außerdem verblüfft über die absolute Wahrheit seiner Worte. Es war tatsächlich ein verdammtes Glück, und endlich hatte es jemand verstanden. Inmitten meiner Erleichterung registrierte der kleine, restliche Fetzen Humor auf einer ganz anderen Bahn meines Gehirns, daß sich Davids Worte wie etwas aus einem Roman von P. G. Wodehouse anhörten. Ich erzählte ihm das und erinnerte ihn an die Romanfigur von Wodehouse, die sich darüber beklagt, daß sie, obwohl sie keineswegs schlechter Stimmung sei, auch nicht guter Stimmung sei. Wir lachten beide eine ganze Weile, zwar mehr aus Nervosität, als daß die Situation wirklich lustig gewesen wäre, aber das schreckliche Eis war halbwegs gebrochen.

David hätte nicht verständnisvoller reagieren können; er überhäufte mich mit Fragen, wollte wissen, was ich schon alles durchgemacht hätte, was für mich am schlimmsten gewesen sei und was er für mich tun könnte. Nach diesem Gespräch war vieles leichter für mich: Ich hatte zum ersten Mal das Gefühl, nicht allein zu sein mit meinem Schmerz und meiner Ohnmacht, und mir war klar, daß er den aufrichtigen Wunsch hatte, meine Krankheit zu verstehen und sich um mich zu kümmern. Damit begann er noch in jener Nacht. Ich erklärte ihm, daß die relativ selten auftretenden Nebenwirkungen des Lithiums sowohl mein Sehvermögen als auch meine Konzentrationsfähigkeit beeinflußten und daß ich dann nicht imstande sei, mehr als einen oder höchstens zwei Abschnitte am Stück zu lesen. Also las er mir vor: Gedichte, Wilkie Collins und Thomas Hardy, im Bett liegend, einen Arm um mich geschlungen. Ab und zu strich er mir übers Haar wie einem Kind. Nach und nach verdrängte er mit seinem Verständnis, seinem Takt und seiner unendlichen Geduld – und nicht zuletzt auch mit seinem Glauben an mich, an das, was mich ausmachte, und an meine grundsätzliche Gesundheit – die alptraumhaften Ängste vor den unberechenbaren Stimmungen und der Gewalt.

David mußte begriffen haben, daß ich keinerlei Hoffnung mehr hegte, jemals wieder zu meinem normalen Selbst zurückzukehren, denn er tat auf seine systematische Weise alles, um mich zu beruhigen. Als er am folgenden Abend nach Hause kam, verkündete er, daß wir zum Dinner mit zwei älteren Offizieren der britischen Armee verabredet seien, die beide unter manisch-depressiven Störungen litten. Die Abende, die wir mit diesen beiden Herren und ihren Frauen verbrachten, waren unvergeßlich. Einer der beiden, ein General, war sehr elegant, charmant und attraktiv, sein Geist war vollkommen klar. Er unterschied sich – bis auf eine gelegentliche Unruhe in seinen Augen und einen leicht melancholischen, wenn auch ins Boshafte gehenden Unterton – in nichts von den lebhaften, selbstsicheren, unterhaltsamen Menschen, die man in der Regel bei Dinnerparties in London und Oxford kennenlernte. Der andere Offizier war ebenfalls reizend; er war herzlich und witzig und sprach wie der General mit einem leicht affektiert klingenden Upper-Class-Akzent. Auch er hatte zuweilen etwas Trauriges in seinem Blick, aber er war ein ausgezeichneter Gesellschafter, und wir blieben über viele Jahre gute Freunde.

Bei unseren Treffen wurde die manisch-depressive Krankheit mit keinem Wort erwähnt; es war eben das völlig Normale dieser Abende, das so beruhigend und wichtig für mich war. Daß David mich mit »normalen« Menschen bekannt machte, die beide aus einer Welt stammten, die ich als Kind kennengelernt hatte, war wie so vieles andere ein Akt intuitiver Güte. »Allein die Geschichte unserer Freundlichkeiten macht diese Welt erträglich«, schrieb Robert Louis Stevenson. »Und wenn es keine freundlichen Worte, keine freundliche Blicke, keine freundlichen Briefe gäbe... wäre ich geneigt zu glauben, unser Leben sei nichts weiter als ein Scherz im schlimmsten Sinne.« Nachdem ich David kennengelernt hatte, sah ich das Leben nie wieder in seinem schlimmsten Sinn.

Schweren Herzens verließ ich London, aber David schrieb und rief mich oft an. Im Spätherbst trafen wir uns in Washington, und da ich mich wieder im Einklang mit meinem wahren Selbst fühlte, genoß ich das Leben wie schon jahrelang nicht mehr. Jene Novembertage sind mir als ein sanfter, aber sehr romantischer Wirbel im Gedächtnis geblieben: ausgedehnte Spaziergänge in der Kälte, Besichtigungen alter Häuser und noch älterer Kirchen, die vom ersten Schnee überzuckerten Gärten von Annapolis, zugefrorene Flüsse, die sich ihren Weg aus der Bucht von Chesapeake heraus durchs Hinterland bahnten, die Abende mit trockenem Sherry und langen Unterhaltungen beim Essen über Gott und die Welt, die Nächte, in denen wir uns liebten und dann in einen tiefen, ungetrübten Schlaf fielen.

Dann kehrte David nach London und ich nach Los Angeles zurück. Wir schrieben und telefonierten häufig miteinander, wir vermißten einander und stürzten uns beide in unseren Beruf. Im darauffolgenden Mai flog ich wieder nach England, und wir verbrachten zwei lange, frühsommerliche Wochen in London, Dorset und Devon. An einem Sonntagmorgen nach dem Gottesdienst gingen wir hoch in die Hügel hinauf, um dem Läuten der Kirchenglocken zu lauschen; David blieb plötzlich stehen und atmete schwer. Er scherzte, daß er sich in der Nacht zuvor wohl überanstrengt hätte, und wir lachten beide und beließen es dabei.

David wurde an das British Army Hospital nach Hongkong versetzt, und er machte Pläne für meinen Besuch. In seinen Briefen schrieb er mir in allen Einzelheiten, welche abendlichen Veranstaltungen er bereits für uns arrangiert hätte, welchen Leuten er mich vorstellen wollte, und er schwärmte von den Ausflügen, die wir gemeinsam auf die vorgelagerten Inseln unternehmen würden. Ich konnte es kaum erwarten, ihn wiederzusehen. Und dann, eines Abends, kurz vor meinem Abflug, als ich gerade an einem Kapitel für ein Lehrbuch schrieb, klingelte es an meiner Wohnungstür. Es war schon spät, und ich erwartete niemanden mehr. Plötzlich schoß es mir durch den Kopf, daß meine Mutter immer erzählt hatte, wie sehr die Frauen der Piloten das Klopfen des Geistlichen an der Haustür fürchteten. Ich öffnete. Es war ein diplomatischer Kurier, der mir einen Brief von Davids kommandierendem Offizier übergab. In dem Brief stand, daß David, den man kurzfristig nach Katmandu geschickt hatte, ganz unerwartet an einem schweren Herzanfall gestorben war. Er war vierundvierzig, ich zweiunddreißig.

Die Nachricht erreichte mich kaum. Ich weiß noch, daß ich mich wieder an meine Arbeit setzte, noch eine Zeitlang schrieb und dann meine Mutter anrief. Ich sprach auch mit Davids Eltern und seinem kommandierenden Offizier. Selbst als wir über die Einzelheiten der Bestattung redeten, die erst relativ spät stattfand, weil die Armee auf einer Autopsie bestand, bevor David nach England überführt wurde, erschien mir sein Tod in keiner Weise real. Ich erledigte alles in einem Schockzustand: Ich buchte einen Flug, hielt am nächsten Morgen mein Seminar, leitete in der Klinik eine Personalsitzung, ließ meinen Paß verlängern, packte meinen Koffer und suchte Davids Briefe zusammen. Im Flugzeug ordnete ich die Briefe systematisch nach den Daten, an denen sie geschrieben worden waren, aber lesen wollte ich sie erst in London. Am folgenden Tag im Hyde Park konnte ich nur die erste Hälfte des ersten Briefs lesen. Ich begann, fassungslos zu schluchzen. Bis heute habe ich keinen seiner Briefe wieder geöffnet und gelesen.

Ich ging zu Harrods, kaufte einen schwarzen Hut für die Beerdigung und traf mich mit Davids kommandierendem Offizier zum Lunch in seinem Club. Er war psychiatrischer Chefarzt der britischen Armee und ein freundlicher, direkter und überaus verständnisvoller Mann. Er war es gewohnt, mit Frauen umzugehen, deren Männer überraschend gestorben waren, er kannte das verzweifelte Leugnen und merkte genau, daß ich noch nicht einmal begonnen hatte, Davids Tod zu realisieren. Er sprach lange von David, von den vielen Jahren, die sie sich gekannt und miteinander gearbeitet hatten, und was für ein wunderbarer Arzt und Mensch er gewesen sei. Er sagte, daß er es zwar für »sehr schwer«, aber dennoch »eine gute Idee« hielte, mir Teile des

Autopsieberichts vorzulesen. Auf diese Weise wollte er mir klarmachen, daß Davids Herzanfall so plötzlich und massiv gewesen war, daß weder Medikamente noch ein medizinischer Eingriff etwas hätten ausrichten können. Ihm war wohl klar, daß die kalte Sprache der Medizin mich langsam dazu bringen würde, die Endgültigkeit des Ganzen zu begreifen. Seine Rechnung ging auf, obgleich es nicht einmal so sehr die grausigen medizinischen Details waren, die mich die Wahrheit erkennen ließen, sondern vielmehr der Satz des Brigadegenerals, daß »ein junger Offizier den Leichnam des Colonel Laurie im Flugzeug der Royal Air Force auf dem Flug von Hongkong nach Brize Norton begleitete«. David war nun nicht mehr Colonel Laurie; er war auch nicht mehr Dr. Laurie; er war ein Leichnam.

Die britische Armee verhielt sich mir gegenüber sehr freundlich. Eine Armee ist per definitionem an den Tod und besonders an den plötzlichen Tod gewöhnt, und ihre Traditionen haben etwas Tröstendes. Die Rituale eines militärischen Begräbnisses sind vorhersehbar, beruhigend, würdevoll, religiös und entsetzlich endgültig. Davids Freunde und Kollegen waren offen, geistreich, sachlich und sehr mitfühlend. Sie gaben mir zu verstehen, daß sie erwarteten, daß ich mich der Situation entsprechend verhielte, taten auf der anderen Seite aber alles in ihren Kräften Stehende, um mir die schreckliche Lage zu erleichtern. Sie ließen mich nie allein, drängten sich aber auch nicht auf; sie flößten mir Sherry und Scotch ein und boten mir Beratung in rechtlichen Fragen an. Sie sprachen sehr oft, sehr offen und sehr humorvoll über David – und ließen mir keine Gelegenheit, die Augen vor der Realität zu verschließen.

Während der Beisetzung bestand der Brigadegeneral darauf, daß ich die Lieder mitsang, in den besonders schweren Augenblicken legte er mir den Arm um die Schulter, und als ich ihm während einer übertriebenen Lobrede auf die Tugenden und Verdienste des Offiziers und Gentlemans zuflüsterte, daß ich am liebsten aufstehen und hinzufügen würde, daß David auch im Bett großartig gewesen sei, lachte er laut auf. Und trotz meiner Abwehr gegen die groteske Vorstellung, daß ein stattlicher Mann nun zu einer kleine Urne mit Asche reduziert worden war, und des übermächtigen Wunsches, nicht an sein Grab treten zu müssen, schob er mich vorwärts, so daß mir nichts anderes übrigblieb, als allem ins Gesicht zu sehen, es in mich aufzunehmen und als real anzuerkennen.

Ich verbrachte noch einige Zeit bei Freunden in England, und ganz langsam begann ich zu begreifen, daß die Zukunft, die ich mir vorgestellt hatte, daß die Liebe und Unterstützung, von der ich abhängig geworden war, unwiederbringlich verloren waren. Nach Davids Tod erinnerte ich mich plötzlich an tausend Dinge. Und ich bereute vieles: verpaßte Gelegenheiten; unnötige schädliche Auseinandersetzungen, und allmählich wurde mir klar, daß es absolut nichts gab, was die Realität hätte ändern können. So viele Träume waren verloren: Alle unsere Pläne von einem Haus voller Kinder; alles, einfach alles war verloren. Aber Trauer ist glücklicherweise etwas ganz anderes als Depression. Die Trauer ist etwas Trauriges, Furchtbares, aber nichts Hoffnungsloses. Davids Tod stürzte mich nicht in unerträgliche Schwermut; ich habe in dieser Situation nie an Selbstmord gedacht. Die Zuwendung und das Mitgefühl, das mir Freunde, die Familie und sogar Fremde entgegenbrachten, waren für mich ein wirklicher Trost. Am Tag meines Rückflugs in die Vereinigten Staaten beispielsweise fragte mich der Mann hinter dem Schalter von British Airways, ob mein Aufenthalt in England geschäftlich oder Urlaub gewesen sei. In diesem Augenblick verlor ich meine Fassung, die ich während der vorangegangenen zwei Wochen tapfer bewahrt hatte. Unter Tränen erklärte ich ihm die Umstände meines Aufenthalts. Daraufhin gab mir der Mann hinter dem Schalter einen Platz in der ersten Klasse, wo ich soviel Ruhe wie möglich hatte. Außerdem mußte er die Stewardessen vorab informiert haben, denn sie behandelten mich außergewöhnlich freundlich und fürsorglich und überließen mich meinen Gedanken. Seitdem fliege ich, wann immer möglich, mit British Airways. Und jedesmal denke ich daran, wie wichtig solche kleinen freundschaftlichen Gesten sind.

Nach meiner Rückkehr fand ich Berge von Arbeit vor, was mir sehr half, und außerdem mehrere Briefe von David, die während meiner Abwesenheit angekommen waren. In den folgenden Tagen trafen zwei weitere Briefe von ihm ein, die ewig unterwegs gewesen waren, und dann kam nichts mehr. Der Schock über Davids Tod ließ im Laufe der Zeit langsam nach, aber ich vermisse ihn noch immer. Mehrere Jahre nach seinem Tod bat man mich, darüber zu sprechen. Und ich schloß mit einem Gedicht von Edna St. Vincent Millay:

Die Zeit heilt keine Wunden; ihr alle habt gelogen,
die ihr mir sagtet, die Zeit würde mich vom Schmerz befreien!
Er fehlt mir im Weinen des Regens;
Ich suche ihn im Weichen der Flut;
Der Schnee schmilzt auf den Bergen,
Und die Blätter des letzten Jahres sind zu Rauch geworden;
Aber die bittere Liebe des letzten Jahres bleibt
auf mein Herz geladen, und meine alten Gedanken dauern an.
Es gibt Hunderte Orte, vor denen ich mich fürchte,
So voller Erinnerungen an ihn sind sie.

Betrete ich leichten Herzens einen stillen Platz,
den sein Fuß nie berührt, sein Auge nie erblickt hat,
dann sage ich »Hier erinnert nichts an ihn!«
Und denke doch an ihn.

Die Zeit brachte schließlich Linderung. Aber es dauerte lange, und es war eine schwere Zeit.

ES SOLL GEREGNET HABEN

Der Schmerz über Davids Tod und die Unsicherheit, in die mich meine Krankheit stürzte, dämpften und begrenzten über Jahre die Erwartungen, die ich an das Leben stellte. Ich zog mich in mich selbst zurück, verschloß mein Herz und gab nach außen nichts davon preis. Ich vergrub mich in meine Arbeit. Die Leitung einer Klinik, Lehre und Forschung und Schreiben von Büchern waren zwar kein Ersatz für Liebe, aber immerhin war das alles hochinteressant und gab meinem zerrissenen Leben einen gewissen Sinn. Nachdem ich endlich begriffen hatte, wie verheerend sich das ständige Hin und Her bei der Behandlung mit Lithium auswirkte, nahm ich das Medikament regelmäßig und stellte fest, daß mein Leben viel verläßlicher und berechenbarer verlief, als ich es jemals für möglich gehalten hätte. Meine Stimmungen waren zwar immer noch recht extrem, und mein Temperament geriet oft noch in die Nähe des Siedepunktes, aber ich konnte trotz allem mit einer gewissen Sicherheit Pläne machen, und die Phasen der Verzweiflung wurden seltener und waren nicht mehr so total.

Aber innerlich war ich immer noch sehr verwundet und weit von Heilung entfernt. In den acht Jahren, die ich nun schon an der Fakultät tätig war, hatte ich mich – trotz wiederholter, monatelanger manischer und depressiver Phasen, trotz meines Selbstmordversuchs und Davids Tod – nie über einen längeren

Zeitraum von der Arbeit beurlauben lassen, noch hatte ich Los Angeles länger den Rücken gekehrt, um meine tiefen Verletzungen auszuheilen. Aber nun beschloß ich, das wertvollste aller Privilegien einer Universitätsangestellten in Anspruch zu nehmen und mir ein Forschungsjahr zu gönnen, das ich in England verbringen wollte. Diese Zeit wurde mir, wie schon mein Aufenthalt in St. Andrews viele Jahre zuvor, zu einem ruhigen und wundervollen Intermezzo. Die Liebe, viel Zeit für mich selbst und ein herrliches Leben in London und Oxford gaben sowohl meinem Herzen als auch meinem Geist die Chance, vieles, was in mir zerbrochen war, wieder zusammenzufügen.

Der Grund für meinen Aufenthalt in England war eine Studie über affektive Störungen bei berühmten britischen Künstlern und Schriftstellern sowie die Arbeit an einem medizinischen Fachbuch über die manisch-depressive Krankheit, das ich gemeinsam mit einem Kollegen schrieb. Meine Zeit teilte ich zwischen der Arbeit an der Londoner St. George's Hospital Medical School und der Universität Oxford. Die Erfahrungen, die ich dabei sammelte, hätten unterschiedlicher nicht sein können, und jede war auf ihre ganz spezielle Weise wunderbar. In St. George's, einem großen Lehrkrankenhaus mitten in einer der ärmsten Gegenden Londons, herrschte reges Leben, so wie man es von Lehrkrankenhäusern kennt. Das Hospital war zweihundertfünfzig Jahre alt und Ursprungsort berühmter Ärzte wie John Hunter und Edward Jenner sowie vieler Wissenschaftler, die in der Geschichte der Medizin Rang und Namen haben. In diesem Krankenhaus hatte außerdem Blossom ihr Gnadenbrot bekommen, die Kuh, an der Jenner seine Untersuchungen zur Pockenimpfung vorgenommen hatte. Die räudige und dennoch prächtige Kuhhaut hing unter Glas in der Bibliothek. Als ich sie zum ersten Mal – aus einiger Entfernung und ohne Brille – erspähte, hielt ich sie für ein seltsames, aber schönes abstraktes Gemälde. Als sich herausstellte, daß es sich um eine Kuhhaut handelte, und zwar nicht um eine x-beliebige, sondern um die Haut einer Kuh, die in der Medizin Berühmtheit erlangt hatte, war ich entzückt. Ich fand es angenehm, in Blossoms Nähe zu arbeiten, und ich verbrachte viele Stunden in ihrer Gesellschaft; während ich arbeitete oder über meine Arbeit nachdachte, warf ich immer wieder einen Blick auf ihre scheckigen, aber reizenden Überreste.

In Oxford war alles ganz anders. Ich betrieb meine wissenschaftlichen Studien am Merton College, einem der drei ursprünglichen Colleges von Oxford, das im dreizehnten Jahrhundert gegründet wurde. Die Kapelle von Merton stammte ebenfalls aus dieser Zeit, sowie einige ihrer wunderschönen farbigen Fresken. Die ein Jahrhundert später erbaute Bibliothek, die während des Mittelalters eine der wichtigsten Büchersammlungen Englands darstellte, war die erste, in der man die Bücher aufrecht in Regale stellte anstatt sie in Kästen zu legen. Ihre Sammlung sehr früher gedruckter Bücher wurde angeblich nicht weitergeführt, weil man am College der Meinung war, die Druckpresse sei nur eine vorübergehende Modeerscheinung und könne niemals die althergebrachten handschriftlichen Manuskripte ersetzen. Derart außergewöhnliche Ansichten – unbelastet sowohl von den Realitäten der Gegenwart als auch von den Erfordernissen der Zukunft – geistern auch heute noch durch die Colleges von Oxford, und je nach Stimmung oder Situation reagiert man ärgerlich oder belustigt darauf.

In Merton bewohnte ich eine hübsche Suite, die nach hinten auf die Sportplätze ging, ich konnte in vollkommener Ruhe lesen und schreiben und wurde nur von dem College-Diener unterbrochen, der mir morgens Kaffee und nachmittags Tee servierte. Der Lunch fand im Kreise der Fellows statt, einer Gruppe recht interessanter, wenn auch teilweise etwas wunderlicher älterer Lektoren, Dozenten und Professoren aus allen Fachbereichen der Universität. Da saßen Historiker, Mathematiker, Philosophen und Literaturwissenschaftler beieinander, aber wann immer möglich, setzte ich mich neben Sir Alister Hardy, den Meeresbiologen, der ein faszinierender Mann und ein außergewöhnlicher Geschichtenerzähler war. Stundenlang lauschte ich den Berichten über seine früheren Forschungsreisen in die Antarktis sowie den Erläuterungen seiner gegenwärtigen Studien zur Natur religiöser Erfahrungen. Wir interessierten uns beide für William James und die Natur ekstatischer Erlebnisse. Ohne Unterbrechung sprang er mühelos von einem Gebiet zum anderen, von der Literatur zur Biologie, von der Biologie zur Theologie und so weiter.

Merton gehörte nicht nur zu den ältesten und wohlhabendsten Colleges in Oxford, sondern stand auch in dem Ruf, über die beste Küche und die erlesensten Weine zu verfügen. Deshalb nahm ich auch so gern und so häufig an den College-Dinners teil. An diesen Abenden fühlte ich mich in eine andere Zeit versetzt: Bei einem Glas Sherry plauderte man vor dem Dinner mit den Dozenten und Professoren; dann betrat man in einer Art Prozession den alten, wunderschönen Speisesaal und beobachtete amüsiert, daß sich die Studenten beim Erscheinen der Universitätslehrer von ihren Plätzen erhoben (diese Form der Ehrerbietung hatte einen gewissen Reiz; vielleicht waren höfliche Umgangsformen ja doch nicht so schlecht...). Mit gesenkten Häuptern murmelten Lehrer und Studenten gemeinsam einige lateinische Gebete, und dann warteten wir alle darauf, daß der Dekan Platz nahm. Sobald er saß, rückten die Studenten krachend ihre Stühle zurecht, Lachen und laute Rufe gingen an den langen Tischen hin und her.

An den Tischen des Lehrpersonals verliefen die Gespräche etwas gemäßigter; es fand die übliche Oxford-Konversation statt: in der Regel geistreich, oft vergnüglich, bisweilen erdrückend. Die ausgezeichneten Menüs mit den guten Weinen waren auf elegant kalligraphierten Speisekarten verzeichnet. Nach dem Essen gingen wir wieder in einer kleinen Prozession mit dem Dekan und den Fellows in ein kleineres, separates Eßzimmer, wo Brandy und Portwein, Obst und kandierter Ingwer serviert wurden. Ich habe keine Ahnung, wie irgend jemand nach einem solchen Dinner noch in der Lage war, etwas zu arbeiten, aber da jeder, der in Oxford lehrte, anscheinend mindestens vier Standardwerke zu dem einen oder anderen schwer verständlichen Thema geschrieben hatte, hatten sie offenbar eine ganz andere Art von Leben und Gehirn geerbt und entwickelt. Mir jedenfalls stiegen Wein und Port ziemlich zu Kopf, und wenn es mir gelungen war, den letzten Zug nach London zu erwischen, starrte ich aus dem Fenster in die Nacht hinaus, weilte ich für eine Stunde in anderen Jahrhunderten, traumverloren zwischen den Menschen und Epochen.

Obgleich ich mehrmals in der Woche nach Oxford fuhr, war mein Lebensmittelpunkt London. Ich verbrachte viel Zeit damit, durch Parks und Museen zu streifen, und verlebte lange Wochenenden bei Freunden in East Sussex, wo wir in der Hügellandschaft über dem Ärmelkanal wanderten. Außerdem begann ich wieder zu reiten. Bei meinen morgendlichen Ausritten im spätherbstlichen, nebelverhangenen Hyde Park und mehr noch, wenn ich in Somerset durch Birkenwälder und über Äcker galoppierte, verspürte ich auf einmal wieder ein Gefühl von Vitalität. Ich hatte ganz vergessen, wie es sich anfühlte, Wind und Regen und Schönheit so an sich heranzulassen, und langsam drang wieder Leben in meinen Körper und meine Seele.

Ich habe das Jahr in England dazu genutzt, mir klarzumachen, wie sehr ich auf der Stelle getreten war, wie sehr ich nur darauf gesetzt hatte, zu überleben und Leid zu vermeiden, anstatt mich aktiv am Leben zu beteiligen und das Leben zu suchen. Daß ich hier die Chance hatte, allen Anzeichen von Krankheit und Tod, dem hektischen Leben und den ganzen universitären Verpflichtungen zu entfliehen, erinnerte mich an das Jahr in St. Andrews. Der Friede, der mich verlassen hatte, schien zurückzukehren, und ich hatte genügend Raum für mich, um zu gesunden und nachzudenken, vor allem um zu gesunden. In England herrschte nicht die keltische, magische Atmosphäre von St. Andrews – wie vermutlich nirgendwo sonst –, aber dort fand ich zu meinem Selbst zurück und schöpfte neuen Lebensmut. Und ich fand den Glauben an die Liebe wieder.

Irgendwie hatte ich mich schließlich mit Davids Tod abgefunden. Als ich an einem kalten, sonnigen Tag sein Grab in Dorset besuchte, war ich fasziniert von dem schönen Friedhof. Beim Begräbnis hatte ich nicht viel davon bemerkt, am allerwenigsten die Ruhe und den Zauber dieses Ortes. Die Totenstille hatte etwas Tröstliches, aber vermutlich nicht unbedingt die Art Trost, die man suchte. Ich legte einen Strauß langstieliger Veilchen auf sein Grab, ließ mich nieder, und während ich die Buchstaben seines in den Stein gemeißelten Namens nachzeichnete, erinnerte ich mich an die Zeit, die wir gemeinsam in England, Washington und Los Angeles verbracht hatten. Es schien eine Ewigkeit her zu sein, aber ich sah ihn noch immer vor mir, wie er bei einer Wanderung durch die englische Landschaft auf einem Hügel stand: groß und attraktiv, lachend, die Arme vor der Brust verschränkt; ich spürte seine Nähe wie damals, als wir an der Kommunionbank in St. Paul's nebeneinander knieten; und ich konnte noch immer seine Arme um mich fühlen, die die

Welt von mir fernhielten und mir in Augenblicken größter Verzweiflung Zuflucht und Trost gaben. Ich wünschte mir mehr als alles andere, daß er hätte sehen können, wie gut es mir wieder ging, und daß ich ihm sein Verständnis, seine Geduld und seinen Glauben an mich irgendwie hätte vergüten können. Aber vor allem dachte ich daran, als ich da auf dem Friedhof saß, wieviel David durch seinen frühen Tod verloren hatte. Nachdem ich eine Stunde oder sogar länger meinen Gedanken nachgehangen hatte, stellte ich plötzlich fest, daß ich zum ersten Mal darüber nachgedacht hatte, was David verpaßt hatte, und nicht, was uns beiden gemeinsam entgangen war.

David hatte mich auf eine ungewöhnliche Weise geliebt und akzeptiert; seine Beständigkeit und Güte hatten mich gerettet, aber er war gegangen. Mein Leben ging weiter – seinetwegen und trotz seines Todes. Und nun, vier Jahre nach seinem Tod, fand ich eine ganz andere Art von Liebe und einen neuen Glauben an das Leben – und zwar durch die Begegnung mit einem eleganten, exzentrischen und überaus charmanten Engländer, den ich zu Beginn des Jahres kennengelernt hatte. Wir wußten beide, daß unsere Affäre aufgrund persönlicher und beruflicher Umstände mit Ablauf meines Jahres in England enden würde, aber es war – trotz oder vielleicht gerade wegen dieses Wissens – eine Beziehung, der es endlich gelang, wieder Liebe, Lachen und Lust in mein eingemauertes Leben und erstarrtes Herz zu bringen.

Wir hatten uns schon während eines meiner früheren Aufenthalte in England bei einer Dinnerparty in London kennengelernt, und es war zweifellos Liebe auf den ersten Blick. An diesem Abend nahm keiner von uns beiden irgend jemand sonst an der Festtafel wahr, und wie wir später übereinstimmend feststellten, hatte keiner von uns beiden zuvor die Macht der Gefühle in einer derart überwältigenden und irratioalen Weise erlebt. Als ich einige Monate später wieder nach London kam, um dort mein Forschungsjahr zu verbringen, rief er mich sofort an und lud mich zum Abendessen ein. Ich hatte ein winziges Haus in South Kensington gemietet, und so gingen wir in ein nahe gelegenes Restaurant. Wir setzten damit das Erlebnis unserer ersten Begegnung fort. Ich war verzaubert, weil er mich so unmittelbar verstand, und fühlte mich körperlich angezogen von seiner Intensität. Schon lange bevor wir unsere Gläser geleert hatten, wußten wir, daß es keine Möglichkeit mehr gab für ein Zurück.

Als wir aus dem Restaurant kamen, regnete es, und er legte seinen Arm um mich, als wir zu mir nach Hause rannten. Dort hielt er mich lange fest an sich. Ich fühlte und roch die Regennässe seines Mantels, fühlte seine Arme um mich und erinnerte mich ganz befreit und erleichtert daran, wie besonders Gerüche und Regen und Liebe und Leben sein können. Ich war lange nicht mehr mit einem Mann zusammengewesen, er verstand das und ging sanft und zärtlich und überaus liebevoll mit mir um. Wir sahen uns so oft wie möglich. Da wir beide zu heftigen Stimmungen und Gefühlen neigten, konnten wir einander leicht trösten, aber auch, wann immer nötig, in Ruhe lassen. Wir sprachen über alles. Er besaß eine fast beängstigende Intuition, war klug, leidenschaftlich und manchmal auch tief melancholisch. Und bald kannte er mich besser als irgend jemand zuvor. Es fiel ihm nicht schwer, die Verworrenheit emotionsgeladener Situationen oder Stimmungen zu durchschauen – die eigene Gemütslage befähigte ihn, Irrationalität, ausfernde Euphorie, Paradoxa, Sprunghaftigkeit und Widersprüchlichkeit zu verstehen und zu respektieren. Wir liebten beide die Literatur und Musik, Tradition und Pietätlosigkeit, und wir waren uns stets bewußt, daß fast alles Lichte auch eine dunkle Seite und fast alles Düstere oder Morbide eine lichte Seite hat.

Wir schufen uns eine eigene Welt mit Gesprächen, mit Begehren und Liebe, lebten von Champagner, Rosen, Schnee, Regen und geborgter Zeit, auf einer privaten Insel des windgeschützten Lebens. Ohne zu zögern, erzählte ich ihm alles über mich, und ebenso wie David reagierte er sehr verständnisvoll auf meine Krankheit. Nachdem ich es ihm gesagt hatte, nahm er spontan mein Gesicht zwischen seine Hände, küßte mich zärtlich auf jede Wange und sagte: »Und ich habe geglaubt, mehr könnte ich dich gar nicht lieben.« Er schwieg einen Augenblick und fügte dann hinzu: »Eigentlich wundert es mich nicht, denn es erklärt eine gewisse Verletzlichkeit, die bei all deiner Entschlossenheit mitschwingt. Ich bin froh, daß du es mir gesagt hast.« Und er meinte es so. Es waren keine leicht dahingesagten Worte, die ein Gefühl der Beklommenheit überdecken sollten. Alles, was er nach diesem Gespräch tat und sagte, bestätigte seine Worte. Er verstand meine Empfindlichkeit, berücksichtigte sie und sah sie ganz nüchtern. Aber er kannte auch meine Stärken und liebte sie. Er beherzigte beides: Er beschützte mich vor den Leiden meiner Krankheit und liebte die Züge an mir, die er mit meiner Leidenschaft für das Leben und die Liebe, für meine Arbeit und die Menschen in Verbindung brachte.

Ich erzählte ihm von den Problemen, die ich mit der Einnahme von Lithium hatte, aber auch, daß mein Leben davon abhing. Ich berichtete ihm, daß ich mit meinem Psychiater darüber gesprochen hatte, die Dosis unter Umständen herabzusetzen, um wenigstens die schweren Nebenwirkungen zu verringern. Ich brannte darauf, es zu tun, befürchtete aber andererseits einen erneuten Ausbruch der Manie. Er vertrat die Meinung, daß es in meinem Leben keine sichere oder beschütztere Phase geben könnte als die augenblickliche, und er erklärte sich bereit, mir in allem beizustehen. Nach Gesprächen mit meinem Psychiater in

Los Angeles und meinem Londoner Arzt reduzierte ich die Lithiumdosis nach und nach. Die Wirkung war sensationell. Es war, als hätte ich nach vielen Jahren teilweiser Blindheit plötzlich die Augenbinde abgenommen. Als ich, einige Tage nachdem ich die Dosis heruntergeschraubt hatte, durch den Hyde Park ging, merkte ich, daß mein Schritt schwungvoller war, daß ich Dinge sah und Geräusche hörte, die zuvor durch dicke Watteschichten zu mir gedrungen waren. Das Quaken der Enten war beharrlicher, klarer, intensiver; meine Schritte auf dem Gehsteig schienen lauter und deutlicher; ich fühlte mich energiegeladen und lebendig, ich konnte wieder ohne Anstrengung lesen. Kurzum, es war bemerkenswert.

Als ich an diesem Abend auf meinen exzentrischen leidenschaftlichen Engländer wartete – ich stickte, sah ab und zu in den fallenden Schnee hinaus und hörte Musik von Chopin und Elgar –, wurde mir plötzlich die Klarheit und Prägnanz der Töne bewußt, die schöne Melancholie des Augenblicks, in dem ich die Schneeflocken beobachtete und auf ihn wartete. Ich empfand das Schöne, aber auch das Traurige stärker. Nachdem er gekommen war – geradewegs von einer offiziellen Dinnerparty, im eleganten Abendanzug mit weißem Seidenschal um den Hals und einer Flasche Champagner in der Hand – legte ich Schuberts Klaviersonate in B (opus posthumum) auf. Ihre sehnsüchtige Erotik berührte mich so sehr, daß ich weinte. Ich weinte um das pointierte, bewußte Erleben, das ich verloren hatte, ohne es zu wissen, und ich weinte vor Freude, weil ich es wiedergefunden hatte. Bis zum heutigen Tage kann ich diese Musik nicht hören, ohne mich in die Traurigkeit jenes Abends zurückversetzt zu fühlen, mit der Liebe, die ich erfahren durfte, und der Rückkehr des labilen Gleichgewichts, das zwischen geistiger Gesundheit und einer subtilen, furchtbaren Gedämpftheit der Sinne besteht.

Nachdem wir einmal mehrere Tage nur für uns, ohne Kontakt zur Außenwelt, verlebt hatten, brachte er mir eine Anthologie mit Texten über die Liebe. Darin hatte er zwei Zeilen gekennzeichnet, die die Quintessenz nicht nur dieser intensiven, herrlichen Tage, sondern auch des ganzen Jahres ausdrückten:

Danke für ein wunderschönes Wochenende.
Es soll geregnet haben.

*DIE LIEBE ÜBER WAHNSINN
WACHT*

Mir graute davor, England wieder zu verlassen. Länger als je zuvor hatten sich meine Stimmungen im Gleichgewicht befunden, mein Herz war gleichsam zu neuem Leben erwacht, und mein geistiges Ich war in großartiger Verfassung, nachdem es, ohne starke Betäubung von Medikamenten, Oxford und St. George's absolviert, genügend Muße gehabt und nachgedacht hatte. Es fiel mir immer schwerer, mir vorzustellen, daß ich den ruhigen Tagesablauf, den ich mir in London geschaffen hatte, aufgeben sollte, und noch härter war der Gedanke, daß ich auf die Nächte, die von Leidenschaft und unserem gegenseitigen Verstehen erfüllt waren, verzichten mußte. In England waren meine ständigen Grübeleien – Was wäre wenn ... Warum nur ... Was hätte passieren können ... – größtenteils zur Ruhe gekommen; und auf ganz andere Weise hatten sich auch meine erbitterten Kämpfe gegen das Lithium gelegt, die oft nur ein sinnloses Auflehnen gegen die Bedingungen meines eigenen Verstandes gewesen waren. Diese Kämpfe waren mich teuer zu stehen gekommen, hatte ich doch viel Zeit damit verschwendet. Jetzt, wo ich mein Selbst wieder spürte, wollte ich es nicht riskieren, noch mehr Zeit zu verlieren. Das Leben war zu wertvoll geworden, als daß ich es hätte aufs Spiel setzen mögen.

Unvermeidlich nahm das Jahr seinen Lauf; der Schnee und der wärmende Brandy des englischen Winters wichen dem lauen

Regen und dem Weißwein eines frühen Sommers. Rosen und Pferde tauchten im Hyde Park auf, wunderschöne, durchscheinende Apfelblüten ergossen sich quer über die schwarzen Zweige der Bäume im St. James Park, und die langen, ruhigen Stunden im Sommerglanz verliehen den Tagen kurz vor meiner Abreise die Stimmung einer vergangenen Epoche. Nur mit Mühe konnte ich mich an mein Leben in Los Angeles erinnern, und noch schwerer fiel es mir, an die Rückkehr in den chaotischen Alltag zu denken, den die Leitung eines großen Universitätskrankenhauses mit sehr kranken Patienten mir ebenso auferlegte wie die Lehrtätigkeit und die Begutachtung zahlreicher Krankheitsfälle. Ich hatte allmählich Zweifel, ob ich mich noch im Detail an die Handhabung einer psychiatrischen Krankengeschichte und Untersuchung erinnern würde oder, noch schlimmer, ob ich dies anderen beibringen konnte. Ich verließ England nur widerwillig, und noch widerwilliger kehrte ich in eine Stadt zurück, die ich nicht nur mit einer zermürbenden akademischen Karriere verband, sondern auch mit Zusammenbrüchen, auf die eine ausgelaugte, kalte Apathie folgte und das ermüdende Versteckspiel, das mich zwang, so zu tun, als gehe es mir gut, während es mir schlechtging, freundlich und vergnügt zu wirken, wenn ich mich schrecklich fühlte.

Ich irrte mich jedoch mit meinen Vorahnungen. Das Jahr war mehr gewesen als nur ein erholsames Zwischenspiel, es hatte wahrhaft regenerierend gewirkt. Die Lehre machte mir wieder Spaß; die Supervision über die klinische Arbeit der Assistenzärzte und Praktikanten bereitete mir wie früher Freude, und die Arbeit mit den Patienten bot mir die Möglichkeit, etwas von dem, was ich aus meinen eigenen Erfahrungen gelernt hatte, in die Praxis umzusetzen. Die geistige Erschöpfung hatte mich eine lange furchtbare Zeit gekostet. Doch seltsamerweise hatte ich davon nur dann eine richtige Vorstellung, wenn ich mich gut fühlte, voller Tatendrang und angeregter Stimmung war.

Mein berufliches Leben ging also gut und relativ reibungslos vonstatten. Ich verwandte viel Zeit auf die Arbeit an einem Lehrbuch über manisch-depressive Störungen, bei dem ich Koautorin war, und stellte erfreut fest, wieviel leichter es mir jetzt fiel, die Fachliteratur zu lesen, zu analysieren und im Gedächtnis zu behalten, hatte ich doch bis kurz zuvor noch die größte Mühe, sie überhaupt zu verstehen. Meine Beiträge zu dem Lehrbuch empfand ich als eine befriedigende Mischung aus Wissenschaft, klinischer Medizin und persönlicher Erfahrung. Ich fragte mich allerdings, ob meine Erfahrungen mein Schreiben nicht ungebührlich beeinflußten, sei es inhaltlich oder in der Akzentuierung. Doch mein Koautor wußte von meiner Krankheit, und viele andere Kliniker und Wissenschaftler begutachteten das, was wir schrieben. Oft fiel mir dennoch auf, daß ich mich auf bestimmte Aspekte meines Krankheitserlebens stürzte, um einen speziellen Punkt der Phänomenologie oder der klinischen Praxis hervorzuheben. Viele von den Kapiteln, die ich schrieb – zum Beispiel die über Selbstmord, Mitarbeit der Patienten bei der Medikation, Kindheit und Jugend, Psychotherapie, klinische Beschreibung, Kreativität, Persönlichkeit und zwischenmenschliches Verhalten, Denkstörungen, Wahrnehmung und Kognition –, waren durch meine feste Überzeugung beeinflußt, daß diese Bereiche von der Forschung relativ wenig betrachtet wurden. Andere Kapitel, wie die über Epidemiologie, Alkohol- und Drogenmißbrauch sowie über die Diagnose von manischen und depressiven Zuständen, bestanden nur in einem Forschungsbericht, also einem Überblick über die vorhandene Literatur der Psychiatrie.

In dem Kapitel über die klinische Beschreibung – die grundlegende Charakterisierung hypomanischer und manischer, depressiver und gemischter Zustände sowie der zyklothymen Eigenschaften, die diesen klinischen Zuständen zugrunde liegen – stützte ich mich nicht nur auf die Arbeiten von Klassikern der Medizin wie Emil Kraepelin und den vielen klinischen Forschern, die auf Datenbasis ausführliche Studien durchgeführt haben, sondern auch auf die Aufzeichnungen von manisch-depressiven Patienten selbst. Viele der Beschreibungen stammten von Schriftstellern und Künstlern, die ihre Manien, ihre Depressionen und ihre gemischten Zustände sehr genau und lebendig dargestellt haben. Die übrigen kamen zum größten Teil von meinen Patienten oder aus der psychiatrischen Literatur. In einigen wenigen Fällen verwendete ich jedoch meine eigenen Erfahrungsberichte, die ich über die Jahre zu Lehrzwecken geschrieben hatte. Und so waren klinische Studien, Symptomhäufungen, klassische Darstellungen der europäischen Fachliteratur mit Auszügen aus Gedichten, Romanen und Biographien durchsetzt, die jene geschrieben hatten, die an der manisch-depressiven Krankheit litten.

Ab und zu ertappte ich mich dabei, wie ich aufgrund meiner persönlichen und klinischen Erfahrungen die erschreckend hohe Todesrate bei manisch-depressiven Patienten hervorhob, die entsetzliche Ruhelosigkeit bei gemischten manischen Zuständen, und immer wieder darauf aufmerksam machte, wie wichtig es ist, sich mit der Weigerung der Patienten auseinanderzusetzen, zur Kontrolle ihrer Stimmungen Lithium oder andere Medikamente einzunehmen. Es war eine neue positive Erfahrung für mich, meine eigenen Gefühle und meine eigene Vergangenheit aus der Distanz betrachten zu müssen, damit mein Schreiben den rationalen, wissenschaftlichen Charakter behielt; auf diese Weise war ich gezwungen, den emotionalen Aufruhr, den ich erlebt hatte, zu strukturieren und zu objektivieren. Oft erwies sich die Fachwissenschaft nicht nur als sehr spannend, sie enthielt auch die sehr realistische Hoffnung auf neue Behandlungsmethoden. Obwohl es mich manchmal störte, daß übermächtige und komplizierte Gefühle und Verhaltensweisen zu einem tödlich langweiligen diagnostischen Befund schrumpften, war ich doch fasziniert von den neuen Methoden und Ergebnissen auf diesem sich rasch fortentwickelten Gebiet der klinischen Medizin.

Das alles führte schließlich dazu, daß ich für das Fach und die Besessenheit der Forscher, die in diese zahllosen Statistiken eingegangen war, eine seltsame Liebe entwickelte. Das Einfüttern der einzelnen Zahlen und Prozentsätze in die zusammenfassenden Tabellen hatte etwas einschläfernd Beruhigendes, ebenso wie die kritische Prüfung der in den verschiedenen Studien angewandten Methoden und der Versuch, aus der großen Anzahl der durchgesehenen Artikel und Bücher ein Fazit zu ziehen. Wie schon als Kind, wenn ich ängstlich oder aufgeregt war, so merkte ich auch jetzt, daß es am besten war, Fragen zu stellen und Antworten aufzuspüren, so gut ich konnte, und dann weitere Fragen zu stellen, um mich von der Angst zu distanzieren und einen Raum zu schaffen, in dem Verstehen möglich war.

Mit der Reduktion der Lithiumdosis kehrte nicht nur die Klarheit des Denkens, sondern auch die Lebendigkeit und Intensität der Wahrnehmung in mein Leben zurück, jene Elemente, die einst mein normales Naturell bestimmt hatten und deren Verlust meine Möglichkeiten, auf die Welt zu reagieren, erheblich eingeschränkt hatte. Die allzu strenge Reglementierung meiner Stimmungen und meines Temperaments durch die höhere Lithiumgabe machte mich anfälliger für Streß als die niedrigere Dosierung, die es meinem Gefühl und Verstand erlaubte, ein bißchen zu schwanken, ähnlich wie die Häuser in Kalifornien, die nach bestimmten Regeln gebaut werden, damit sie im Falle eines Erdbebens keinen Schaden erleiden. Und so hat die niedrigere Dosis paradoxerweise sowohl mein Denken als auch meine Emotionen stabilisiert. Allmählich entdeckte ich, als ich mich in meiner Umwelt umsah, daß es diese Gleichmäßigkeit und Vorhersagbarkeit war, die die meisten Menschen besitzen und wahrscheinlich ihr Leben lang für selbstverständlich halten.

Als ich noch studierte, gab ich einem blinden Studenten Statistikunterricht. Einmal in der Woche fand er mit Hilfe seines Blindenhundes den Weg in mein kleines Büro im Untergeschoß des Psychologiegebäudes. Die Zusammenarbeit hatte eine starke Wirkung auf mich, da ich sah, wie schwierig es für ihn war, die Dinge zu tun, die für mich das Natürlichste von der Welt waren. Auch die außerordentlich enge Beziehung zu seinem Collie, der, nachdem er ihn zu mir geführt hatte, sich immer sofort zusammenrollte und zu seinen Füßen einschlief, beeindruckte mich tief. Je weiter das Semester fortschritt, desto leichter fiel es mir, ihn danach zu fragen, wie es war, blind und jung zu sein und an der University of California zu studieren, und wie es sich anfühlte, so auf andere angewiesen zu sein, um studieren und überleben zu können. Nach einigen Monaten bildete ich mir ein, ich könnte mir zumindest ein bißchen vorstellen, wie das Leben für ihn war. Eines Tages fragte er mich, ob wir unsere Unterrichtsstunde nicht einmal im Leseraum für Blinde in der Studentenbibliothek abhalten könnten.

Mit einigen Mühen fand ich den Lesesaal und wollte hineingehen. Aber plötzlich blieb ich stehen, nachdem ich mit Schrecken festgestellt hatte, daß es in dem Raum so gut wie stockdunkel war. Es herrschte Totenstille, nirgends brannte ein Licht, und dennoch saßen dort etwa ein halbes Dutzend Studenten über ihre Bücher gebeugt, oder sie hatten Kopfhörer auf, über die sie die Vorlesungen ihrer Professoren hörten, die sie zuvor aufgenommen hatten. Die unheimliche Szene jagte mir einen kalten Schauer über den Rücken. Mein Student hörte, daß ich den Raum betreten hatte, stand auf, ging zum Lichtschalter hinüber und knipste das Licht für mich an. Es war einer jener stillen, hellsichtigen Augenblicke, in denen man begreift, daß man eigentlich nichts begriffen hat, daß man keine Ahnung hat von der Welt eines anderen Menschen. Als ich allmählich in die Welt stabilerer Stimmungen und eines berechenbareren Lebens gelangte, erkannte ich, daß ich sehr wenig darüber wußte und mir nicht wirklich vorstellen konnte, wie es sein würde, in einer solchen Welt zu leben. In vieler Hinsicht war ich eine Fremde in der normalen Welt.

Das war ein ernüchternder Gedanke – einer, der mir beide Wege versperrte. Meine Stimmungen wechselten noch häufig und abrupt genug, um mir gelegentliche berauschende Erfahrungen in Grenzbereichen zu verschaffen. Diese weißen Manien bedeuteten Rausch, absolute Zielsicherheit und einen Zustrom von Ideen – all das, was es mir lange Zeit so schwergemacht hatte, Lithium zu nehmen. Doch wenn die schwarze Müdigkeit unausweichlich folgte, mußte ich notgedrungen erneut erkennen, daß ich eine schlimme Krankheit hatte, eine die jede Freude und Hoffnung und Fähigkeit zerstören konnte. Ich begann, mich nach jener täglichen Stabilität zu sehnen, deren sich die meisten meiner Kollegen und Kolleginnen zu erfreuen schienen. Allmählich merkte ich auch, wie anstrengend und kräftezehrend es war, meinen Verstand nur gerade über Wasser zu halten. In den Tagen und Wochen der Höhenflüge habe ich sicher viel geschafft, aber ich habe auch neue Projekte initiiert und bin neue

Verpflichtungen eingegangen, die ich dann in den eher trüben Zeiten realisieren beziehungsweise einlösen mußte. Ich war ständig damit beschäftigt, meine eigenen Gedanken einzuholen, mich von neuen Stimmungen und Erfahrungen zu befreien oder sie zu ergründen. Das Neue verlor allmählich den Reiz des Neuen, und die bloße Anhäufung von Erfahrungen erschien mir sehr viel weniger sinnvoll, als solchen Erfahrungen auf den Grund zu gehen.

Meine Stimmungen waren zwar nicht annähernd so extrem wie früher, doch es ließ sich nicht leugnen, daß eine gewisse, sporadisch auftretende Instabilität ein integraler Bestandteil meines Lebens geworden war. Nach vielen Jahren hatte ich mich endlich davon überzeugt, daß eine gewisse intellektuelle Stabilität nicht nur wünschenswert, sondern notwendig war. Doch irgendwo tief in meinem Herzen glaubte ich weiterhin, daß eine intensive und beständige Liebe nur in einem Klima heftiger Leidenschaften gedeihen konnte. Das, so dachte ich, bestimmte mich dazu, mit einem Mann zusammenzuleben, dessen Temperament meinem eigenen sehr ähnlich war. Und ich brauchte sehr lange, bis ich erkannte, daß Chaos und Leidenschaft kein Ersatz für eine dauerhafte Liebe sind, ebensowenig wie sie zwangsläufig eine Verbesserung des wirklichen Lebens bedeuten. Normale Menschen sind nicht immer langweilig. Im Gegenteil. Sprunghaftigkeit und Leidenschaft sind zwar oft romantischer und verführerischer, aber der Beständigkeit in der Beziehung zu einem anderen Menschen nicht per se vorzuziehen. Auch sind die beiden Extreme nicht unbedingt unvereinbar. Solche Ansichten hat man natürlich intuitiv, wenn es um Freundschaft und Familie geht, aber weniger, wenn man in einem romantischen Leben gefangen ist, das das eigene sprunghafte Gefühlsleben und Temperament widerspiegelt, verstärkt und aufrechterhält. Von meinem Mann, mit dem ich inzwischen seit fast einem Jahrzehnt zusammenlebe, habe ich mit Freuden, aber auch unter Schmerzen gelernt, daß es auch eine Liebe gibt, die stetig ist und ständig wächst.

Ich habe Richard bei einer Weihnachtsfeier in Washington kennengelernt, und er war ganz anders, als ich ihn mir vorgestellt hatte. Ich hatte schon von ihm gehört, denn er ist ein bekannter Forscher auf dem Gebiet der Schizophrenie, Direktor der Neuropsychiatrie des National Institute of Mental Health und Verfasser von über siebenhundert wissenschaftlichen Publikationen. Doch ich war auf den gutaussehenden, bescheidenen, liebenswürdigen Mann, mit dem ich mich neben einem riesigen Weihnachtsbaum unterhielt, keineswegs vorbereitet. Er war nicht nur attraktiv, sondern auch ein angenehmer Gesprächspartner. In den folgenden Monaten trafen wir uns häufiger. Als wir uns kaum ein Jahr kannten, ging ich ein weiteres Mal für sechs Monate nach London, wieder im Rahmen eines Forschungssemesters der UCLA. Dann kehrte ich nach Los Angeles zurück, blieb lange genug, um meine mit dem Forschungssemester zusammenhängenden Pflichten zu erfüllen und Pläne für einen Umzug nach Washington zu schmieden. Die Zeit des Kennenlernens war kurz, aber sehr überzeugend. Ich war gern mit ihm zusammen, und ich fand ihn nicht nur unglaublich intelligent, sondern auch phantasievoll, furchtbar neugierig, erfrischend offen und wunderbar unkompliziert im Umgang. Schon damals, ganz am Anfang unserer Beziehung, konnte ich mir ein Leben ohne ihn nicht mehr vorstellen. Ich gab meine Professorenstelle an der medizinischen Fakultät auf und verließ mit aufrichtigem Bedauern die University of California, an der ich sehr hing. Zudem machte ich mir Gedanken um die finanziellen Konsequenzen meines Entschlusses, ein gesichertes Einkommen aufzugeben. Dann besuchte ich eine Reihe von Abschiedsfesten, die meine Kollegen, Freunde und Studenten veranstalteten. Alles in allem verließ ich Los Angeles jedoch ohne großes Bedauern. Los Angeles war für mich – im Gegensatz zu dem, was ihr Name verhieß – nie die Stadt der Engel gewesen, und ich war überglücklich, sie zunächst Tausende von Metern unter mir, dann Tausende von Kilometern hinter mir zu lassen. Für mich bedeutete sie Nähe des Todes, verlorene Unschuld, seelische Verstörung und Verlust des Verstandes. Das Leben in Kalifornien war oft angenehm gewesen, sogar wundervoll, doch das konnte ich damals, als ich nach Washington zurückging, kaum erkennen. Das ewig verheißungsvolle, sich immer wieder entziehende und unendlich komplexe Gelobte Land schien für mich genau das zu sein: eine Verheißung.

Richard und ich zogen in ein Haus in Georgetown und stellten bald fest, was unser gesunder Menschenverstand uns sofort hätte sagen müssen: Wir hätten nicht unterschiedlicher sein können. Er war bedächtig, ich leidenschaftlich; Dinge, die mich zutiefst berührten, nahm er kaum wahr; er geriet nicht leicht in Wut, ich sehr schnell; er nahm die Welt mit freundlicher Gelassenheit, manchmal auch gar nicht zur Kenntnis, während ich spontan Freude oder Schmerz empfand. Er war für gewöhnlich ein Mensch der Mäßigung, ich hingegen neigte eher zum Affront, zur schnellen Gefühlsäußerung, reichte ihm aber auch vielleicht schneller die Hand und versuchte, die Wunden zu heilen, die wir einander zwangsläufig zufügten. Konzerte und Opern, wichtige Fixpunkte in meinem Leben, waren für ihn eine Qual, ebenso wie lange, ausführliche Gespräche und Ferien, die länger dauerten als drei Tage. Wir waren ein vollkommen gegensätzliches Paar. Ich war himmelhoch jauchzend und zu Tode betrübt, während Richard meistens ausgeglichen war und nur schwer mit meinen wechselnden Stimmungen umgehen konnte oder, schlimmer noch, Schwierigkeiten hatte, sie ernst zu nehmen. Er wußte einfach nicht, was er mit mir anfangen sollte. Wenn ich ihn fragte, woran er gerade denke, so waren es nie der Tod, die menschliche Natur, Beziehungen oder auch nur wir beide, es war fast immer ein wissenschaftliches Problem oder gelegentlich auch ein Patient. Er verfolgte seine Wissenschaft und die praktische Medizin mit derselben Leidenschaft, mit der ich das übrige Leben verfolgte.

Es war klar, daß er mir nicht bei ausgedehnten Abendessen und exquisiten Weinen bedeutungsvoll in die Augen blicken würde; ebensowenig würde er mit mir bei nächtlichem Kaffee und Port über Literatur und Musik diskutieren. Er konnte nicht lange stillsitzen, verfügte über eine ungeheure Konzentrationsfähigkeit, trank nicht viel, rührte Kaffee nicht an und interessierte sich nicht besonders für die Komplexität von Beziehungen oder für die Aussage der Kunst. Er konnte Gedichte nicht ausstehen und war anfangs richtig erstaunt darüber, daß ich nach seinem Eindruck soviel Zeit damit vertat, scheinbar ziellos herumzuschlendern, in den Zoo zu gehen, Kunstgalerien zu besuchen, meinen Hund auszuführen – einen süßen, sehr unabhängigen, krankhaft schüchternen Basset namens Pumpkin – oder mich mit Freunden zum Frühstück oder zum Mittagessen zu treffen. Aber dennoch habe ich in den ganzen Jahren nicht einmal an Richards Liebe zu mir gezweifelt oder an meiner zu ihm. Die Liebe ist wie das Leben sehr viel seltsamer und weit komplizierter, als die Erziehung einem weismachen wollte. Unsere gemeinsamen intellektuellen Interessen – Medizin, Wissenschaft, Psychiatrie – sind sehr stark, und zugleich haben unsere Unterschiede im Wesen und im Lebensstil jedem von uns ein großes Stück Unabhängigkeit ermöglicht, die wir beide brauchen und die uns letzten Endes im Laufe der Jahre eng aneinander gebunden hat. Mein Leben mit Richard ist ein sicherer Hafen geworden: ein höchst interessanter Ankerplatz voller Liebe und Wärme und immer ein bißchen ins offene Meer hinausweisend. Doch wie alle sicheren Häfen, die ihre Faszination ebenso behalten wie ihre Sicherheit, war auch dieser keineswegs auf ruhigen Wellen zu erreichen.

Als ich Richard zum ersten Mal von meiner manisch-depressiven Krankheit erzählte, kurz nachdem wir uns kennengelernt hatten, schien er wie vom Donner gerührt. Wir aßen im Restaurant des Del Coronado Hotels in San Diego; er legte langsam den Hamburger ab, den er gerade aß, schaute mir geradewegs in die Augen und stellte schließlich ohne Umschweife ziemlich trocken fest: »Das erklärt einiges.« Er war ausgesprochen freundlich und verständnisvoll. Ähnlich wie David Laurie es getan hatte, fragte er mich nach der Form meiner Krankheit und ihrem Einfluß auf mein Leben. Vielleicht weil er auch Arzt ist, stellte er wie David eine medizinische Frage nach der anderen: Wie meine Symptome in einer manischen Phase aussähen, wie stark meine Depressionen seien, ob ich je einen Selbstmordversuch unternommen hätte, welche Medikamente ich in der Vergangenheit genommen hätte, welche Medikamente ich im Moment nähme, ob sie irgendwelche Nebenwirkungen aufwiesen. Er war wie immer bedächtig und beruhigend; wenn er irgendwelche ernsthafteren Bedenken hatte, so war er freundlich und klug genug, diese für sich zu behalten.

Aber wie ich sehr wohl wußte, wird ein theoretisches Verstehen nicht zwangsläufig zu einem Verstehen im Alltagsleben. Inzwischen bezweifle ich, daß jemand, der diese Krankheit nicht hat, sie wirklich verstehen kann. Und letztlich ist es sicher auch unvernünftig, die Art von Akzeptanz zu erwarten, nach der man sich so verzweifelt sehnt. Es ist keine Krankheit, die leicht Empathie hervorruft. Doch wenn Unruhe oder Gereiztheit in Wut oder Aggression oder eine Psychose umschlägt, dann fällt es Richard, wie den meisten Menschen, sehr schwer, mich als krank anzusehen und nicht als eigensinnig, wütend, irrational oder einfach anstrengend. Was ich als etwas erlebe, das sich meiner Kontrolle entzieht, kann auf ihn wie eine böse Absicht wirken, die ihn erschreckt. In all diesen Augenblicken ist es mir unmöglich, meine Verzweiflung und meine Qual zu vermitteln, und noch schwieriger ist es, sich hinterher von den zerstörerischen Taten und den furchtbaren Worten zu erholen. Diese entsetzlichen schwarzen Manien mit ihren Erregungszuständen, ihren grausamen und wilden Seiten sind für Richard verständlicherweise schwer zu begreifen, und für mich sind sie fast genauso schwer zu erklären.

Keine noch so große Liebe kann Wahnsinn heilen oder dunkle Stimmungen aufhellen. Liebe hilft vielleicht, macht das Leid erträglicher, doch immer ist man von Medikamenten abhängig, die wirken können oder auch nicht, die man verträgt oder auch nicht. Der Wahnsinn auf der anderen Seite kann die Liebe durch das Mißtrauen, den unerbittlichen Pessimismus, durch Unzufriedenheit, sprunghaftes Verhalten und besonders durch die wilden Ausbrüche töten, was auch oft genug geschieht. Die eher traurigen, schläfrigen, langsamen und weniger launischen Depressionen werden intuitiv besser verstanden und leichter bewältigt. Eine stille Melancholie ist weder bedrohlich, noch liegt sie außerhalb des normalen Begreifens; eine böse, aggressive, lästige Verzweiflung hingegen ist beides. Erfahrung und Liebe haben uns beide über eine lange Zeit viel über den Umgang mit der manisch-depressiven Krankheit gelehrt. Manchmal sage ich lachend zu ihm, daß seine Unerschütterlichkeit mindestens dreihundert Gramm Lithium am Tag für mich wert sei, und wahrscheinlich stimmt das auch. Manchmal spüre ich mitten in einem furchtbaren, zerstörerischen Gefühlsaufruhr neben mir Richards Ruhe und werde an Byrons wunderbare Beschreibung des Regenbogens erinnert, der »wie die Hoffnung am Totenbett« am Rande eines wilden, reißenden Wasserfalls steht. Und »wenn alles ringsum mitgerissen wird von den tobenden Fluten«, bleibt der Regenbogen heiter und gelassen:

Und ähnelt, mitten in grausamer Zerstörung,
Der Liebe, die mit Gleichmut über Wahnsinn wacht.

Und obwohl Liebe kein Allheilmittel ist, so kann sie doch wie eine sehr starke Medizin wirken. Wie John Donne geschrieben hat, ist sie nicht so rein und abgehoben, wie man vielleicht einst geglaubt und gewünscht hat, aber sie dauert fort, und sie wächst.

TEIL IV

Eine ruhelose Seele

DIE SPRACHE DES WAHNSINNS

Kurz vor meinem Umzug von Los Angeles nach Washington bekam ich den unangenehmsten Brief, den mir je jemand geschrieben hat, einen richtigen Schmähbrief. Er stammte weder von einem Kollegen noch von einem Patienten, sondern von einer Frau, die die Ankündigung für einen Vortrag von mir gesehen hatte und außer sich darüber war, daß ich das Wort »Wahnsinn« im Titel verwendete. Ich sei, so schrieb sie, gefühllos und grob und hätte ganz offensichtlich keine Ahnung davon, wie es sei, an etwas so Furchtbarem wie der manisch-depressiven Krankheit zu leiden. Ich sei, so schrieb sie, noch so eine Ärztin, die in ihrer Laufbahn über die geistig Kranken hinweg nach oben stieg. Mich erschütterte der aggressive Ton des Briefes, und ich ärgerte mich über ihn, doch letztlich bewegte er mich dazu, lange und ernsthaft über die Sprache des Wahnsinns nachzudenken.

Geisteskrankheiten werden in einer Sprache beschrieben und erörtert, die viele verschiedene, sich überschneidende Elemente enthält – Bildhaftes, Banales, klinische Präzision und Stigma – und auf diese Weise Verwirrung und Mißverständnisse schafft und die traditionellen Begriffe und Ausdrücke allmählich ausbleicht. Es ist nicht mehr klar, welchen Stellenwert Wörter wie »wahnsinnig«, »verrückt«, »bekloppt«, »irre«, »durchgedreht« oder »übergeschnappt« in einer Gesellschaft haben sollten, die zunehmend einfühlsamer auf die Gefühle und Rechte jener eingeht, die geisteskrank sind. Sollten zum Beispiel ausdrucksstarke, oft auch witzige Formulierungen wie »nicht alle Tassen im Schrank haben«, »einen Sprung in der Schüssel haben« oder »nicht richtig ticken« durch die Mode »korrekter« oder »akzeptabler« Sprache im Zaum gehalten werden?

Einer meiner Freunde mußte, bevor er nach einem akuten manischen Anfall aus einer psychiatrischen Klinik entlassen wurde, eine Art Gruppentherapie besuchen, deren Ziel ein bewußterer Sprachgebrauch war. Die kurz vor der Entlassung stehenden Patienten sollten Ausdrücke wie »bekloppt«, »Irrer«, »Verrückter«, »einen Vogel haben« vermeiden und sie auch bei anderen nicht zulassen. Man glaubte, daß eine solche Sprache den Mangel an Selbstbewußtsein und eine Selbst-Stigmatisierung aufrechterhalten würde. Mein Freund empfand diese Veranstaltung als Bevormundung und als lächerlich. Aber war sie das? Einerseits handelte es sich um eine sehr lobenswerte und professionelle, wenn auch etwas übertrieben ernste Maßnahme, denn der Schmerz, diese Worte im falschen Zusammenhang und im falschen Tonfall hören zu müssen, geht tief, und die Erinnerung an Rücksichtslosigkeit und Vorurteile bleibt lange Zeit wach. Erlaubt man die Verwendung solcher Sprache, ohne sie zu kontrollieren oder zu korrigieren, so trägt diese zweifelsohne direkt oder indirekt zur Diskriminierung im Berufsleben, bei Versicherungen und in der Gesellschaft insgesamt bei.

Andererseits ist die Annahme, daß die strikte Ablehnung von Ausdrücken und Redewendungen, die seit Jahrhunderten existieren, viel Einfluß auf die öffentliche Meinung hat, sehr fragwürdig. Sie verleitet zu der Illusion, es gäbe einfache Antworten auf unendlich schwierige Situationen, und ignoriert die mächtige Rolle von Humor und Ironie als positive Faktoren des Selbstkonzepts und der sozialen Veränderung. Der Umgang mit abnormen Geisteszuständen und Verhaltensweisen braucht offensichtlich Freiheit, Abwechslung, Witz und sprachliche Direktheit. Ebenso offensichtlich muß sich die öffentliche Wahrnehmung der Geisteskrankheiten ändern. Es kommt natürlich auch auf den Kontext und die Akzentuierung an. Der wissenschaftliche Diskurs beispielsweise erfordert eine höchst präzise Sprache. Nur allzuoft werden die Ängste und Mißverständnisse der Öffentlichkeit, die Erfordernisse der Wissenschaft, das alberne Geschwätz der Populärpsychologie und die Ziele der Initiativen für psychisch Kranke in einem heillosen Durcheinander vermengt.

Eines der besten Beispiele hierfür ist die gegenwärtige Verwirrung über den immer populärer werdenden Begriff »bipolare Störung« anstelle des historischen Begriffs »manisch-depressive Störung«. Der Begriff ist jetzt fest in die Nomenklatur des *Diagnostic and Statistical Manual* (DSM-IV) eingegangen, das autoritäre diagnostische System der American Psychiatric Association. Obwohl ich mich selbst immer als »manisch-depressiv« bezeichne, lautet die offizielle Diagnose gemäß DSM-IV »bipolare Störung I; rekurrent; mit stark psychotischen Eigenschaften; zwischenzeitlich vollkommene Genesung« (eines der vielen diagnostischen Kriterien des DSM-IV, das ich im Verlauf meiner Krankheit »erfüllt« habe und das mir besonders gefällt, ist das »exzessive Ausleben lustbetonter Aktivitäten«). Als Klinikerin und Wissenschaftlerin bin ich natürlich der festen Überzeugung, daß wissenschaftliche und klinische Studien auf einer präzisen Sprache und exakt definierten diagnostischen Kriterien gegründet sein müssen, damit sie genau und zuverlässig durchgeführt werden können. Weder dem Patienten noch seinen Familienangehörigen ist mit einer eleganten und bildhaften Sprache gedient, wenn sie zugleich unpräzise und subjektiv ist. Als Mensch und Patientin jedoch finde ich den Begriff »bipolar« irgendwie ungehörig und kränkend: Er scheint mir die Krankheit, die er definieren soll, zu verdunkeln und zu verniedlichen. Die Beschreibung »manisch-depressiv« hingegen erfaßt sowohl das Wesen als auch die Schwere meiner Krankheit, anstatt ihre Realität zu verschleiern.

Die meisten Kliniker und viele Patienten allerdings empfinden den Ausdruck »bipolare Störung« als weniger stigmatisierend als »manisch-depressive Krankheit«. Vielleicht ist dem so, vielleicht aber auch nicht. Sicherlich sollten die Patienten, die an dieser Krankheit leiden, das Recht haben, den Begriff auszuwählen, den sie für den angemessensten halten. Doch es stellen sich zwei Fragen: Ist der Begriff »bipolar« wirklich ein medizinisch präziser Begriff, und führt die Änderung der Bezeichnung tatsächlich zu einer größeren Akzeptanz der Erkrankung? Die erste Frage läßt sich dahingehend beantworten, daß der Begriff »bipolar« insofern präzise ist, als er aussagt, daß das betreffende Individuum sowohl an der Manie (oder an schwachen Formen der Manie) als auch an Depressionen leidet, im Gegensatz zu den Menschen, die nur eine Depression haben. Doch die Unterteilung affektiver Störungen in »bipolare« und »unipolare« geht von einer klinischen und einer ätiologischen Trennung zwischen Depression und manisch-depressiver Krankheit aus, die nicht immer klar oder überhaupt wissenschaftlich gesichert ist. Auch fördert diese Begrifflichkeit die Vorstellung, daß eine Depression irgendwo für sich lokalisiert ist, während sich die Manie ganz woanders abspielt. Diese Polarisierung zweier klinischer Zustände widerspricht allem, was wir über die vielseitige, schillernde Natur der manisch-depressiven Krankheit wissen; sie ignoriert die Frage, ob die Manie nicht letztlich nur eine extreme Form der Depression ist, und sie spielt die Rolle von manisch-depressiven Mischzuständen herunter, die sehr verbreitet und klinisch von größter

Bedeutung sind und den Kern vieler theoretischer Fragen zu dieser speziellen Krankheit bilden.

Doch es stellt sich auch die Frage, ob man die Stigmatisierung der Geisteskrankheiten letztlich durch eine veränderte Sprache aufheben kann oder nicht vielmehr durch eine offensive Erziehung der Öffentlichkeit, durch bewährte Medikamente wie Lithium, Krampfmittel, Antidepressiva und Antipsychotika, durch Behandlungsmethoden, die nicht nur erfolgreich sind, sondern überdies auf die Vorstellungskraft der Öffentlichkeit und der Medien wirken (wie zum Beispiel Prozacs Einfluß auf die öffentliche Meinung und den allgemeinen Wissensstand in bezug auf Depressionen), durch die Entdeckung der genetischen oder anderen biologischen Ursachen von Geisteskrankheiten, durch bildgebende diagnostische Verfahren wie etwa PET (Positronenemissionstomographie), die die Lokalisierung und die konkrete Existenz dieser Störungen optisch vermitteln, durch die Entwicklung von Bluttests, die psychiatrische Krankheiten endlich medizinisch glaubwürdig machen, durch Leistungen des Gesetzgebers, durch die Gleichstellung mit anderen medizinischen Krankheitsbildern im jeweiligen Gesundheitssystem. Die Einstellung gegenüber den Geisteskrankheiten wandelt sich, wenn auch nur ganz allmählich, und dies beruht in hohem Maße auf einer Kombination der genannten Faktoren – erfolgreiche Behandlung, Lobby und Gesetzgebung.

Die größte Lobby für psychisch Kranke setzt sich aus Patienten, Familienangehörigen und Fachleuten zusammen. Sie engagieren sich besonders in der Erziehung der Öffentlichkeit, das heißt, sie informieren sowohl die Gesellschaft und die Medien als auch Staat und Behörden. Obwohl diese Gruppen sehr unterschiedliche Methoden und Ziele haben, haben sie Tausenden von Patienten und ihren Angehörigen schon geholfen, haben das

Niveau der ärztlichen Versorgung in ihren Gemeinden angehoben, indem sie Kompetenz und Respekt forderten und solche Psychiater und Psychologen boykottierten, die nicht über beides verfügten. Sie haben Kongreßmitglieder belagert und bearbeitet (von denen, nebenbei bemerkt, viele selbst an affektiven Störungen leiden oder Fälle von Geisteskrankheit in der Familie haben) und bewirkt, daß Forschungsgelder erhöht wurden, die Gleichberechtigung für psychische Krankheiten gefordert und eine Gesetzgebung durchgesetzt wurde, die dafür sorgt, daß diese Kranken ihre berufliche Stellung nicht verlieren und gegen Diskriminierung von seiten der Versicherungen gefeit sind. Diese Gruppen – und die Wissenschaftler und Ärzte, die die Behandlung ermöglichen – haben das Leben für uns alle, die wir an psychischen Krankheiten leiden, leichter gemacht, ganz gleichgültig, ob wir uns selbst als »wahnsinnig« bezeichnen oder Protestbriefe an jene schreiben, die das tun. Ihnen haben wir es zu verdanken, daß wir uns jetzt den Luxus leisten können, die Feinheiten der Sprache zu diskutieren, die speziell unsere eigene und die menschliche Natur allgemein beschreibt.

> Solange ihm niemand „nachweisen" konnte z.B. wa durch Bluttests was man seine Krankheit nannte, wollte er sie auch nicht akzeptieren. Fragebögen konnten ihn nicht überzeugen. Molekular-Biologie

GESTÖRTE HELIX

Jim Watson hatte sich so gesetzt, daß er den Tagungsraum jederzeit schnell durch die Hintertür verlassen konnte. Er zappelte auf seinem Stuhl, blickte prüfend um sich, blinzelte und gähnte. Seine Finger, die er auf dem Kopf verschränkt hielt, trommelten nervös, und seine Aufmerksamkeit sprang hin und her zwischen den präsentierten Daten, seiner *New York Times* und den Streifzügen der eigenen Gedanken. Jim kann schlecht Interesse heucheln, wenn er sich langweilt, und man konnte unmöglich erkennen, ob er wirklich an die Wissenschaft dachte, um die es ging – die Genetik und Molekularbiologie der manisch-depressiven Störung –, oder an Politik, Klatsch, Liebe, potentielle Geldgeber für Cold Spring Harbor, Architektur oder Tennis oder irgendeine andere Leidenschaft, die in diesem Augenblick seinen Geist und sein Herz beschäftigte. Temperamentvoll, offen und direkt wie er ist, läßt er seine Mitmenschen nicht gleichgültig. Ich selbst finde ihn faszinierend und wunderbar. Jim ist wirklich unabhängig, und in einer zunehmend stromlinienförmigen Welt ist er eine Ausnahmeerscheinung. Natürlich kann man sagen, daß es relativ einfach ist, unabhängig und ungewöhnlich zu sein, wenn man mit seiner Arbeit dazu beigetragen hat, die Struktur des Lebens zu entdecken, und dafür den Nobelpreis bekommen hat. Doch es ist auch klar, daß dieselben Grundzüge seines Naturells – Leidenschaft, Ehrgeiz, Phantasie und eine Neigung zum Ikonoklasmus – seine Suche nach der Struktur der DNS angetrieben haben.

Jims fast mit Händen zu greifende Energie ist mitreißend. Aber sein Tempo, das intellektuelle wie das physische, kann sehr anstrengend sein, und es ist gar nicht so leicht, mit ihm Schritt zu halten, egal, ob es sich um eine Diskussion bei Tisch oder um einen Spaziergang auf dem Gelände von Cold Spring Harbor handelt. Seine Frau behauptet, sie könne einfach an der Atmosphäre im Hause, wie energiegeladen sie sei, spüren, ob Jim da ist oder nicht. Doch wie interessant Jim als Mensch auch sein mag, vor allem ist er eine wissenschaftliche Führungspersönlichkeit: Bis vor kurzem war er Leiter eines der renommiertesten molekularbiologischen Labors der Welt, des Cold Spring Harbor Laboratory, und Erster Vorsitzender des National Center for Human Genome Research. In den letzten Jahren hat sich sein Interesse auf die Gene konzentriert, die für die manisch-depressive Krankheit verantwortlich sind.

Da die wissenschaftlichen Erkenntnisse über manische-depressive Störungen so ausschließlich auf das Gebiet der Molekularbiologie begrenzt sind, habe ich mich in diesem Bereich immer mehr aufgehalten. Es ist eine exotische Welt, eine Welt, die im Bannkreis eines seltsamen Konglomerats aus Pflanzen und Tieren – Mais, Fruchtfliegen, Hefe, Würmern, Mäusen, Menschen, Pufferfischen – entstanden ist; und in ihr hat sich ein merkwürdiges, rasch wachsendes und zuweilen recht poetisches Sprachsystem gebildet, das aus so wunderbaren Begriffen besteht wie »orphan clones« [»Waisen-Clone«], »Plasmide« und »high-density cosmids« [hochgradig verdichtete Plasmide], »triple helices« [Dreifach-Helix], »untethered DNA« [»entbundene DNS«], »kamikaze reagents« [»Kamikaze-Reagenzien«], »chromosome walking« [»Chromosomen-Spaziergang«], »gene hunters« [»Gen-Jäger«] und »gene mappers« [»Gen-Kartographen«]. Es ist ein Wissenschaftszweig, der nach den fundamentalsten Erkenntnissen überhaupt strebt, der nach den biologischen Äquivalenten von Quarks und Leptonen sucht.

Die Tagung, bei der Watson so nervös herumzappelte, prüfend umherspähte und gähnte, befaßte sich mit der genetischen Grundlage der manisch-depressiven Krankheit und hatte zum Ziel, klinische Psychiater, Genetiker und Molekularbiologen zusammenzubringen, die auf die eine oder andere Weise aktiv nach den Genen forschen, die für diese Krankheit verantwortlich sind. Sie sollten sich im Rahmen dieser Tagung austauschen über ihre wissenschaftlichen Methoden, ihre Ergebnisse und die Stammbäume der betroffenen Familien, deren genetisches Material analysiert wurde. Ein Stammbaum nach dem anderen wurde auf die Projektionswand geworfen, einige mit relativ wenigen kranken Familienmitgliedern, andere mit einer großen Anzahl von Quadraten und Kreisen, die komplett schwarz waren und für Männer und Frauen standen, die an der manisch-depressiven Krankheit litten. Halbschwarze Kreise und Quadrate bezeichneten Depressionen, und ein S, ein Kreuz oder ein Schrägstrich kennzeichneten diejenigen, die Selbstmord begangen hatten. Jedes dieser schwarzen oder halbschwarzen Symbole repräsentierte ein Leben mit Perioden furchtbaren Leidens, doch je mehr von diesen dunklen Quadraten und Kreisen in einer Familie anzutreffen waren, desto »besser« (das heißt genetisch informativer und nützlicher) erschien der Stammbaum. Während ich mich in dem Raum umsah, dachte ich, daß es irgendeinem der dort anwesenden Wissenschaftler höchstwahrscheinlich gelingen würde, irgendwo in diesen Stammbäumen den Sitz des Gens oder der Gene, die für die manisch-depressive Krankheit verantwortlich sind, ausfindig zu machen. Das war eine sehr aufregende Vorstellung, denn wenn die Gene erst einmal gefunden wären, wäre eine frühe und viel präzisere Diagnose möglich und in der Folge auch eine speziellere, verläßlichere, weniger problematische und wirksamere Behandlung.

Der Dia-Vortrag war vorbei, die Vorhänge wurden aufgezogen, und ich sah über Jim Watsons Kopf hinweg an den Apfelbäumen vorbei und erinnerte mich an eine Bootsfahrt auf dem Mississippi, die ich vor Jahren gemacht hatte. Und ich dachte an Mogens Schou, einen dänischen Psychiater, der sich besonders um den Einsatz von Lithium als Mittel gegen die manisch-depressive Krankheit verdient gemacht hat. Mogens und ich hatten beschlossen, einen Tag bei der alljährlichen Zusammenkunft der American Psychiatric Association zu schwänzen und den Vorteil, daß wir in New Orleans waren, wahrzunehmen. Wir fanden, daß sich das am besten mit einer Bootsfahrt auf dem Mississippi tun ließe. Es war ein wunderschöner Tag, und nachdem wir über verschiedene Themen diskutiert hatten, drehte Mogens sich zu mir um und fragte mich geradeheraus: »Warum befaßt du dich eigentlich mit affektiven Störungen? Was ist der wahre Grund?« Ich muß genauso perplex und unbehaglich ausgesehen haben, wie ich mich fühlte, denn er änderte seine Taktik und sagte: »Oder soll ich dir erklären, warum *ich* mich damit beschäftige?« Und er erzählte mir alles über seine Depressionen und die manisch-depressive Krankheit, die es in seiner Familie gab, wie furchtbar das gewesen sei und wie er deshalb vor Jahren verzweifelt die medizinische Fachliteratur nach neuen, experimentellen Behandlungsmethoden durchforstet hatte. Als im Jahr 1949 John Cades Artikel über den Einsatz von Lithium bei akuter Manie zum ersten Mal in einer obskuren australischen Medizin-Fachzeitschrift erschien, stürzte Mogens sich darauf und begann augenblicklich mit den harten klinischen Versuchen, die die Wirksamkeit und Sicherheit der Medikamente garantieren sollten. Er redete ganz offen über die Geisteskrankheiten in seiner Familiengeschichte und hob hervor, daß es dieses stark persönliche Motiv war, das praktisch seine gesamte Forschungsarbeit bestimmt habe. Er gab mir deutlich zu verstehen, daß er vermutete, mein Engagement für die klinische Erforschung der manisch-depressiven Krankheit sei ebenso persönlich motiviert.

Ich fühlte mich ein bißchen in die Enge getrieben, gleichzeitig aber auch erleichtert, und ich beschloß, ehrlich über meine eigene Geschichte und die meiner Familie zu sprechen. Und bald zeichneten wir beide unsere Stammbäume auf Papierservietten. Ich war erstaunt, wie viele meiner Quadrate und Kreise schwarz waren oder schwarz mit einem Fragezeichen darunter (ich wußte zum Beispiel, daß mein Großonkel praktisch sein ganzes Erwachsenenleben in einer Anstalt verbracht hatte, aber ich kannte die Diagnose seiner Krankheit nicht). Auf der Seite meines Vaters trat die manisch-depressive Krankheit wiederholt auf, und zwar in allen drei Generationen, von denen ich wußte. Die Sternchen, die Selbstmordversuche repräsentierten, formierten sich zu einem ganzen Sternenfeld. Die Seite meiner Mutter hingegen war peinlich sauber. Man mußte kein scharfsichtiger Menschenkenner sein, um festzustellen, daß meine Eltern sehr verschieden waren, doch hier zeigte sich ihre Unterschiedlichkeit am ganz konkreten Beispiel – und zwar buchstäblich schwarz auf weiß. Mogens, der seinen eigenen Stammbaum aufgezeichnet hatte, warf einen Blick über meine Schulter auf die Anzahl meiner betroffenen Familienmitglieder und gab sich im »Kampf der schwarzen Kästchen« lachend geschlagen. Er bemerkte, daß der Kreis, der mich repräsentierte, ganz schwarz und mit einem Sternchen markiert war – wie beeindruckend, wenn man seinen eigenen Selbstmordversuch auf ein einfaches Symbol reduzieren kann! –, und dann redeten wir ziemlich lange über meine Krankheit, das Lithium, die Nebenwirkungen und meinen Selbstmordversuch.

Das Gespräch mit Mogens war außerordentlich hilfreich für mich, zum einen, weil er mich stark ermutigte, meine eigenen Erfahrungen in meine wissenschaftliche Arbeit, mein Schreiben und meine Lehrtätigkeit einzubringen, und zum anderen, weil es sehr wichtig für mich war, mit einem älteren Professor darüber reden zu können, der nicht nur wußte, was ich durchgemacht hatte, sondern auch seine eigenen Erfahrungen eingesetzt hatte, um das Leben von Hunderttausenden zu verändern. Einschließlich meines eigenen. Egal, was für Kämpfe ich mit dem Lithium ausgestanden hatte – mir war schmerzlich bewußt, daß ich ohne dieses Medikament schon lange tot gewesen oder in der geschlossenen Abteilung eines Landeskrankenhauses gelandet wäre. Ich war eine von den vielen Kranken, die ihr Leben den schwarzen Kreisen und Quadraten in Schous Stammbaum verdankten.

Die Tatsache, daß die manisch-depressive Krankheit genetisch bedingt ist, löst sehr komplizierte und oft belastende Emotionen aus, was niemanden überraschen wird. An dem einen Ende stehen furchtbare Scham- und Schuldgefühle, die einem beigebracht werden können. Vor vielen Jahren, als ich noch in Los Angeles lebte, ging ich zu einem Arzt, den mir ein Kollege empfohlen hatte. Nachdem er mich untersucht und herausbekommen hatte, daß ich seit vielen Jahren Lithium nahm, stellte er mir sehr viele Fragen zu meiner psychiatrischen Krankengeschichte. Er fragte mich auch, ob ich Kinder haben wolle. Da meine behandelnden Ärzte bis dahin klug und mitfühlend mit mir umgegangen waren, hatte ich keinen Grund, nicht offen über meine lange Geschichte der Manien und Depressionen zu sprechen. Ich berichtete, daß ich gut auf Lithium reagierte, und machte auch deutlich, daß ich sehr gern Kinder haben würde. Daraufhin fragte er sofort, wie ich während der Schwangerschaft mit dem Lithium umzugehen gedächte. Ich erläuterte ihm, daß die Risiken meiner Krankheit größer seien als alle etwaigen Probleme, die wegen der Lithium-Einnahme für einen Fötus entstehen könnten, und daß ich es deshalb vorziehen würde, weiterhin Lithium zu nehmen. Doch noch bevor ich geendet hatte, unterbrach er mich mit der Frage, ob ich wüßte, daß die manisch-depressive Krankheit genetisch bedingt sei. Ich unterdrückte für einen Augenblick das Bedürfnis, ihn daran zu erinnern, daß ich mein gesamtes Berufsleben damit verbracht hatte, die manisch-depressive Krankheit zu erforschen, und daß ich außerdem nicht völlig blöde sei. Statt dessen sagte ich: »Ja, natürlich.« Mit einer eisigen, herrischen Stimme, die ich heute noch im Ohr habe, befand er, ganz so, als wäre es Gottes Wahrheit, für die er seine Feststellung wohl auch hielt: »Sie sollten auf Kinder verzichten. Sie sind manisch-depressiv.«

Mir wurde übel, ganz entsetzlich übel, und ich fühlte mich zutiefst gedemütigt. Ich widerstand dem Bedürfnis, mich provozieren zu lassen, was zweifelsohne als irrationales Verhalten interpretiert worden wäre, und fragte ihn, ob er mir den Rat, auf Kinder zu verzichten, aus der Überzeugung gegeben habe, ich sei aufgrund meiner Krankheit ungeeignet als Mutter, oder ob er einfach sagen wollte, man solle es vermeiden, noch einen manisch-depressiven Menschen in die Welt zu setzen. Ohne meinen Sarkasmus zu beachten, den er vielleicht auch gar nicht bemerkte, antwortete er: »Sowohl als auch.« Ich bat ihn, das Untersuchungszimmer zu verlassen, zog mich fertig an, klopfte dann an seine Tür und sagte ihm, er solle sich zum Teufel scheren. Ich ging über die Straße zu meinem Auto, setzte mich hinein und zitterte und schluchzte, bis ich völlig erschöpft war. Brutalität kann viele Formen annehmen, und was er mir angetan hatte, war nicht nur brutal, sondern zeugte auch von Unprofessionalität und Unwissenheit. Sie fügte mir den lang anhaltenden Schmerz zu, den man nur empfinden kann, wenn einem etwas tief ins Herz schneidet.

Seltsamerweise war es mir noch nie in den Sinn gekommen, daß ich keine Kinder bekäme, bloß weil ich manisch-depressiv war. Selbst in meinen tiefsten Depressionen habe ich es nie bedauert, geboren zu sein. Es gab zwar Phasen, in denen ich sterben wollte, doch das ist etwas ganz anderes als das Bedauern, auf die Welt gekommen zu sein. Ich war überaus dankbar für meine Geburt, dankbar für mein Leben, und ich konnte mir nicht vorstellen, daß ich das Leben nicht an einen anderen Menschen weitergeben sollte. Alles in allem hatte ich ein wunderbares – wenn auch etwas turbulentes und zeitweise fürchterliches – Leben. Natürlich hegte ich gewisse Bedenken, wie sollte es auch anders sein? Würde ich beispielsweise gut für meine Kinder sorgen können? Was würde mit ihnen geschehen, wenn ich eine schwere Depression bekäme? Und vor allem: Was geschähe, wenn ich manisch würde, wenn mein Urteilsvermögen gestört wäre und ich mich aggressiv oder unkontrolliert verhielte? Wie würde es sein, wenn ich mit ansehen müßte, wie meine eigenen Kinder mit Depressionen kämpften, mit Hoffnungslosigkeit, Verzweiflung oder Wahnsinn, wenn sie selbst krank würden? Würde ich sie mit Argusaugen beobachten, um mögliche Symptome zu entdecken, oder gar normale Reaktionen für Anzeichen der Krankheit halten? An all diese Dinge hatte ich tausendmal gedacht, doch nie, nicht ein einziges Mal hatte ich mir die Frage gestellt, *ob* ich überhaupt Kinder haben wollte. Und trotz der

Hartherzigkeit des Arztes, der mich untersucht und mir geraten hatte, auf Kinder zu verzichten, hätte ich liebend gern ein ganzes Haus voller Kinder gehabt, wie David und ich es einst geplant hatten. Doch es sollte anders kommen: David ist gestorben, und Richard – der einzige Mann, mit dem ich nach Davids Tod Kinder haben wollte – hat schon drei aus einer früheren Ehe.

Keine Kinder zu haben, ist das einzige in meinem Leben, was ich unendlich bedaure. Doch ich habe zu meinem großen Glück zwei Neffen und eine Nichte, von denen jeder oder jede auf seine oder ihre Weise ganz wunderbar und bemerkenswert ist, und meine Beziehung zu ihnen bereitet mir unbeschreiblich viel Freude. Es macht Spaß, Tante zu sein, besonders wenn Nichte und Neffen nachdenklich sind, eigenständig, rücksichtsvoll, witzig, intelligent und phantasievoll. Man muß sich in ihrer Gesellschaft einfach wohl fühlen. Meine Neffen, deren Interessen wie die ihres Vaters Mathematik und Wirtschaft gelten, sind ruhige, humorvolle, selbständig denkende, zartfühlende, charmante junge Männer. Meine Nichte, bedeutend später geboren, ist jetzt elf. Sie hat schon einen nationalen Literaturpreis erhalten und ist fest entschlossen, Schriftstellerin zu werden. Man findet sie oft in einem Sessel hockend und eifrig vor sich hinkritzelnd; sie fragt viel, liebt ihre vielen verschiedenen Tiere und greift keck und forsch in Familiendiskussionen ein, um ihren Standpunkt zu vertreten. Sie ist impulsiv, einfühlsam, originell und hat ein erstaunliches Talent, sich gegen ihre sehr wortgewandten älteren Brüder, ihre Eltern und verschiedene andere Erwachsene zu verteidigen. Ich kann mir gar nicht vorstellen, wie mein Leben ohne diese drei Kinder aussähe.

Trotz meines starken Engagements für die Wissenschaft, die nach den Genen für die manisch-depressive Krankheit forscht, frage ich mich manchmal, was die Entdeckung dieser Gene tatsächlich bedeuten würde. Der Nutzen für die Erkrankten sowie für ihre Familien und die Gesellschaft wird natürlich außerordentlich groß sein, wenn die gegenwärtigen Forschungen in der Genetik zu einer besseren und früheren Diagnose und zu einer angemesseneren und weniger belastenden Behandlung führen. Es ist in der Tat nur eine Frage der Zeit, bis dieser Nutzen Wirklichkeit wird. Doch wo liegen die Gefahren der pränatalen Diagnostik? Werden zukünftige Eltern sich dazu entscheiden, den Fötus mit den Genen für die manisch-depressive Krankheit abzutreiben, selbst wenn es eine Krankheit ist, die sich behandeln läßt? (Interessanterweise hat eine vor kurzem an der Johns Hopkins Universität durchgeführte Studie, bei der manisch-depressive Patienten und Patientinnen und ihre Ehepartner befragt wurden, ergeben, daß die meisten von ihnen nicht abtreiben würden.) Laufen wir Gefahr, die Welt zu glätten, zu homogenisieren, wenn wir uns der Gene für die manisch-depressive Krankheit entledigen? Ein wissenschaftliches Problem, das zugegebenermaßen kompliziert und kaum zu lösen ist. Und wie sehen die Gefahren für jene aus, die das Risiko eingehen, für jene ruhelosen Menschen, die sich mit anderen zusammentun, um die Kunst, die Wissenschaft und die Politik voranzutreiben? Sind Manisch-Depressive ebenso wie gefleckte Eulen und gefleckte Leoparden in Gefahr, eine vom Aussterben bedrohte Gattung zu werden?

Das sind sehr schwierige ethische Fragen, besonders deshalb, weil die manisch-depressive Störung sowohl dem Individuum als auch der Gesellschaft Vorteile bieten kann. Die Krankheit in ihrer leichteren wie auch schweren Form scheint sich nicht nur durch ihre Affinität zur künstlerischen Natur und Phantasie positiv auszuwirken, sondern auch durch ihren Einfluß auf viele bedeutende Wissenschaftler und Führungspersönlichkeiten in Wirtschaft, Kirche, Militär und Politik. Gemeint sind auch solche subtileren Einflüsse wie die auf den Charakter, die Denkweise und Leistungsfähigkeit, denn es handelt sich um eine recht verbreitete Krankheit, die sich in vielen Variationen durch Temperament, Verhalten und Wissen ausdrückt. Die Situation wird noch komplizierter durch die Tatsache, daß zusätzliche genetische, biochemische und umweltbedingte Faktoren (wie der Einfluß lang anhaltender oder signifikanter Lichtveränderungen, andauernder Schlafmangel, Geburt eines Kindes, Drogen- oder Alkoholkonsum) zumindest teilweise sowohl für die Krankheit als auch für die kognitiven und starken persönlichen Eigenschaften, die man mit herausragenden Leistungen verbindet, verantwortlich sein können. Diese wissenschaftlichen und ethischen Fragen sind reale Probleme; glücklicherweise befassen sich das von der Regierung durchgeführte Genom-Projekt sowie die Forschung anderer Gruppen von Wissenschaftlern und Ethikern ernsthaft mit ihnen. Dennoch sind diese Themen zutiefst beunruhigend und bewegend, und das werden sie wohl noch viele Jahre lang bleiben.

Die Wissenschaft beeindruckt weiterhin durch ihre Fähigkeit, neue Fragen aufzuwerfen, während sie noch die alten löst. Sie bewegt sich schnell vorwärts, oft sogar auf elegante Weise, und während sie fortschreitet, weckt sie hohe Erwartungen.

Während ich auf einem dieser harten, unbequemen Stühle saß, die für medizinische Fachkonferenzen so typisch sind, vergaß ich fast die Welt um mich herum. Mein Geist ruhte ganz in sich, nachdem er durch das Klick, Klick, Klick der wechselnden Dias im Projektor in einen leicht hypnotisierten Zustand versetzt worden war. Meine Augen waren offen, doch mein Gehirn wiegte sich sanft in seiner Hängematte, tief verborgen in den Höhlen meines Schädels. Es war dunkel und stickig in dem Raum, aber draußen schneite es bei schönstem Wetter. Ich war mit einer Gruppe von Kollegen in Colorado in den Rocky Mountains, und wer ein bißchen Verstand hatte, war beim Skilaufen. Dennoch befanden sich über hundert Ärzte in dem Konferenzraum, und ein Dia folgte – klick, klick, klick – auf das andere. Ich ertappte mich dabei, wie ich zum hundertsten Mal feststellte, daß Verrücktsein nicht bedeutete, dumm zu sein – also was in aller Welt machte ich dann hier drinnen, anstatt mich draußen auf der Piste zu tummeln? Plötzlich spitzte ich die Ohren. Eine flache, betäubend objektive Stimme murmelte etwas von allerneuesten Ergebnissen über strukturelle Gehirnabnormitäten bei der bipolaren Krankheit. Mein strukturell abnormes Gehirn wurde aufmerksam, und ein Schauer lief mir über den Rücken. Die murmelnde Stimme fuhr fort: »Bei den bipolaren Patienten, die wir untersucht haben, findet sich eine signifikant erhöhte Anzahl kleiner Areale mit ›focal signal hyperintensities‹ (also Areale mit erhöhter Wasserkonzentration), die anormales Gewebe vermuten lassen. Es handelt sich um das, was Neurologen manchmal als ›nichtidentifizierbare helle Objekte‹ bezeichnen.« Das Publikum lachte zustimmend.

Da ich mir nur schlecht einen weiteren Verlust von Gehirngewebe leisten konnte – Gott weiß, wie viele Brocken grauer Materie nach meiner fast tödlichen Überdosis Lithium schon über den Jordan gegangen waren –, lachte ich etwas weniger begeistert mit. Der Redner fuhr fort: »Die medizinische Bedeutung dieser Areale ist unklar, doch wir wissen, daß sie mit anderen Krankheiten zusammenhängen, wie zum Beispiel mit Alzheimer, mit Multipler Sklerose und Multi-Infarkt Dementia.« Ich hatte recht – ich hätte doch Ski laufen sollen. Gegen jede bessere Vernunft wandte ich mich der Projektionswand zu. Die Dias hatten eine Sogwirkung, und wie immer fesselten mich die unglaublichen Details der Gehirnstruktur, die durch die neuesten Darstellungen der MRI-Technik enthüllt wurden. Die Methoden des Gehirn-Scannens haben etwas Faszinierendes, besonders die schönen MRI-Bilder mit ihrer hohen Auflösung und die großartigen vielfarbigen Scans der PET-Studien. Mit dem PET zum Beispiel zeigt sich ein depressives Gehirn in kalten, passiven Blautönen, in dunklem Scharlachrot und Grün; wenn sich dasselbe Gehirn jedoch in einem hypomanischen Zustand befindet, funkelt es wie ein Weihnachtsbaum mit Flecken in leuchtendem Rot, Gelb und Orange. Nie zuvor hat die Farbe und Struktur der Wissenschaft den kalten, inneren Tod der Depression oder die vibrierende, dynamische Stimmung der Manie so vollständig eingefangen.

Die moderne Neurowissenschaft befindet sich in einem wunderbaren Erregungszustand; hier spürt man den abenteuerlichen Forscherdrang von Mondwanderern, die neue Grenzen setzen. Die wissenschaftlichen Studien sind elegant, die Wissenschaftler irritierend jung und das Tempo der Entdeckungen absolut atemberaubend. Wie die Molekularbiologen, so sind sich auch die Gehirn-Scanner der außergewöhnlichen Grenzen bewußt, die sie überschreiten, und man müßte ein leeres Gehirn oder ein Herz aus Stein haben, um von ihren vereinten Unternehmungen und ihrem Enthusiasmus unberührt zu bleiben.

Ich war, ob ich wollte oder nicht, von der Wissenschaft gepackt, und ich überlegte, ob die besagten Hirnareale Ursache oder Folge der Krankheit waren, ob sie mit der Zeit ausgeprägter würden, wo sie im Gehirn zu lokalisieren seien, ob die Schwierigkeiten bei der räumlichen Orientierung und dem Wiedererkennen von Gesichtern, die ich und viele andere Manisch-Depressive erleben, damit zusammenhingen und ob Kinder, die von dieser Krankheit bedroht waren, weil ein Elternteil oder beide daran litten, diese Abnormitäten im Gehirn aufwiesen, bevor die Krankheit zutage tritt. Mein klinisches Bewußtsein begann, darüber nachzugrübeln, welche Vorteile diese und andere optisch sichtbaren Befunde für die Aufklärung meiner belesenen und skeptischeren Patienten hätten, wenn es galt, sie davon zu überzeugen, daß es (a) ein Gehirn gibt, (b) daß ihre Stimmungen mit ihrem Gehirn zusammenhängen und (c) daß spezifische, hirnschädigende Wirkungen auftreten, wenn sie ihre Medikamente absetzten. Diese Überlegungen lenkten mich für eine Weile ab, wie so oft, wenn ich von meiner persönlichen Betroffenheit überwechselte in meine professionelle Rolle als wissenschaftlich und klinisch arbeitende Psychologin. Doch die persönlichen Interessen und Sorgen kehrten immer wieder zurück.

Als ich wieder an der Johns Hopkins Universität war, wo ich inzwischen arbeitete, stürzte ich mich auf die Kollegen von der Neurologie und belagerte meine Mitarbeiter, die an den MRI-Studien saßen. Ich rannte in die Bibliothek, um alles zu lesen, was darüber bekannt ist, denn die theoretische Überzeugung, daß man die Krankheit im Gehirn hat, ist eine Sache, aber sie tatsächlich zu sehen, ist eine ganz andere. Schon die Titel einiger Artikel waren sehr aufschlußreich: »Basale Ganglia Volumes and White Matter Hyperintensities in Patients with Bipolar Disorder«, »Struktural Brain Abnormalities in Bipolar Affective Disorder: Ventricular Enlargement and Focal Signal Hyperintensities«, »Subcortical Abnormalities Detected in Bipolar Affective Disorders, Using Magnetic Resonance Imaging«, und so weiter und so fort. Ich setzte mich hin und las. In einer Studie fand ich die Information, daß von den 32 Scans von Patienten mit bipolaren Störungen 11 (also 34,4 Prozent) Hyperintensitäten aufwiesen, während nur ein Scan (also 3,2 Prozent) aus der normalen Vergleichsgruppe solche Abnormitäten enthielt.

Nach einem inneren Stirnrunzeln bei dem Begriff der »normalen Vergleichsgruppe« las ich weiter und stellte fest, daß es, wie immer in neuen Bereichen der klinischen Medizin, sehr viel mehr Fragen als Antworten gab. Und es war nicht klar, was diese Ergebnisse wirklich bedeuteten: Sie konnten mit Problemen der Meßmethode zusammenhängen, sie konnten durch die Ernährungsweise oder durch die Behandlungsgeschichte erklärt werden, sie konnten durch etwas bedingt sein, das in gar keinem Zusammenhang mit der manisch-depressiven Krankheit stand – unendlich viele Erklärungen waren möglich. Doch war die Wahrscheinlichkeit, daß die »nichtidentifizierbaren hellen Objekte« *irgend etwas* bedeuten, sehr groß. Seltsamerweise war ich, nachdem ich die vielen verschiedenen Studien gelesen hatte, etwas beruhigt und hatte weniger Angst. Die Tatsache allein, daß die Wissenschaft sich so schnell vorwärtsbewegte, ließ mich Hoffnung schöpfen; und wenn sich die Veränderungen in der Struktur des Gehirns als bedeutsam herausstellen sollten, dann war ich froh darüber, daß wenigstens erstklassige Wissenschaftler sie untersuchten. Ohne Wissenschaft gäbe es keine solche Hoffnung. Überhaupt keine Hoffnung.

Und was immer sonst sie vermochte, sicher gab sie dem Begriff »den Verstand verlieren« eine neue Bedeutung.

DIE KLINISCHE ZULASSUNG

Es gibt keine Methode, mit der man anderen Menschen leichten Herzens erklären könnte, daß man manisch-depressiv ist; und wenn doch, dann habe ich sie noch nicht entdeckt. Trotz der Tatsache, daß die meisten Menschen, denen ich es erzählt habe, sehr verständnisvoll (manche sogar ganz besonders) reagierten, verfolgen mich bis heute die wenigen Fälle, in denen die Reaktion unfreundlich, gönnerhaft oder ohne einen Funken Einfühlungsvermögen war. Der Gedanke, meine Krankheit in einem öffentlicheren Forum zu diskutieren, war für mich bis vor kurzem fast unvorstellbar. Diese Zurückhaltung hatte zum großen Teil berufliche Gründe, aber sie hing auch mit der Grausamkeit zusammen, die ich ab und zu von seiten meiner Freunde oder Kollegen, absichtlich oder unabsichtlich, erfahren habe, wenn ich mich entschlossen hatte, sie einzuweihen. Das nenne ich, nicht ohne Bitterkeit, den Mouseheart-Faktor.

Mouseheart, ein früherer Kollege in Los Angeles, war, so dachte ich, auch ein Freund. Er war ein freundlicher Psychoanalytiker, und es ergab sich, daß wir morgens regelmäßig gemeinsam Kaffee trinken gingen. Weniger häufig, aber genauso gern verbrachten wir unsere Mittagspause zusammen, gingen essen und redeten über unsere Arbeit und unser Leben. Nach einer Weile begann ich das übliche Unbehagen zu empfinden, das mich immer beschleicht, wenn ein gewisses Niveau von Freundschaft oder Vertrautheit in einer Beziehung erreicht ist und ich meine Krankheit noch nicht erwähnt habe. Es handelt sich schließlich nicht um irgendeine x-beliebige Krankheit, sondern um eine Erkrankung, die jeden Bereich meines Lebens beeinflußt: meine Stimmungen, mein Temperament, meine Arbeit und meine Reaktionen auf fast alles, was mir begegnet. Wenn ich nicht über meine manisch-depressive Krankheit spreche, und sei es nur, um ein einziges Mal darüber zu diskutieren, dann gibt das der Freundschaft meistens zwangsläufig einen Anstrich von Oberflächlichkeit. Mit einem inneren Stoßseufzer beschloß ich, der Sache ins Auge zu blicken und es ihm zu sagen.

Wir saßen damals in einem Restaurant am Strand von Malibu, und nach einer kurzen Darstellung meiner Manien und Depressionen sowie meines Selbstmordversuchs heftete ich meinen Blick auf eine Felsengruppe weit draußen im Ozean und wartete auf seine Reaktion. Es war ein langes, kaltes Warten. Schließlich sah ich, wie ihm die Tränen über die Wangen liefen, und obwohl ich mich erinnere, daß ich das damals für eine etwas übertriebene Reaktion hielt – um so mehr, als ich versucht hatte, meine Manien und Depressionen mit so wenig Leidenschaft wie möglich darzustellen –, war ich gerührt, daß das, was ich durchgemacht hatte, ihn derart mitnahm. Nachdem er sich die Tränen abgewischt hatte, sagte Mouseheart, er könne es einfach nicht fassen. Er sei, so erklärte er, zutiefst enttäuscht. Er hätte mich immer für so großartig, so außergewöhnlich stark gehalten. Wie *könnte* ich nur einen Selbstmordversuch unternehmen? Was ich mir denn dabei gedacht hätte? Selbstmord sei ein so feiger, so egoistischer Akt.

Zu meinem großen Entsetzen wurde mir klar, daß er es ernst meinte. Ich war wie gelähmt. Sein Schmerz über das Gehörte, daß ich an der manisch-depressiven Krankheit litt, war offenbar größer als mein Schmerz über das eigene Kranksein. Einige Minuten lang kam ich mir vor, als hätte ich die Pest. Dann fühlte ich mich verraten, beschämt und völlig bloßgestellt. Seine Besorgtheit kannte natürlich keine Grenzen. War ich *wirklich* psychotisch gewesen? Wenn ja, so fragte er mit seiner sanften Stimme und scheinbar voller Fürsorge, glaubte ich wirklich, daß ich unter diesen Bedingungen in der Lage sei, dem Streß einer akademischen Laufbahn standzuhalten? Mit zusammengebissenen Zähnen wies ich ihn darauf hin, daß ich diesem Streß schließlich schon seit vielen Jahren standhielt, und, um die Wahrheit zu sagen, sei ich bedeutend jünger als er und hätte trotzdem bedeutend mehr veröffentlicht. An den weiteren Verlauf des Mittagessens kann ich mich nicht mehr erinnern, ich weiß nur noch, daß es eine einzige Qual war und daß ich ihm mit einem Sarkasmus, den er nicht einmal bemerkte, mitteilte, er bräuchte sich nicht zu sorgen, da die manisch-depressive Krankheit nicht ansteckend sei (wobei ihm ein bißchen Manie nicht geschadet hätte, wenn man seine langweilige, obsessive und humorlose Sicht der Welt vor Augen hatte). Er rutschte auf seinem Stuhl hin und her und vermied es, mir in die Augen zu sehen.

Am nächsten Morgen wurde ein Dutzend langstieliger roter Rosen in der Klinik für mich abgeliefert. In dem Strauß steckte eine Karte mit einem heuchlerischen Entschuldigungsschreiben. Ich nehme an, es war als nette Geste gedacht, doch sie reichte nicht aus, um die Wunde zu heilen, die mir seine – zugegebenermaßen ehrliche – Reaktion zugefügt hatte: Er war normal, ich war es nicht, und – um es mit seinen niederschmetternden Worten zu sagen – er war »zutiefst enttäuscht«.

Es gibt viele Gründe, warum ich gezögert habe, meine Krankheit zu offenbaren. Einige dieser Gründe sind persönlicher, viele beruflicher Art. Die persönlichen Aspekte hängen zu einem großen Teil mit der familiären Intimsphäre zusammen – besonders weil die Krankheit, um die es sich handelt, genetisch bedingt ist – sowie mit der Überzeugung, daß persönliche Dinge auch persönlich bleiben sollten. Außerdem habe ich mir viele, vielleicht zu viele Gedanken darüber gemacht, inwieweit das Wissen um meine Krankheit die Wahrnehmung anderer, was meine Identität und mein Tun und Lassen betrifft, beeinflussen würde. Nur ein schmaler Grat trennt das, was als verrückt angesehen wird, und das, was als – ein gräßliches, aber vernichtendes Wort – »unangemessen« gilt, und es macht nur einen winzigen Unterschied aus, ob man für leidenschaftlich oder ein bißchen unbeständig und sprunghaft gehalten wird oder ob man das abschätzige Etikett »instabil« aufgedrückt bekommt. Und welche Gründe persönlicher Eitelkeit dabei auch mitspielen mögen, ich habe jedenfalls Angst, daß mein Selbstmordversuch und meine Depressionen von manchen als Schwäche oder als »neurotisch« ausgelegt werden könnten. Der Gedanke, für jemanden gehalten zu werden, der ab und zu mal psychotisch wird, macht mir längst nicht soviel aus wie der, als schwach und neurotisch abgestempelt zu werden. Und schließlich fürchte ich, daß ich, wenn ich über derart private Dinge meines Lebens öffentlich spreche oder schreibe, womöglich eines Tages feststellen muß, daß sie schal geworden sind und ihren Sinn und Gefühlswert verloren haben. Indem ich mich selbst in die Lage bringe, zu freimütig und zu häufig darüber zu sprechen, gehe ich das Risiko ein, daß mir die Erfahrungen entgleiten, daß sie unzugänglich werden und nichts mehr mit mir zu tun haben. Ich habe Angst, sie entwickeln sich zu den Erfahrungen eines anderen Menschen und sind nicht mehr meine eigenen.

Die Hauptbedenken gegen eine offene Diskussion meiner

Krankheit waren jedoch eher beruflicher Natur. Am Anfang meiner Laufbahn konzentrierten sich diese Bedenken auf die konkrete Sorge, der California Board of Medical Examiners würde mir die Approbation verweigern, wenn meine manisch-depressive Krankheit bekannt würde. Mit der Zeit verlor ich jedoch die Angst vor derartigen administrativen Maßnahmen, vor allem deshalb, weil ich ein raffiniertes System klinischer Schutzmechanismen ausgeklügelt hatte: Meine engen Kollegen wußten Bescheid, und ich hatte mit meinem Psychiater bis zum Erbrechen jeden denkbaren Zwischenfall und wie man ihm am besten begegnet diskutiert – doch sorgte ich mich zunehmend darum, daß meine berufliche Anonymität in Lehre und Forschung beschädigt werden könnte. An der UCLA zum Beispiel hielt ich vor vielen Psychiatern, die sich noch in der Ausbildung befanden, Vorlesungen und betreute sie in der von mir geleiteten Klinik; an der Johns Hopkins Universität unterrichtete ich angehende Psychiater und Medizinstudenten sowohl auf den Stationen als auch in der Ambulanz für Patienten mit affektiven Erkrankungen. Mir graust bei dem Gedanken, diese Assistenzärzte und Praktikanten würden aus Rücksicht auf das, was sie vielleicht für meine Gefühle halten, nicht sagen, was sie wirklich denken, und nicht die Fragen stellen, die sie normalerweise stellen müßten und würden.

Viele dieser Sorgen beziehen sich auch auf meine Forschung und meine Publikationen. Ich habe viel über die manisch-depressive Störung in medizinischen und wissenschaftlichen Zeitschriften veröffentlicht. Wird meine Arbeit von meinen Kollegen nun aufgrund meiner Krankheit als befangen angesehen? Das ist eine Vorstellung, die mich sehr beunruhigt, obwohl einer der Vorteile der Wissenschaft darin liegt, daß eine Arbeit letztlich entweder auf Resonanz stößt oder nicht. Mit der Zeit verliert eine mögliche Befangenheit deshalb ihre Bedeutung. Dennoch mache ich mir Gedanken über die Reaktionen meiner Kollegen, wenn ich meine Krankheit preisgebe. Nehmen wir beispielsweise eine wissenschaftliche Tagung: Ich stelle eine Frage oder greife den Redner an. Wird meine Frage dann so behandelt, als käme sie von jemandem, der viele Jahre affektive Störungen erforscht und behandelt hat, oder wird sie statt dessen als die völlig subjektive, individuelle Sichtweise eines Menschen angesehen, der ein persönliches Interesse daran hat? Der Gedanke, den Schutz wissenschaftlicher Objektivität aufzugeben, erscheint mir furchtbar. Aber natürlich ist meine Arbeit in hohem Maß von meinen Emotionen und Erfahrungen geprägt. Sie haben meine Lehre stark beeinflußt, mein Engagement für psychisch Kranke, meine klinische Praxis und meine Spezialgebiete: manisch-depressive Störung im allgemeinen und Selbstmord im besonderen, Psychosen, psychologische Aspekte der Krankheit und ihre Behandlung, die Ablehnung der Lithiumbehandlung, positive Aspekte von Manie und Zyklothymie sowie die Bedeutung der Psychotherapie.

Am wichtigsten war für mich als klinische Psychologin jedoch die Frage, die Mouseheart so geschickt in unser Mittagsgespräch in Malibu hatte einfließen lassen: Glaubte ich *wirklich*, daß jemand mit einer Geisteskrankheit die Erlaubnis haben sollte, Patienten zu behandeln?

Als ich im Winter 1986 die UCLA verließ, um nach Washington zu ziehen, wollte ich unbedingt weiter in der Lehre bleiben und strebte eine wissenschaftliche Stelle an einer medizinischen Fakultät an. Richard, der an der Johns Hopkins Universität Medizin studiert hatte, war ganz sicher, daß es mir dort gefallen würde. Auf seinen Rat bewarb ich mich bei der Psychiatrischen

Abteilung um eine Dozentenstelle, und schon ein paar Monate nach meinem Umzug an die Ostküste begann ich dort zu unterrichten. Richard hatte recht. Ich war von Anfang an von Johns Hopkins begeistert. Und wie er vorhergesagt hatte, war eine der vielen erfreulichen Erfahrungen an der Fakultät, daß die Lehrverpflichtungen so ernst genommen wurden. Die hervorragende klinische Betreuung war ein weiterer positiver Punkt. Bald würde sich die Frage nach der klinischen Zulassung stellen.

Mit dem üblichen unangehmen Gefühl, das mich befällt, sobald ich mir offizielle Anstellungsformulare eines Krankenhauses ansehe, starrte ich auf den Packen Papier, der vor mir lag. Auf der obersten Seite prangte in imposanten Lettern die Überschrift THE JOHNS HOPKINS HOSPITAL. Ich überflog die Seite und sah, wie erwartet, einen Antrag auf klinische Zulassung. Das Beste hoffend, aber das Schlimmste befürchtend, beschloß ich, zuerst die eindeutigen Fragen anzugehen. Ich kreuzte schnell das Nein bei der langen Liste von Fragen an, welche die Berufshaftpflicht, Vernachlässigung von Sicherheitsmaßnahmen und berufliche Sanktionen betrafen: War ich in meiner bisherigen Laufbahn in irgendeinen Prozeß involviert gewesen, wo es um Kunstfehler oder Berufshaftpflicht ging? Gab es irgendwelche Einschränkungen oder Begrenzungen in meiner Berufshaftpflicht? War meine Zulassung zur Behandlung jemals eingeschränkt, aufgehoben, irgendwelchen Bedingungen, Probezeiten, offiziellen oder inoffiziellen Abmahnungen unterworfen gewesen, nicht erneuert oder eingezogen worden? Hatte es jemals ein Disziplinarverfahren bei irgendeiner medizinischen Organisation gegen mich gegeben? Liefen zur Zeit irgendwelche Disziplinarverfahren gegen mich? Diese Fragen waren Gott sei Dank leicht zu beantworten, da es mir in unserem lächerlich prozeßfreudigen Zeitalter bisher gelungen ist, eine Klage wegen

Fahrlässigkeit zu vermeiden. Doch die nächste Spalte mit der Überschrift »Persönliche Informationen« ließ mir das Herz bis zum Hals schlagen. Und tatsächlich fand ich auch bald die Frage, die mehr erforderte als nur ein Nein-Kreuzchen:

Leiden Sie gegenwärtig an – beziehungsweise sind Sie in Behandlung wegen – einer Behinderung oder Krankheit, einschließlich Drogen- oder Alkoholmißbrauch, die eine ordnungsgemäße Erfüllung Ihrer Aufgaben und Pflichten in diesem Krankenhaus beeinträchtigen würde?

Fünf Zeilen darunter stand mein Todesurteil:

Ich bin mir bewußt, daß jedwede Falschaussage oder Auslassung in diesem Antrag zur Ablehnung der Bewerbung führen kann beziehungsweise eine fristlose Entlassung aus dem medizinischen Mitarbeiterstab zur Folge hat.

Ich las die Passage »Leiden Sie gegenwärtig an...« noch einmal, dachte lange darüber nach und schrieb schließlich daneben: »Persönlich besprochen mit dem Leiter der psychiatrischen Abteilung.« Dann rief ich mit klopfendem Herzen den besagten Leiter an und fragte ihn, ob wir uns zum Essen treffen könnten.

Etwa eine Woche später trafen wir uns im Restaurant der Klinik. Er war so gesprächig und humorvoll wie immer, so daß wir uns einige Minuten ungezwungen über Ereignisse in der Abteilung, Lehrveranstaltungen, Forschungsgelder und die Psychiatrie-Politik unterhielten. Die Hände im Schoß verkrampft, erzählte ich ihm, wobei mir das Herz bis zum Hals schlug, von dem Antrag auf klinische Zulassung, von meiner manisch-depressiven Krankheit und meiner Behandlung. Mein engster Kollege im Johns Hopkins wußte schon davon, da ich die Kollegen und Kolleginnen, mit denen ich so eng zusammenarbeitete, immer informierte. An der UCLA zum Beispiel hatte ich meine Krankheit im Detail mit den Ärzten besprochen, die gemeinsam mit mir die UCLA Affective Disorder Clinic aufgebaut hatten, und später auch mit dem Arzt, der praktisch in all den Jahren, in denen ich die Klinik leitete, medizinischer Direktor war. Auch mein Vorgesetzter an der UCLA wußte, daß ich wegen der manisch-depressiven Krankheit in Behandlung war. Ich war immer der Meinung, daß ich Sicherheitsvorkehrungen treffen müsse, falls meine klinische Entscheidungsfähigkeit aufgrund der Manie oder schwerer Depression beeinträchtigt würde. Wenn ich es meinen Kollegen verschwieg, würde nicht nur die Behandlung der Patienten in Gefahr gebracht, sondern ich würde sie selbst in eine beruflich und rechtlich unhaltbare Situation bringen.

Ich machte jedem der Ärzte, mit denen ich eng zusammenarbeitete, klar, daß ich in Behandlung eines hervorragenden Psychiaters sei, daß ich Medikamente nähme und kein Problem mit Alkohol oder Drogen hätte. Ich stellte ihnen auch frei, selbst mit meinem Psychiater zu sprechen und ihn über alles zu befragen, was sie über meine Krankheit und meine Berufsfähigkeit wissen wollten. Im Gegenzug sollte mein Psychiater sowohl mich als auch jeden anderen, bei dem er es für angebracht hielt, davon in Kenntnis setzen, falls er irgendwelche Zweifel bezüglich meiner klinischen Urteilsfähigkeit hätte. Meine Kollegen versprachen mir, mich, sobald sie Zweifel hätten, direkt zu informieren und mich von meiner Verantwortung für die Patienten zu entbinden und meinen Psychiater davon in Kenntnis zu setzen. Ich glaube, daß sie alle zu dem einen oder anderen Zeitpunkt mit meinem Psychiater gesprochen haben, um Informationen über meine Krankheit und die Behandlung zu erlangen; glücklicherweise hat sich jedoch nie jemand aus Sorge um meine klinischen Kompetenzen mit ihm in Verbindung gesetzt. Auch mußte ich meine Klinikzulassung nie zurückgeben, obwohl ich manchmal aus eigenem Antrieb Termine abgesagt oder verlegt habe, wenn ich es im Interesse des Patienten als notwendig erachtete.

Ich hatte Glück, war aber auch vorsichtig. Es besteht immer die Möglichkeit, daß meine Krankheit (wie jede Krankheit eines Klinikers) die Urteilsfähigkeit beeinträchtigt. Fragen, die im Zusammenhang mit Klinikzulassungen gestellt werden, sind weder ungerechtfertigt noch irrelevant. Ich beantworte sie nicht gern, doch sie haben durchaus ihren Sinn. Die Klinikzulassung ist ein Privileg, sie ist kein Recht. Die eigentlichen Gefahren gehen natürlich von jenen Klinikern aus (oder auch von den Politikern, Piloten, Geschäftsleuten oder den Individuen, die für das Wohl und das Leben anderer verantwortlich sind), die – wegen des Stigmas oder aus Angst um ihre Zulassung, ihren Studienplatz oder ihre Assistentenstelle – zögern, psychiatrische Hilfe in Anspruch zu nehmen. Wenn sie ohne Behandlung und ohne Aufsicht bleiben, bricht bei vielen von ihnen die Krankheit ungehindert aus, und sie bringen auf diese Weise nicht nur ihr eigenes Leben, sondern auch das Leben anderer in Gefahr. Viele Ärzte, die versuchen, ihre affektiven Störungen selbst zu behandeln, werden alkohol- oder tablettenabhängig. Es ist nicht ungewöhnlich, daß depressive Ärzte sich ihre Antidepressiva selbst verschreiben – was zu einer Katastrophe führen kann.

Krankenhäuser und Berufsverbände müssen sich darüber im klaren sein, welche Gefahr jene Ärzte, Krankenschwestern und Psychologen, die sich nicht behandeln lassen, für ihre Patienten darstellen. Aber sie müssen auch effektive einfühlsame Behandlungsprogramme unterstützen, Richtlinien für Sicherheitsmaßnahmen ausarbeiten und eine intelligente, nicht bevormundende Betreuung einsetzen. Unbehandelte affektive Störungen führen nicht nur zu einem Risiko für die Patienten, sondern auch für die Ärzte selbst. Viel zu viele, zum großen Teil ausgezeichnete Ärzte begehen jedes Jahr Selbstmord; eine neuere Studie kam zu dem Ergebnis, daß die Anzahl der Ärzte, die die Vereinigten Staaten bis vor kurzem jährlich durch Selbstmord verloren haben, einem mittelgroßen Jahrgang von Medizinstudenten entspricht. Die meisten Selbstmorde von Medizinern sind durch Depressionen oder manisch-depressive Störungen bedingt, die beide größtenteils behandelt werden können. Ärzte leiden unglücklicherweise nicht nur häufiger an affektiven Störungen als der Rest der Bevölkerung, sondern sie haben auch einen besseren Zugang zu äußerst wirksamen Methoden, Selbstmord zu begehen.

Ärzte müssen natürlich zuerst selbst dafür sorgen, daß sie gesund sind; doch brauchen sie auch eine akzeptable, kompetente Behandlung, die ihnen die Möglichkeit dazu gibt. Dem medizinischen und administrativen System, in dem sie sich befinden, obliegt die Aufgabe, sie zur Behandlung zu ermutigen, vernünftige Richtlinien für die Ausübung ihres Berufs unter Supervision zu erstellen und zugleich Inkompetenzen oder die Gefährdung der Patientenversorgung zu verhindern. Ärzte sind, wie mein Chef so gern betont, dazu da, Patienten zu behandeln, und die Patienten sollten niemals für die Probleme und das Leiden ihrer Ärzte bezahlen müssen – sei es im wörtlichen oder medizinischen Sinne. Ich teile seine Meinung vollkommen, und so wartete ich mit einer gewissen Angst auf seine Antwort, nachdem ich ihm mitgeteilt hatte, daß ich mich wegen der manisch-depressiven Krankheit in Behandlung befände und die Frage meiner klinischen Zulassung mit ihm besprechen müßte.

Ich beobachtete sein Gesicht, um irgendwelche Hinweise auf das, was er dachte, zu entdecken. Plötzlich schob er seine Hand über den Tisch, legte sie auf meine und lächelte. »Meine liebe Kay«, sagte er. »Ich *weiß*, daß Sie an der manisch-depressiven Krankheit leiden.« Er machte eine Pause und lachte dann. »Wenn wir alle Manisch-Depressiven aus der medizinischen Fakultät entfernen würden, dann wäre unser Lehrkörper nicht nur sehr viel kleiner, sondern auch sehr viel langweiliger.«

EIN LEBEN MIT WECHSELNDEN STIMMUNGEN

Wir alle sind, wie Byron es nennt, unterschiedlich organisiert. Wir alle bewegen uns innerhalb der Grenzen unserer Natur und schöpfen nur teilweise alle ihre Möglichkeiten aus. Dreißig Jahre mit der manisch-depressiven Krankheit haben mir in zunehmendem Maße sowohl die Grenzen als auch die Möglichkeiten bewußt gemacht, die damit verbunden sind. Die verhängnisvolle, todesnahe Dunkelheit, die ich als Kind erlebt hatte, als ich sah, wie der hohe, klare Himmel sich mit Rauch und Flammen füllte, ist immer gegenwärtig, eingewoben in die Schönheit und Vitalität des Lebens. Jene Dunkelheit ist ein integraler Bestandteil meiner Identität, und ich muß mein Vorstellungsvermögen nicht besonders bemühen, um mich an die Monate grausamer Finsternis und Erschöpfung zu erinnern oder an die furchtbaren Anstrengungen, die es mich kostete, andere zu unterrichten, zu lesen und zu schreiben, Patienten zu empfangen und Beziehungen am Leben zu erhalten. In tieferen Schichten – aber mit den ersten Anzeichen von Depression nur allzu schnell wieder an die Oberfläche gehoben – liegen die unvergeßlichen Bilder der Gewalt, des Wahnsinns, der beschämenden Verhaltensweisen und Ausbrüche, die für mich schwer zu ertragen waren, aber auf andere eine noch brutalere Wirkung hatten.

Doch wie entsetzlich diese Stimmungen und Erinnerungen im Grunde auch sind, sie werden immer durch andersgeartete

Hochstimmungen und Empfindungen in Gang gesetzt. Wann immer mich eine sanft aufschäumende Welle manischer Begeisterung überkommt, werde ich durch sie in frühere, intensivere und leidenschaftlichere Zeiten getragen, so wie einen ein durchdringender Duft in eine längst vergangene Welt zurückversetzen kann. Die durch die Manie erzeugte Intensität des Erlebens ließ das Vergangene in einer Klarheit wiedererstehen, wie es sonst vielleicht nur der Krieg, die Liebe und frühe Erinnerungen vermögen. Deshalb habe ich eine unruhige, aber intensiv erlebte Vergangenheit gegen eine sichere Existenz in der Gegenwart eingetauscht – ein Tausch, der bittersüße Empfindungen auslöst.

Manchmal höre ich noch Sirenengesang aus der Vergangenheit, und mir bleibt eine verführerische, wenn auch immer seltener aufkommende Sehnsucht, den Rausch und das Fieber früherer Zeiten wiederzubeleben. Ich werfe einen Blick über die Schulter und spüre die Anwesenheit eines leidenschaftlichen Mädchens und dann einer sprunghaften, gestörten jungen Frau – beide mit hochfliegenden Träumen und ruhelosen, romantischen Sehnsüchten. Wie könnte oder sollte man jene Leidenschaft wieder einfangen oder die wunderbaren Stimmungen einer durchtanzten Nacht, eines Gleitflugs durch Sternenfelder und die Ringe des Saturns, diese ganze verrückte manische Euphorie? Wie kann man je die langen Sommertage leidenschaftlicher Liebe zurückholen, den Geruch von Flieder, Ekstase und Gin Fizz, der sich über eine Gartenmauer ergoß, und die Kaskaden eines ungezügelten Lachens, das andauerte, bis die Sonne aufging oder die Polizei erschien?

In mir mischen sich verschiedene Sehnsüchte nach einer früheren Zeit. Das ist vielleicht unvermeidlich, und zwar in jedem Leben, aber bei mir kommt noch ein fast schmerzhaftes Heimweh dazu, weil mein früheres Leben besonders von intensiven

Stimmungen geprägt war. Das macht es mir noch schwerer, die Vergangenheit hinter mir zu lassen, und mein Leben gestaltet sich zeitweilig zu einer Art elegischer Klage um verlorene Stimmungen. Ich vermisse die verlorene Intensität, und ich ertappe mich dabei, wie ich unbewußt danach greife, so wie ich ab und zu mit meiner Hand nach dem Fall und der Schwere meines früheren langen Haares taste; ebenso wie der Schatten der Stimmungen bleibt mir nur das Phantom der Schwere. Die heutigen Sehnsüchte sind jedoch meistens wirklich nichts weiter als eben nur Sehnsüchte, und ich verspüre keinen Drang, die alten Ekstasen neu zu beleben. Die Konsequenzen sind zu furchtbar, zu endgültig und zu zerstörerisch.

Dennoch ist die Verführungskraft dieser ungebändigten und intensiven Stimmungen mächtig, und der uralte Streit zwischen der Vernunft und den Sinnen wird fast immer zugunsten der Sinne entschieden. Die milderen Formen der Manie versprechen – und lösen das Versprechen für eine kurze Zeit auch tatsächlich ein – Frühling im Winter und bahnbrechende Lebenskraft. Im kalten Licht des Tages dämpfen Realität und Zerstörungsmacht der neu entfachten Krankheit jedoch gewöhnlich die Faszinaiton dieser selektiv und wehmütig erinnerten intensiven, schönen Momente. Jede momentane Versuchung, solche Stimmungen vielleicht durch eine Verringerung der Lithiumdosis wieder heraufzubeschwören, wird durch das kalte Wissen erstickt, daß eine sanfte Euphorie bald zur Raserei wird und schließlich in einen unkontrollierten Wahn ausartet. Ich habe zuviel Angst, daß ich wieder schwer depressiv oder extrem manisch werden könnte – beides würde mein ganzes Leben in Stücke reißen: meine Beziehungen und Freundschaften und meine Arbeit, alles, was mir zuviel bedeutet, um eine Veränderung meiner medizinischen Behandlung ernsthaft in Erwägung zu ziehen.

Obwohl ich im Prinzip optimistisch bin, was den Erhalt meiner Gesundheit betrifft, kenne ich meine Krankheit doch aus so vielen verschiedenen Perspektiven, daß ich eine eher fatalistische Einstellung zur Zukunft habe. Daher kommt es, daß ich Vorträgen über neue Behandlungen der manisch-depressiven Krankheit mit weit mehr als nur beruflichem Interesse folge. Und wenn ich andere Krankenhäuser besuche, sehe ich mir oft die angegliederten psychiatrischen Abteilungen an, die Isolierzimmer und die Räume für die Elektroschocktherapie, streife über das Krankenhausgelände und stelle ganz persönliche Überlegungen an, wohin ich gehen würde, wenn ich stationär behandelt werden müßte. Es gibt immer eine Ecke in meinem Bewußtsein, die sich auf das Schlimmste vorbereitet, und eine andere, in der der Glaube vorherrscht, daß das Schlimmste nicht eintritt, wenn ich mich nur genug darauf vorbereite.

Die vielen Jahre, die ich mit den zyklischen Ausbrüchen meiner manischen-depressiven Krankheit gelebt habe, haben mich philosophischer werden lassen, besser gerüstet und fähiger gemacht, mit den unvermeidlichen Stimmungs- und Energieschwankungen umzugehen, für die ich mich entschieden habe, als ich meine Lithiumdosis herabsetzte. Ich stimme Eliots Bibelglauben zu, daß alles seine Zeit hat: Das Aufbauen hat seine Zeit und der Wind, der die lose Scheibe zerbricht. Deshalb bewege ich mich jetzt leichter mit den sich ständig verändernden Energiefluten, den Ideen und dem Enthusiasmus, dem ich ausgeliefert bin. Ab und zu herrscht in meinem Geist wieder Karnevalstreiben mit Lichtern, Lachen, Klängen und lauter Möglichkeiten. Lachen, Überschwang und Leichtigkeit erfüllen mich, dringen nach außen und springen auf andere über. Diese funkelnden, herrlichen Augenblicke dauern eine Weile, eine kurze Weile, und vergehen dann. Meine Stimmungen und Hoffnungen, die für einen kurzen Moment in der höchsten Gondel des Riesenrads geschaukelt haben, werden, so schnell wie sie aufgestiegen sind, zu einem schwarzen, trüben und müden Häufchen zusammenfallen. Zeit wird vergehen, die Stimmungen werden vergehen, und ich bin schließlich wieder ich selbst. Doch dann, irgendwann, zu einem unbekannten Zeitpunkt, wird dieser elektrisierende Karneval in meinen Geist zurückkehren.

Dieses Kommen und Gehen, dieser Segen und diese Gottferne, sind so sehr ein Teil meines Lebens geworden, daß die wilden Farben und Klänge jetzt weniger seltsam und stark auf mich wirken, und die Schwarz- und Grautöne, die unvermeidlich folgen, sind ebenfalls weniger dunkel und furchteinflößend. »Unter diesen Sternen«, hat Melville einst gesagt, »liegt ein Universum treibender Ungeheuer«. Doch mit der Zeit trifft man so viele Ungeheuer, daß man immer weniger Furcht vor jenen hat, denen man noch begegnen könnte. Obwohl meine alten Sommer-Manien immer noch ausbrechen, haben sie nicht nur den größten Teil ihres Schreckens verloren, sondern auch das meiste ihrer früheren unbeschreiblichen Schönheit und ihres wunderbaren Ungestüms: Im Lauf der Zeit zu einem Bodensatz geworden und durch eine Reihe ermüdender Erfahrungen sowie die Medikamente in die Knie gezwungen, bilden sie jedes Jahr im Juli kurze, manchmal gefährlich explosive Mischungen aus dunklen Stimmungen und heftigen Leidenschaften. Und dann verlöschen auch sie. Wenn man aus solchen Erfahrungen wieder auftaucht, empfindet man eine starke Nähe zum Tod, aber auch zum Leben. Wer John Donnes sanfte Glocke so oft und so überzeugend hat läuten hören: »Du mußt sterben«, der wendet sich um so heftiger dem Leben zu, mit einer Spontaneität und Dankbarkeit, wie sie es andernfalls nicht gäbe.

Wir alle bauen innere Schutzdeiche auf, um die Traurigkeiten des Lebens und die oft überwältigenden Mächte in unserer Psyche in Schach zu halten. Egal, auf welche Weise wir das tun – durch Liebe, Arbeit, Familie, Glauben, Freunde, Verdrängung, Alkohol, Drogen oder Medikamente –, wir errichten diese Mauern doch Stein für Stein ein ganzes Leben lang. Eines der Probleme liegt natürlich darin, Barrieren von einer solchen Höhe und einer solchen Stärke zu bauen, daß man einen echten Hafen hat, eine Zuflucht weit weg von Aufruhr und Schmerz, doch gleichzeitig auch niedrig und durchlässig genug, um frisches Meereswasser einzulassen und dem Brackwasser zu widerstehen. Für jemanden mit meinem Geisteszustand und meinen Stimmungen sind Medikamente ein integraler Bestandteil dieser Mauer; ohne sie wäre ich ständig den brechenden Wogen eines inneren Meeres ausgesetzt, und ich wäre zweifelsohne schon tot oder wahnsinnig.

Doch die Liebe ist für mich letztlich der noch außergewöhnlichere Teil des Schutzwalls: Sie hilft, die Furcht und das Furchtbare auszuschließen, während sie zugleich Leben, Schönheit und Lebenskraft hereinläßt. Als ich das erste Mal daran dachte, dieses Buch zu schreiben, stellte ich mir ein Buch über Stimmungen und krankhafte Stimmungsschwankungen im Kontext eines individuellen Lebens vor. Beim Schreiben ist es jedoch mehr und mehr auch zu einem Buch über die Liebe geworden: Liebe als Stütze, als Erneuerung und als Schutz. Nach jedem scheinbaren Tod meines Geistes oder meines Herzens ist die Liebe zurückgekehrt, um neue Hoffnung zu wecken und das Leben wiederherzustellen. In ihrer besten Form hat sie die dem Leben innewohnende Traurigkeit erträglich und seine Schönheit deutlich gemacht. Während der kälteren Jahreszeiten hält sie unerklärlicherweise nicht nur den schützenden Mantel bereit, sondern sie ist auch das Licht im Dunkel.

Die Vorstellung von einem Leben ohne Stürme oder von einer Welt ohne dürre, vernichtende Jahreszeiten habe ich schon vor langer Zeit aufgegeben. Das Leben ist zu kompliziert, zu wechselhaft, um irgend etwas anderes zu sein als das, was es ist. Und ich bin von Natur aus viel zu sprunghaft, als daß ich etwas anderes empfinden könnte als tiefe Abneigung angesichts jedes Versuchs, zuviel Kontrolle über an sich unkontrollierbare Kräfte auszuüben. Es wird immer antreibende, störende Elemente geben, und sie werden dasein, bis, wie Lowell es ausdrückt, die Uhr vom Arm genommen ist. Am Ende des Tages sind es die einzelnen Momente der Unruhe, der Trostlosigkeit, der starken Überzeugungen und der verrückten Hochstimmungen, die das eigene Leben ausmachen, Wesen und Richtung der Arbeit verändern und den Liebesbeziehungen und Freundschaften einen endgültigen Sinn geben.

EPILOG

Ich habe mich oft gefragt, ob ich, vor die Wahl gestellt, es mir aussuchen würde, manisch-depressiv zu sein. Wenn ich nicht die Möglichkeit hätte, Lithium zu nehmen, oder nicht darauf ansprechen würde, wäre die Antwort ein einfaches Nein – und es wäre eine mit Grauen erfüllte Antwort. Doch Lithium wirkt bei mir, und deshalb nehme ich an, daß ich es mir leisten kann, diese Frage zu stellen. So befremdlich es klingen mag – ich glaube, ich würde mich dafür entscheiden. Es ist ziemlich kompliziert. Eine Depression ist etwas so Furchtbares, daß weder Worte noch Klänge, noch Bilder sie ausdrücken können; ich möchte nicht noch einmal eine längere Depression durchmachen. Sie höhlt Beziehungen aus durch Mißtrauen, durch den Verlust von Selbstvertrauen und Selbstachtung, durch die Unfähigkeit, das Leben zu genießen, sich normal zu bewegen, zu reden oder zu denken, durch Erschöpfung, durch die Ängste der Nacht und die Ängste des Tages. Es läßt sich nichts Gutes über die Depression sagen, außer daß sie einem ein Gefühl davon vermittelt, wie es sein muß, alt zu sein, alt und krank zu sein und langsam zu sterben; wie es ist, wenn man nur mit größter Mühe denken kann, wenn man keinen Charme, keine gefälligen Umgangsformen und kein Koordinationsvermögen besitzt, wenn man häßlich ist, wenn einem der Glaube an die guten Möglichkeiten des Lebens fehlt, an die Freuden der Sexualität, den Genuß von

Musik oder an die Fähigkeit, sich selbst und andere zum Lachen zu bringen.

Viele glauben zu wissen, was es heißt, depressiv zu sein, weil sie eine Scheidung durchgemacht, ihren Arbeitsplatz verloren oder mit jemandem gebrochen haben. Doch diese Erfahrungen bringen Gefühle mit sich. Die Depression ist dagegen flach, hohl und unerträglich. Sie ist auch lästig. Andere können es nicht aushalten, mit einem zusammenzusein, wenn man depressiv ist. Vielleicht glauben sie, sie müßten einem zur Seite stehen, vielleicht versuchen sie es sogar, doch sie wissen und man selbst weiß, daß man absolut unerträglich ist; man ist gereizt und paranoid und humorlos und leblos und kritisch und fordernd, und keine beruhigende Beteuerung ist je genug. Man hat Angst, und man macht anderen Angst, und man ist »überhaupt nicht du selbst, aber bald wirst du es wieder sein« – man weiß jedoch, daß das nicht stimmt.

Warum also sollte ich irgend etwas mit dieser Krankheit zu tun haben wollen? Weil ich ernsthaft daran glaube, daß ich aufgrund dieser Krankheit mehr erlebt habe und tiefer; daß ich mehr Erfahrungen gemacht habe, intensivere Erfahrungen, daß ich mehr geliebt habe und mehr geliebt wurde, daß ich häufiger gelacht habe, weil ich häufiger weinen mußte, daß ich zum Ausgleich für all die dunklen Winter den Frühling stärker genießen konnte, daß ich den Tod, der mir auf den Leib geschnitten war – und auch das Leben –, höher zu schätzen wußte, daß ich das Schönste und das Schrecklichste mit Menschen erlebt habe und daß ich langsam Werte wie Fürsorge, Treue und Durchhaltevermögen begreifen konnte. Ich habe die Größe, Tiefe und Weite meines Geistes und meines Herzens erfahren und erkannt, wie zerbrechlich und wie unergründlich beide letztlich sind. In depressivem Zustand bin ich auf allen vieren gekrochen, um ein

Zimmer zu durchqueren, und das über Monate hinweg. Doch ob normal oder manisch, ich bin schneller gelaufen, habe schneller gedacht und schneller geliebt als die meisten Menschen, die ich kenne. Und ich glaube, das hängt zum großen Teil mit meiner Krankheit zusammen, mit der Intensität, die sie allen verleiht, und der Perspektive, die sie mir aufdrängt. Ich glaube, daß ich durch die Krankheit die Grenzen meines Geistes ausgelotet habe (der trotz seiner Defizite stark ist), ebenso wie die Grenzen meiner Erziehung, meiner Familie, meiner Bildung, meiner Freunde.

Die unzähligen Hypomanien und die Manie selbst, alle zusammen haben noch eine andere Ebene des Wahrnehmens, Fühlens und Denkens in mein Leben gebracht. Selbst wenn ich in höchstem Maß psychotisch war – verwirrt, halluzinierend, rasend –, war mir bewußt, daß ich ganz neue Bereiche in meinem Geist und meinem Herzen entdeckte. Einige waren ungewöhnlich und wunderschön und ließen mich den Atem anhalten und gaben mir das Gefühl, als könnte ich im gleichen Augenblick sterben und die Bilder würden mich stützen. Andere waren grotesk und häßlich, und ich hätte sie nie sehen oder wiedersehen wollen. Doch immer gab es diese neuen Bereiche, und ich kann mir nicht vorstellen – in meinem Normalzustand –, daß ich dem Leben gegenüber abstumpfe, weil ich diese grenzenlosen Bereiche mit ihren grenzenlosen Aussichten kennengelernt habe.

DANKSAGUNG

Ein Buch dieser Art hätte ich ohne die Unterstützung und die Ratschläge meiner Freunde, meiner Familie und Kollegen nicht schreiben können. Ganz sicher wäre es unmöglich gewesen ohne die ausgezeichnete medizinische Betreuung, die ich über Jahre von Dr. Daniel Auerbach erfahren habe; er ist ein in jeder Hinsicht hervorragender und mitfühlender Arzt. Ihm verdanke ich nicht nur mein Leben, sondern auch einen wichtigen Teil meiner Ausbildung als klinische Psychologin. Niemand hatte mehr Einfluß auf meine Entscheidung, offen über meine manisch-depressive Krankheit zu sprechen, als Frances Lear, eine langjährige Freundin, die meine Arbeit großzügig unterstützt hat. Sie förderte meine Arbeit zum Wohle psychisch Kranker und hat sie eigentlich erst möglich gemacht, und sie hat in wichtigen Punkten meine Entscheidung bestimmt, dieses Buch zu schreiben. Ihre Hilfe und ihr Vertrauen in meine Arbeit haben sich deutlich auf das ausgewirkt, was ich in den letzten acht Jahren habe leisten können.

Viele andere Freunde und Freundinnen waren wichtig für mich. Ich danke David Mahoney für seine Unterstützung, für die langen und hilfreichen Gespräche und für seine Freundschaft. Dr. Anthony Storr ist einer der wichtigsten Menschen in meinem Leben, und ich bin ihm sehr dankbar dafür. Lucie Bryant und Dr. Jeremy Waletzky, mit denen ich seit vielen

Jahren eng befreundet bin, haben mich äußerst großzügig und freundlich unterstützt. John Julius Norwich hat mich schon seit längerem ermutigt, offener über meine Krankheit zu sprechen, und mehrfach die Überzeugung geäußert, daß das Schreiben eines solchen Buches Gutes bewirken würde; alle meine Einwände wegen der allzu großen Privatheit hat er mit stärkeren Argumenten für die Offenheit widerlegt. Er ist ein wunderbarer Freund, und ich bin ihm für seine Überzeugungskraft zu Dank verpflichtet. Peter Sacks, Dichter und Professor für Englisch an der Johns Hopkins Universität, hat alle Entwürfe dieses Buches gelesen, viele wertvolle Vorschläge gemacht und mir die dringend nötige Ermutigung gegeben. Für die Zeit und die Sorgfalt, die er meiner Arbeit widmete, kann ich ihm nicht genug danken. Verschiedene andere Menschen haben mich über die Jahre mit ihrer Freundschaft unterstützt, und viele waren so freundlich, auch die ersten Fassungen meines Manuskripts zu lesen: Dr. und Mrs. James Ballenger, Robert Boorstin, Dr. Harriet Braiker, Dr. Raymond De Paulo, Antonello und Christine Fanna, Dr. und Mrs. Robert Gallo, Dr. Robert Gerner, Dr. Michael Gitlin, Mrs. Katharine Graham, Judy Hoyer, Chuck und Gwenda Hyman, Earl und Helen Kindle, Dr. Athanasio Koukopoulos, Alan und Hannah Pakula, Dr. Barbara Parry, Dr. und Mrs. Robert Post, Victor und Harriet Potik, Dr. Norman Rosenthal, Stephen Smith, Dr. Per Vestergaard, Dr. und Mrs. James Watson und Professor Robert Winter.

In sehr schwierigen Zeiten in Los Angeles war Dr. Robert Faguet ein außergewöhnlicher Freund. Wie beschrieben, hat er sich in meinen dunkelsten Tagen um mich gekümmert, und er tat es mit großem Taktgefühl und Geist. Mein ehemaliger Mann, Alain Moreau, hat sich in jenen Tagen ebenfalls sehr gütig und loyal verhalten, und ich bin ihm für unsere andauernde enge

Beziehung dankbar. Dr. Frederick Silvers, Dr. Gabrielle Carlson und Dr. Regina Pally haben mir in diesen langen, furchtbaren Monaten auf ganz unterschiedliche Weise geholfen. Später, als David Laurie starb, sind mir verschiedene Menschen in England mit großer Liebenswürdigkeit begegnet, und sie sind über die Jahre meine Freunde geblieben: Colonel und Mrs. Anthony Darlington, Colonel James B. Henderson, der verstorbene Brigadegeneral Donald Stewart, seine Frau Margaret sowie Ian und Christine Mill.

Der Leiter meines Instituts an der Johns Hopkins Universität, Dr. Paul McHugh, hat mich großartig unterstützt, ebenso wie zuvor, als ich an der medizinischen Fakultät der University of California, Los Angeles, studierte, Dr. Louis Jolyon West, Direktor der Psychiatrie. Professor Andrew L. Comrey und Professor William H. McGlothlin, die während meines Studiums meine Mentoren waren, habe ich sowohl persönlich als auch intellektuell soviel zu verdanken, daß ich ihnen immer verpflichtet bleibe. Von meinen Studenten und meinen Patienten habe ich mehr gelernt, als ich in Worte fassen könnte.

Wie viele andere hat mich der Tod des Verlegers Erwin Glikes im Jahr 1994 zutiefst erschüttert. Er war nicht nur ein bemerkenswerter Kopf und ein außerordentlich weiser Mensch, sondern auch ein naher Freund. Er veröffentlichte mein Buch *Touched with Fire*, und ich konnte es mir praktisch nicht vorstellen, etwas so Persönliches wie diese Erinnerungen jemand anderem anzuvertrauen. Glücklicherweise bekam ich die Möglichkeit, mit Carol Janeway bei Knopf zusammenzuarbeiten. Sie ist so, wie man sich eine Lektorin wünscht: intuitiv, äußerst intelligent, witzig und unbeirrbar in ihrer Entschlossenheit, ein Buch so vollkommen und gut wie möglich zu machen. Es war ein Vergnügen und eine Ehre, mit ihr zusammenzuarbeiten. Dan Frank, der Herausgeber von *Chaos* hat mir seine wunderbaren verlegerischen Fähigkeiten für eine etwas andere Art von Chaos zur Verfügung gestellt und mir geholfen, diesem Buch Struktur zu geben. Die Zusammenarbeit mit dem Team bei Knopf war höchst angenehm. Maxine Groffsky war mir eine wertvolle Literaturagentin – warmherzig, lebhaft, engagiert, aufmerksam, unterstützend –, und ich bin dankbar, daß Erwin Glikes uns zusammenbrachte.

Ich bin Oxford University Press zu Dank verpflichtet für die Erlaubnis, Material zu verwenden, das ich zunächst zu Lehrzwecken geschrieben und dann in Form von einigen kurzen Passagen in das Buch *Manic-Depressive Illness* übernommen habe, bei dem ich Koautorin war. Mr. William Collins, der mein Manuskript geschrieben hat, war unschätzbar genau, zuverlässig, angenehm und intelligent.

Ich habe in diesem Buch meine Familie ziemlich ausführlich beschrieben. Alle bedeutsamen Beziehungen sind kompliziert, aber ich kann mir nicht vorstellen, daß ich mir je eine andere Familie ausgesucht hätte als die, die ich habe: meine Mutter, Dell Temple Jamison; meinen Vater, Dr. Marshall Jamison; meinen Bruder, Dr. Dean Jamison; meine Schwestern, Phyllis, Danica und Kelda; meine Schwägerin, Dr. Joanne Leslie; meine Neffen, Julian und Eliot Jamison, und meine Nichte, Leslie Jamison. Meinem Mann, Dr. Richard Wyatt, schulde ich ungeheuer viel. Er hat mich ermutigt, dieses Buch zu schreiben, hat mir in all meinen Zweifeln und Ängsten geholfen, jeden Entwurf meines Manuskripts gelesen und hilfreiche Vorschläge gemacht, die ich mir zu Herzen nahm. Ich danke ihm für eine Liebe, die ausgehalten und zugenommen hat und die wunderbar ist.